高等职业

课－岗

国家职

教学资源库配套教材

YOU'ERYUAN JIAOYU HUANJING CHUANGSHE YU WANJIAOJU ZHIZUO

# 幼儿园教育环境创设与玩教具制作

（第四版）

主编　杨枫

中国教育出版传媒集团

高等教育出版社·北京

内容提要

本书是“十四五”职业教育国家规划教材，高等职业教育课－岗－证一体化新形态教材，国家职业教育学前教育专业教学资源库配套教材。

本书全面系统地阐述了幼儿园教育环境创设的基本理论，幼儿园各种教育环境及玩教具设计的主要内容、基本方法和基本技能，包括幼儿园室内外空间环境及区域环境的创设、幼儿园各类墙饰和玩教具的设计与制作等内容。本书的特色在于突出技能型幼儿教师的培养目标，将幼儿园教育环境创设有关的多种技能整合为一个理论与实践并重的课程体系，是一本融合多学科知识素养的现代幼儿教师职业技能实用教程。

本书着眼于课（专业课程内容）、岗（典型职业岗位技能）、证（幼儿园教师资格考试），配以数字化资源，以新形态、全媒体、立体化形式呈现。

本书可作为面向培养高素质技能型幼儿教师的各类院校学前教育及相关专业的教学用书，并可作为社会从业人员的业务参考书及培训用书。

本书配套建设有数字课程和用二维码链接的视频资源。学习者可以登录“智慧职教”平台（www.icve.com.cn）浏览课程资源，详见“智慧职教”服务指南。教师可以发送邮件至编辑邮箱 gaojiaoshegaozhi@163.com 获取本书配套教学课件。

**图书在版编目（CIP）数据**

幼儿园教育环境创设与玩教具制作 / 杨枫主编. -- 4版. -- 北京：高等教育出版社，2023.2

ISBN 978-7-04-058743-2

Ⅰ. ①幼… Ⅱ. ①杨… Ⅲ. ①幼儿园－教育环境学－高等职业教育－教材②幼儿园－教具－制作－高等职业教育－教材 Ⅳ. ①G617

中国版本图书馆CIP数据核字(2022)第098568号

策划编辑 张庆波　责任编辑 赵清梅　封面设计 王　鹏 张雨微　版式设计 王艳红
责任绘图 马天驰　责任校对 商红彦 刘娟娟　责任印制 刘思涵

| | | | |
|---|---|---|---|
| 出版发行 | 高等教育出版社 | 网　址 | http://www.hep.edu.cn |
| 社　址 | 北京市西城区德外大街4号 | | http://www.hep.com.cn |
| 邮政编码 | 100120 | 网上订购 | http://www.hepmall.com.cn |
| 印　刷 | 三河市骏杰印刷有限公司 | | http://www.hepmall.com |
| 开　本 | 787 mm× 1092 mm 1/16 | | http://www.hepmall.cn |
| 印　张 | 17.75 | 版　次 | 2006 年 12 月第 1 版 |
| 字　数 | 330千字 | | 2023 年 2 月第 4 版 |
| 购书热线 | 010-58581118 | 印　次 | 2023 年 8 月第 2 次印刷 |
| 咨询电话 | 400-810-0598 | 定　价 | 41.00 元 |

本书如有缺页、倒页、脱页等质量问题，请到所购图书销售部门联系调换

物 料 号　58743-A0

# “智慧职教”服务指南

“智慧职教”（www.icve.com.cn）是由高等教育出版社建设和运营的职业教育数字教学资源共建共享平台和在线课程教学服务平台，与教材配套课程相关的部分包括资源库平台、职教云平台和App等。用户通过平台注册，登录即可使用该平台。

● 资源库平台：为学习者提供本教材配套课程及资源的浏览服务。

登录“智慧职教”平台，在首页搜索框中搜索“幼儿园教育环境创设”，找到对应作者主持的课程，加入课程参加学习，即可浏览课程资源。

● 职教云平台：帮助任课教师对本教材配套课程进行引用、修改，再发布为个性化课程（SPOC）。

1. 登录职教云平台，在首页单击“新增课程”按钮，根据提示设置要构建的个性化课程的基本信息。

2. 进入课程编辑页面设置教学班级后，在“教学管理”的“教学设计”中“导入”教材配套课程，可根据教学需要进行修改，再发布为个性化课程。

● App：帮助任课教师和学生基于新构建的个性化课程开展线上线下混合式、智能化教与学。

1. 在应用市场搜索“智慧职教icve”App，下载安装。

2. 登录App，任课教师指导学生加入个性化课程，并利用App提供的各类功能，开展课前、课中、课后的教学互动，构建智慧课堂。

“智慧职教”使用帮助及常见问题解答请访问help.icve.com.cn。

# 第四版前言

《幼儿园教育环境创设与玩教具制作》教材从2006年出版至今，一直受到全国高职院校学前教育及相关专业师生的好评。本教材于2007年被列为普通高等教育“十一五”国家级规划教材，并被评为2007年度普通高等教育精品教材。此后，先后被列为“十二五”“十三五”“十四五”职业教育国家规划教材。

针对传统学前教育专业实践课程开设不足、忽视环境创设对幼儿发展的独特作用的问题，课程团队于2004年在全国率先开设“学前教育环境设计与玩教具制作”课程（后更名为“幼儿园教育环境创设”）。教育部2011年印发的《教师教育课程标准（试行）》和2012年印发的《幼儿园教师专业标准（试行）》都将幼儿园教育环境创设纳入其中，并且，在2012年教育部发布的教师教育国家级精品资源共享课招标名录中，首次出现了“幼儿园环境创设”这一课程名称。

在教学改革与课程建设的过程中，课程团队以争取江苏省高等学校精品课程→国家精品课程→国家级精品资源共享课→在线开放课程为目标，坚持以提高质量、创建精品为动力，努力开发与创建数字化课程资源，促进优质资源开放共享。从2006年开始，课程团队运用网络信息科技，率先创设了与教材配套的多媒体互动光盘和电子教案，建立交互式课程网站。课程资源不断丰富与优化，形成了交互式、多媒介、立体化的课程资源库，并全面上线开放。2010年，杨枫教授主持的“学前教育环境设计与玩教具制作”课程被评为江苏省高等学校精品课程；2013年，杨枫教授主持申报的“幼儿园教育环境创设”项目获得教师教育国家级精品资源共享课建设立项，并于2017年被教育部认定为第二批国家级精品资源共享课。2019年，“幼儿园教育环境创设”MOOC被立项为江苏省高校在线开放课程，在中国大学MOOC上线，到2022年上半年已成功运行8期，在线学习者共3.26万人。

总之，本教材是杨枫教授领导的课程团队，以实践为导向，立足于学前教育专业高素质技能型人才培养要求，持续进行一系列立体化课程建设与教学改革的成果。

本次教材修订以党的二十大精神为指引，将立德作为育人的根本，强调环境创设中立德树人理念的强化，正面、积极环境的营造，幼儿美好品德的教育引导，良好习惯的养成；践行为党育人、为国育才使命，树立科学的评价导向，完善评价内容，突出评价重点，改进评价方式，扭转重结果轻过程、重理论轻实践的倾向，详见各单元技能实训及附录一中的考核评价；优化职业教育类型定位，着眼于课（专业课程内容）、岗（典型职业岗位技能）、证（幼儿园教师资格考试）一体化，以培养学生的专业素养和职业技能；在墙饰设计中融入中华优秀传统文化，如“争做小鲁班 匠心我传承”的墙饰设计，推进文化自信自强；为实现优质资源共享，教材编写团队建设了丰富的数字化资源，以更好地辅教辅学。

杨枫教授承担本次教材修订工作，查阅了近几年来学前教育专业类期刊发表的文章，认真汲取了近年来幼儿园教育环境创设方面的研究成果，强化了德育的内容，对教材中部分案例进行了更新；同时，还将近年来幼儿园教师资格考试的相关内容补充到“直通国考”栏目中，为广大学习者备考提供支持。

课程团队期待全国开设学前教育专业的院校同行们，给教材建设与课程建设提出更多的建议与指导，以进一步提高教材的建设水平；同时也期待有更多的幼儿园一线教师参与到这门课程及教学资源的建设中来，共同促进学前教育专业人才培养质量的提高。

编　者

2023年6月

# 第一版前言

在幼儿园的教育活动中，环境作为一种“隐性课程”，在开发幼儿智力、促进幼儿个性发展方面，发挥着越来越重要的作用。为此，各地很多幼儿园将环境创设纳入教师的职责范围，并对教师自行设计与布置环境的能力进行考评。

以培养适应社会需求的高素质、技能型应用人才为目标的相关高等职业院校，迫切需要使学前教育专业的学生掌握环境创设这一新兴的职业技能，这是幼儿教育发展潮流所趋。“学前教育环境设计与玩教具制作”课程的开设，正是对这一需求的积极响应。我们将原来分散在各种教育活动设计中有关环境创设的内容和原来只在美术、手工课中有所涉及的墙饰设计、玩教具制作内容，整合成了这门新的课程，并物化为眼前的这本教材。

为了使我们的课程设计和教材内容具有广泛的教学适用性，近两年来，我们充分利用各种正式和非正式的学术或教学研讨场合征求意见，得到了积极的反馈和鼓励。在2005年年底，我们申报了普通高等教育“十一五”国家级规划教材选题，并在2006年得以被教育部评审通过，列入“十一五”教材规划，这进一步激发了我们编好这本教材的积极性。

但实事求是地说，要编好这门新兴课程的教材，对我们而言并非易事。在完成教材编写任务的过程中，编写人员遇到的主要困难是在课程框架建构方面无例可援，能收集到的相关资料，大部分是环境创设图片及说明，理论阐述很少，系统的理论研究更少。由于幼儿园教育环境创设是多学科性的，所以，培养学生环境创设综合技能为主旨的课程建设，必须在注重培养学生专业理论能力的同时，又注重提高学生的综合实践能力。因此，一个实践性、综合性必须全面并重的学科体系建构，便成为我们创新尝试的精义。

我们把幼儿园教育环境创设的方方面面整合成四个模块：幼儿园室内外空间环境的创设、墙饰的设计与制作、活动室区域环境的创设、玩教具的设计与制作。我们对环境创设需要的相关技能进行分析提炼，并具化为十七个实训项目。此外，我们还设计了相应的技能考核点、目标导向明确的考核方案，以及多样化的考核内容，以期幼儿教师相关职业技能的培养得到落实开展。

南京特殊教育职业技术学院学前教育系是本书编写任务的主要承担者，其中杨枫教授兼高级工艺美术师作为主编负责课程教学内容体系的构建、部分单元的编写及全文的统稿。南京特殊教育职业技术学院美术系孙霞老师负责墙饰设计与制作部分，孙霞老师和她的学生们为本书的墙饰部分设计制作了多项技法演示和实训范例；南京大厂区南化九村幼儿园张彦瑾老师为本书的互动墙饰实训项目，提供了精心设计的全程示范，付出了大量的心血；学前教育系江琳和黄珏老师分别参加了区域环境及玩教具部分的编写工作；学前教育系041、042、037班数十位同学的玩教具创意设计与制作，也为本书增色不少。在此谨向美术系庄莉、施燕、张琳，学前系王苏敏、黄月玲、孟剑萍、王媛媛、杨科等同学表示衷心感谢。

在本书出版之际，我们要特别对编者所在的南京特殊教育职业技术学院的领导、同事们的关心和支持，表示衷心的感谢！向拨冗为本书审稿的南京师范大学学前教育系许卓娅教授深表谢意！也要向全国热情关注本教材的同行们、北京学前教育网与育星幼教网教师论坛的热心网友们，表示诚挚的感谢！更要向国内外众多被本书引用图片，但编者却因为技术原因无法一一注明的创设者，表示崇高的谢忱！

创设幼儿园教育环境特别需要广泛的资料积累，而一本书的容量毕竟有限，为方便大家日常参考和应用的需要，我们把搜集到的海量图片，精选制成一张多媒体分类资料光盘，以备检索。另外，考虑到有必要降低学生购买教材的费用，本书编者和编辑经过反复权衡，放弃了彩色印刷的想法，改用黑白印刷并配少量彩插的形式以节省成本。好在多媒体光盘中仍有大量彩色图片，足以弥补因此而造成的信息缩减。

本教材的教学内容体系有待实践检验，不足、不完善甚至错误，在所难免。深切地希望国内外专家、同行批评、赐教。

编　者

2006年10月于南京

# 目　录

# 二维码资源目录

第一单元

# 幼儿园空间环境的创设

## 学习目标

知识目标：

理解环境、教育环境和幼儿园教育环境的含义

理解幼儿园空间环境的概念和基本构成

理解幼儿园空间环境创设的原则和基本要求

掌握幼儿园空间环境创设的内容和要点

能力目标：

能对幼儿园教育环境创设实例进行评析

能制定幼儿园空间环境创设方案

会设计制作幼儿园家园联系专栏

环境创设在幼儿园教育活动中，已逐渐成为幼儿园工作的基本要务。环境作为一种“隐性课程”，在开发幼儿智力、促进幼儿个性成长方面，越来越引起人们的重视。

课程导航

2001 年，教育部印发的《幼儿园教育指导纲要（试行）》（以下简称《纲要》）提出：“环境是重要的教育资源，应通过环境的创设和利用，有效地促进幼儿的发展。”2012 年，教育部印发的《幼儿园教师专业标准（试行）》，不仅在专业理念维度，要求教师“重视环境和游戏对幼儿发展的独特作用，创设富有教育意义的环境氛围，将游戏作为幼儿的主要活动”；更在专业能力维度，将“环境的创设与利用”列为幼儿园教师一项重要的专业能力。2021 年教育部印发的《学前教育专业师范生教师职业能力标准（试行）》，对标师范类专业认证标准的“毕业要求”，融入幼儿园教师资格考试标准、考试大纲以及幼儿园教师专业标准（试行）相关要求，对学前教育专业师范生“开展环境创设”等方面教育教学实践所需的基本能力提出了细化要求。

**相关资料**

**《幼儿园教师专业标准（试行）》中对“环境的创设与利用”的要求①**

建立良好的师幼关系，帮助幼儿建立良好的同伴关系，让幼儿感到温暖和愉悦。

建立班级秩序与规则，营造良好的班级氛围，让幼儿感受到安全、舒适。

创设有助于促进幼儿成长、学习、游戏的教育环境。

合理利用资源，为幼儿提供和制作适合的玩教具和学习材料，引发和支持幼儿的主动活动。

**《学前教育专业师范生教师职业能力标准（试行）》中对“环境创设”教学实践能力的要求②**

【创设物质环境】能够创设安全、适宜、全面，有助于促进幼儿成长、学习、游戏的物质环境，合理利用资源，为幼儿提供和制作适合的玩教具和学习材料。

【创设游戏环境】能够合理、有效地规划和利用户内外游戏活动空间，能够根据幼儿的发展和需要创设相应的活动区，提供丰富、适宜的游戏材料，引发和促进幼儿的游戏。

---

① 引自《幼儿园教师专业标准（试行）》，中华人民共和国教育部，2012 年印发。

② 引自《学前教育专业师范生教师职业能力标准（试行）》，中华人民共和国教育部，2021 年印发。

# 第一节　幼儿园空间环境概述

中国现代学前教育先驱陈鹤琴先生认为，幼儿园环境是儿童所接触的，能给他以刺激的一切物质。美国哈佛大学心理学家怀特说：在促进幼儿早期教育方面，最有效的做法是创设良好的环境。由此可见环境在幼儿发展与幼儿早期教育中的重要性。

## 一　教育环境

法国启蒙运动时期的教育家多认为：影响儿童身心发展的基本要素是遗传、教育和环境。这里把教育从环境中提出来意在突出教育的重要性。广义地理解，环境乃是指个体生活的所有外部条件的总和，包括自然环境和人工环境。要深刻理解环境，第一，要把教育本身视为首要的环境，例如，在幼儿园，园长、教师与幼儿之间互为环境；第二，要进一步将非学校教育视为重要的教育，也即把活生生的社会视为重要的环境。遗传、教育和环境之间关系复杂，是社会学、教育学、心理学等多个领域共同关注的重要课题之一。

幼儿园教育环境概述

20 世纪 60 年代以来，环境问题越来越成为人类关注的焦点，举凡生物学、医学、心理学、地理学、生态学、社会学、建筑学、美学等众多的学科，都将环境纳入研究范畴，环境保护成为社会浪潮，环境产业成为新型经济，环境心理学、环境社会学、社会生态学等交叉学科也随之出现。这些大大丰富、拓展了教育理论和实践工作者对教育环境的认识。深化对环境的科学认识，是当代教育工作者适应教育环境创设需要的重要使命。

## 二　幼儿园教育环境

幼儿园教育环境的概念有广义和狭义之分。广义的幼儿园教育环境是指幼儿园教育赖以进行的一切条件的总和。它既包括幼儿园内部环境，又包括与幼儿园教育有关的家庭、社会、自然、文化等外部环境。狭义的幼儿园教育环境则是指幼儿园的内部环境，即幼儿园中对幼儿身心发展产生影响的物质与精神要素的总和。通常情况下，幼儿园教育环境主要指其内部环境。

### 1. 幼儿园教育环境的特点

相对一般环境而言，幼儿园教育环境是一种特殊的环境，有着显著的特点。

（1）教育性

作为专门的幼儿教育机构，幼儿园的环境与其他教育机构有着显著的区别。幼儿园的环境不是一种自然自发或随意设置的环境，而是教育者根据幼儿园教育的目标，着眼于幼儿身心发展需要，有目的、有计划、有组织地精心创设的"适宜"的教育条件。意大利小镇瑞吉欧的幼教工作者把"幼儿园环境"与"幼儿园教育环境"等同起来，认为幼儿园空间本身就"具有教育'内涵'，也就是包含教育性的信息，能对互动及建构式学习产生刺激"。

（2）可控性

与不可控因素较多的外界环境相比，幼儿园的内部环境是精心创设的，具有很强的可控性。一方面，幼儿园内部环境的构成处于教育者的控制之下。社会上的精神文化产品，各种幼儿用品等在进入幼儿园时，教育者以有利于幼儿发展为选择标准，进行精心的筛选、甄别；另一方面，教育者能有效调控环境中的各个要素，根据教育的要求及幼儿的特点，维护内部环境的动态平衡，使之始终保持在最适合幼儿发展的状态。

幼儿园环境的教育性与可控性之间是相互联系的：环境的教育性决定了环境的可控性，使可控性有了明确的标准和方向；而可控性又保证了教育性的实现。二者具有相互依存、相互制约的关系。

**直通国考**

**单项选择题**①

中一班的男孩儿如厕时常常有意将小便洒在便池外甚至是小朋友的身上。据此，王老师在便池里合适的位置上画了几朵花，要求幼儿小便时比赛看谁能瞄准花朵，给花浇水，此后男孩儿小便时再也不乱洒了。王老师的教育方法体现的幼儿教育特点是（　　）。

A. 游戏性　　B. 综合性　　C. 整体性　　D. 浅显性

答案：A

① 选自2016年上半年中小学和幼儿园教师资格证考试科目一：综合素质（幼儿园）考试真题。

解析：针对男孩儿有意将小便洒在便池外甚至是小朋友身上的这种不良生活习惯，王老师及时对班级环境进行调整，在便池合适的位置画上了花朵，以男孩儿给花朵浇水的游戏形式来引导与调动幼儿的兴趣。王老师正是利用了可控的教育环境，通过游戏引导来纠正幼儿的不良生活习惯。

**单项选择题**①

初入园的小朋友害怕幼儿园厕所里的蹲坑，黎老师就在每个蹲坑两边合适的位置，用环保油漆画上了可爱的小脚印。孩子们看了既新奇又喜欢，如厕时都去踩自己喜欢的小脚印。这说明教师劳动具有（　　）的特点。

A. 长期　　B. 示范性　　C. 复杂性　　D. 创造性

答案：D

解析：幼儿具有差异性，教师必须针对幼儿的特点，精心创设适宜的教育环境，开展针对性的教育工作，这是教师的一种创造性的教育智慧。题干中的黎老师针对初入园幼儿害怕幼儿园厕所里蹲坑的现象，设计了蹲坑两边的小脚印，这说明了教师劳动具有创造性的特点。

### 2. 幼儿园教育环境的分类

从研究与表述的具体需要出发，幼儿园教育环境从组成上讲，可以分为人的环境和物的环境，即教师、幼儿和材料设备；从物质形态上看，可以分为物化环境和非物化环境，也即物质环境和心理（精神）环境；从组成的性质上讲，可以分为硬环境和软环境，或有形环境和无形环境。其中，最常见的是把幼儿园教育环境分为物质环境和心理环境两大类。

（1）物质环境

幼儿园的物质环境是幼儿园内对幼儿发展有影响作用的各种物质要素的总和。包括幼儿园里的各种场所材料，如幼儿园内的沙池、绿地、大型游乐玩具，以及教室、寝室、活动室等场所的教学设施、用具的布置，等等。

因为幼儿的认识活动主要是依靠感觉、表象和动作进行的，幼儿主要通过“触摸”“看”和“听”来认识环境，因此，物质环境永远是幼儿园教育环境先决性的载体。良好的物质环境能陶冶性情，激发幼儿的好奇心，鼓励其探索行为，使幼儿在操作各种材料的过程中学习知识，获得各种社会行为，实现个体

① 选自2018年上半年中小学和幼儿园教师资格证考试科目一：综合素质（幼儿园）考试真题。

的发展。但如果教师不具备高尚的师德，正确的教育观、发展观、儿童观及必要的保教技能，再好的物质条件，其教育效能也得不到充分发挥。如果盲目追求幼儿园物质条件的高标准、超豪华，而不注重教师素质、教学水平，就很难使物质环境发挥其教育作用。

（2）心理环境

幼儿园的心理环境是幼儿园内对幼儿发展产生影响的一切精神因素的总和，主要指幼儿园里的人际关系及风气或氛围。虽然心理环境是无形的，却直接影响着幼儿的情感、交往行为和个性的发展。就幼儿的社会性发展来说，心理环境是幼儿园教育环境中更为重要的一个方面，它与幼儿社会性发展的关系更为密切。

创设心理环境主要包括创设良好的人际环境，以及形成良好的一般日常规则与行为标准，亦即园所文化。幼儿园的心理环境应该是自由、理解、温暖、宽容、安定、平等、合作、亲密的，具体包括了教师与幼儿之间的关系、幼儿同伴间的关系及教师与教师之间的关系等。在心理环境的创设中，营造良好的班级氛围，构建和谐的师幼关系，帮助幼儿建立良好的同伴关系，都是十分重要的。但这些内容不在本书讨论的范围之内。

物质环境和心理环境并不是孤立地对幼儿起作用的。首先，物质环境既然是人工的，本身就有多层含义，而心理环境必定要通过人与物来体现，因而不可能独立存在。其次，物质环境与心理环境有着密切的相互依赖关系。例如，物质材料不够会引起幼儿的争吵，过多时又会使幼儿烦躁或对幼儿的刺激度下降。又如，如果没有良好的班级氛围，再好的材料也不能发挥它应有的效应。物质环境只有透过心理环境才能发挥作用，而心理环境又必须有物质环境的基础才能体现出来。因此，物质环境和心理环境两者之间的关系是相互作用、相互制约、相互影响的。

**直通国考**

**论述题**[①]**（20分）**

什么是幼儿园环境？（4分）为什么幼儿园教育中要强调创设良好的幼儿园环境？请联系实际说明。（16分）

① 选自2017年下半年中小学和幼儿园教师资格证考试科目二：保教知识与能力（幼儿园）考试真题。

**答题范例**

1. 幼儿园环境的概念有广义和狭义之分。广义的幼儿园环境是指幼儿园教育赖以进行的一切条件的总和，既包括幼儿园内部的小环境，又包括幼儿园外部的家庭、社会、自然、文化等大环境。狭义的幼儿园环境是指在幼儿园中，对幼儿身心发展产生影响的物质与精神要素的总和。

2. 幼儿园教育中强调创设良好的幼儿园环境的意义体现在以下三个方面。

① 良好的幼儿园环境能给幼儿提供发展的保障，有利于幼儿适应幼儿园生活。在幼儿园里，丰富多样的设备和材料能满足幼儿的多种需要，让幼儿在良好的物质环境中进行活动，获得积极愉快的情感体验，并在自由的探索中主动去发现周围世界的奥秘。

② 良好的幼儿园环境能够促进幼儿身心健康发展，有利于幼儿形成良好个性，适应社会生活。创设民主、和谐的幼儿园环境，有利于幼儿理解社会行为规范，形成分享、合作、同情、关心、援助等亲社会行为，帮助幼儿适应并喜欢幼儿园的集体生活。

③ 良好的幼儿园环境能够激发幼儿的创造潜能。在良好的幼儿园环境中，教师能站在幼儿的角度看待其思维和行为，始终以宽容之心来对待幼儿的各种行为和表现，公正、客观地对幼儿进行评价，使幼儿敢想、敢说、敢探索、敢创造。

## 三　幼儿园教育环境创设的原则

在我国幼教事业高速发展的今天，重视幼儿园的环境创设已成为幼教工作者的一致追求。幼儿园教育环境创设的原则是教师在创设幼儿园教育环境时应遵循的基本要求，这些原则贯穿于环境创设的各项工作之中，对环境创设的每一步都有指导作用。在环境创设的过程中，只有认真贯彻这些原则，才能更好地发挥环境的教育价值。

### 1. 环境与教育目标的一致性原则

环境与教育目标的一致性原则是指环境的创设要体现环境的教育性，即环境创设的目标要符合幼儿全面发展的需要，与幼儿园教育目标相一致。幼儿园教育环境必须强调目标意识，要有利于幼儿德、智、体、美等方面全面发展。创设环境时，应把教育目标落实到月计划、周计划、日计划及其每一个具体的活动中。

### 2. 发展适宜性原则

发展适宜性原则是指幼儿园教育环境创设要符合幼儿的年龄特点及身心健康发展的需要，促进每个幼儿的全面和谐发展。从幼儿的年龄特点来看，小班、中班、大班幼儿在身心发展特点上的差异是非常明显的，其身心发展所需要的环境也不尽相同。因此，教师要根据幼儿不同的年龄特点为其提供适宜的发展环境。

### 3. 幼儿参与性原则

幼儿参与性原则是指环境创设的过程是幼儿与教师共同合作、共同参与的过程。幼儿园环境的教育性不仅蕴含在环境之中，还蕴含在环境创设的过程之中。环境的创设过程应该成为一个积极的教育过程，这是幼儿园教育环境不同于儿童娱乐设施、游乐园之所在。环境创设过程本身的教育意义主要体现为：培养幼儿的主体精神，发展幼儿的主体意识，培养幼儿的责任感及合作精神。

### 4. 开放性原则

开放性原则是指创设幼儿园教育环境时应主动与外界结合，把幼儿园内部环境和外部环境有机结合起来，形成一个开放的幼儿教育系统。幼儿园应积极争取与家庭、社区的协力合作，有效利用外部环境中富有教育价值的积极因素，促进幼儿的发展。

### 5. 经济性原则

经济性原则是指创设幼儿园教育环境应考虑不同地区、不同园所的实际情况，做到因地制宜、就地取材、废物利用、一物多用，不浪费资源，不盲目攀比。例如，地处农村的幼儿园在秋收时节可以利用玉米、麦秸等农作物创设环境，既贴近幼儿生活又经济环保。

**直通国考**

**材料分析题①：阅读下面材料，回答问题。**

幼儿园大一班开展识字比赛，教师为此创设了班级墙面环境（见图 1-1）。

---

① 选自 2014 年上半年中小学和幼儿园教师资格证考试科目二：保教知识与能力（幼儿园）考试真题。

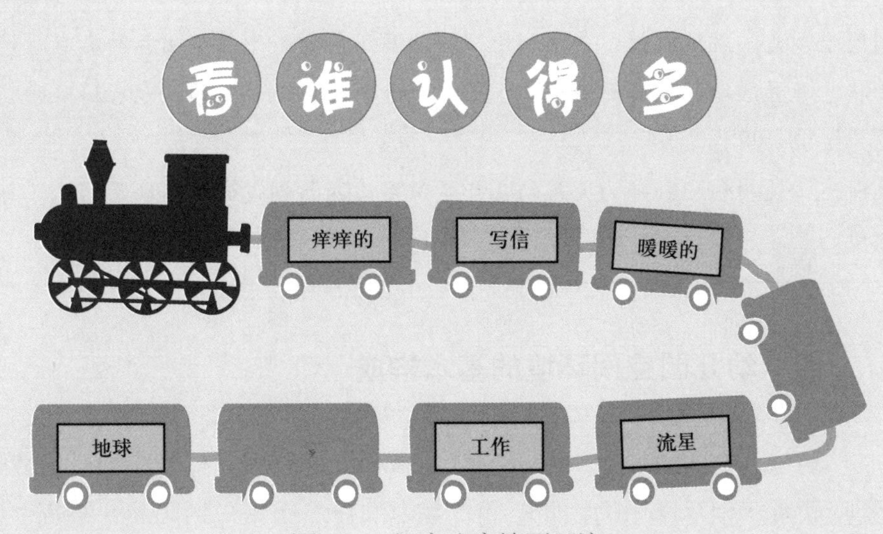


图 1-1　识字比赛墙面环境

问题：请根据创设环境的基本原则，对材料中教师为识字比赛所创设的环境进行评析。（20 分）

答题范例

① 墙面环境创设符合环境与教育目标的一致性原则。该原则要求环境创设的目标要符合幼儿全面发展的需要，与幼儿园教育目标相一致。材料中的教师根据大班语言活动的教学目标设计了识字比赛，并创设了“看谁认得多”的主题墙面，幼儿可以在活动中观察、识读墙面上的汉字，为开展识字比赛做好准备，该主题环境创设符合教育目标。

② 墙面环境创设符合发展适宜性原则。该原则要求幼儿园教育环境创设要符合幼儿的年龄特点及身心健康发展的需要，促进每个幼儿的全面和谐发展。材料中的教师用一列小火车将识读的汉字生动地组织起来，小火车的造型符合幼儿的认知特点，能引起幼儿的兴趣，同时，“痒痒的”“暖暖的”“流星”“地球”等汉字也是大班幼儿有感性认识和充满好奇的内容，因此，该墙面主题环境创设对大班幼儿的语言和认知发展具有适宜性。

③ 墙面环境创设体现幼儿参与性原则。该原则强调环境创设的过程是幼儿与教师共同合作、共同参与的过程。环境的创设过程应该成为一个积极的教育过程，要培养幼儿的主体精神，发展幼儿的主体意识，积极引导幼儿参与环境创设。材料中教师将小火车的车厢做成识字卡底板，汉字卡片做成可贴式的，有几节小火车的车厢上没有贴汉字，这样一方面教师可以根据幼儿识读汉字的情况进行更换，另一方面幼儿也可以找出自己识读的汉字卡片贴在上面，因此，该墙面环境创设充分体现了幼儿参与性原则。

④ 墙面环境创设体现经济性原则。该原则是指创设幼儿园教育环境应从实际情况出

发，做到因地制宜、就地取材、废物利用、一物多用。材料中教师用各种废旧材料做成小火车的形状，布置的墙面环境简洁实用，如果识读的汉字卡片采用过塑后用双面胶粘贴的方法则更为经济耐用。

综上所述，该材料中教师为大班幼儿开展识字比赛所创设的班级墙面环境，符合幼儿园创设环境的基本原则。

## 四　幼儿园空间环境的基本构成

幼儿园空间环境是由若干自然因素和人工因素有机构成的，与教师和幼儿紧密联系、相互作用的物质空间。其中的自然因素包括阳光、空气、地形、地物、山石、水体和花草树木等；人工因素则包括建筑物、空间分割、内部空间的大小、形状、灯光、设备、人工小气候、装饰等人为的内容。值得注意的是，自然环境与人工环境有时很难加以区分，例如，属于人工因素的幼儿园绿化，同时又是幼儿园自然环境的有机组成。在这里，人工环境与自然环境合为一体，也即“人类化的自然”。

幼儿园空间环境，从幼儿在园一日活动的主要类型来看，可分为生活活动环境、游戏活动环境和学习活动环境；从活动区域来看，可分为室内环境和户外环境，它们都是幼儿园教育教学活动可以利用的空间环境。

从空间范围看，环境有宏观环境、中观环境和微观环境三个层次。不同的环境视界定位所涵盖的范围也不同。例如，宏观环境可以指向一所学校、一个城市，乃至一个国家。如果把宏观环境定位于一所幼儿园，那么中观环境即指幼儿园的教学楼、户外活动区等，微观环境则指幼儿园的办公室、楼梯走道、教室及活动区域等。

具体地说，幼儿园的空间环境由幼儿园的园门、围墙、户外环境、走廊、楼梯空间、活动室外空间和活动室内空间等部分组成。

幼儿园的空间环境与活动室墙面、墙饰布置等，是幼儿园教育环境创设的不同侧面，它们构成幼儿活动空间的重要方面。例如，幼儿园家具、设备和器材的造型和配置，室内外活动场地的分隔组合及利用，包括由艺术饰品等布置起来的环境空间的质量，正是我们要研究的内容。

当将幼儿园的空间环境放到国家、地区等大环境中来审视时就会发现，不同的环境背景对幼儿园空间环境的创设会产生不同的影响，会使幼儿园空间环境呈现出很大的差异。幼儿园空间环境的创设，必然会反映出不同国家、不同地区的风俗风貌。

从图 1–2 所示的美国林恩 · 班尼特幼儿教育中心的实景图片中可以发现，无论是建筑设计风格、园区环境风貌、设施配备，还是室内环境布局与陈设，它的空间环境与我们国家幼儿园的空间环境有很大区别，这在一定程度上也能反映出不同的文化传统、民俗风情、教育理念、思想习惯、生活方式及对幼儿教育期望值的差异等方面的因素。

(1) 朴实简洁的建筑设计

(2) 区界明显、功能多样的活动室

(3) 整洁优美的园区风貌

(4) 舒适宜人的园舍夜景

彩图 1–2

图 1–2　美国林恩 · 班尼特幼儿教育中心实景

从更为广泛的视角来看，幼儿园空间环境的创设，更涉及幼儿园的建筑特点、绿化情况、人文环境等方面的问题，它们也是幼儿园良好的保教环境所必需的物质基础，是幼教工作者必须重视的问题。

两千多年前的古罗马建筑学家维特鲁威曾经指出，建筑有三个要素：实用、坚固、美观。建筑是一种物质构成的几何形体，这是一种人工环境，它是人们创造的一个有别于自然界的、适应自己生活的空间环境，因此，它包含了实用和审美的意义。所以，建筑与绘画、雕塑、工艺美术合称为造型艺术。如果说艺术是人对自身的理解，是人对人生世界的把握，那么，建筑艺术就是人对建筑本身的理解，也是人对建筑世界的把握。从这个意义上讲，一个建筑师也应该是一个艺术家，因为建筑设计就是艺术的创造。

今天的建筑艺术，人们对它的审美需求往往不亚于它的实用性，因为建筑设施一旦建造起来，就要几十年几百年地矗立在那里，它将长期地影响人们的审美观念及人们的生活。例如，位于哥伦比亚首都波哥大郊外的埃尔波韦尼尔幼儿园（见图 1–3），因其鲜活、生动的轮廓，给这个尚未整体规划的贫困居住区带来了新鲜感和希望，而成为该地区地标性建筑。在现代世界建筑设计经典中，我们可以找到不少这样的案例。

图 1–3　哥伦比亚埃尔波韦尼尔幼儿园

建筑的美在于和谐，一栋优秀的建筑是一个高度和谐的有机整体，各类幼儿园的建筑性质也是这样。例如，从图 1–4 和图 1–5 可以发现不同国家、不同风格的幼儿园建筑，常常选用许多相同的设计元素，我们可以从中感受到幼儿园建筑艺术与周围环境的和谐。

班杜拉认为，人和环境并不是彼此独立的。当你走进一所幼儿园，不用介绍，也无须交谈，只要留意整个环境，就能“阅读”其中蕴含的教育信息和课程价值取向。例如，有的幼儿园在园内栽种种类繁多的花草树木，使幼儿园内环境

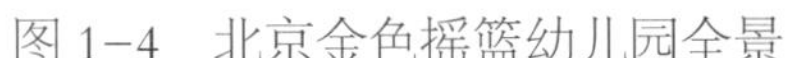

图 1-4　北京金色摇篮幼儿园全景

图 1-5　日本某幼儿园全景

恰似大自然的缩影。幼儿可以直接感受到春、夏、秋、冬四季给大自然的花草树木带来的各种变化，欣赏这五彩缤纷的世界；可以展开想象的翅膀，组织优美动听的语句来表达自己的感受。同时，叶落季节里飘落的形状不一、颜色各异的树叶可以引发幼儿动手的欲望，幼儿会不由自主地收集落叶，在教师指导下进行创造性的活动。一幅幅用落叶剪贴的形态各异、姿态万千的动物、植物、人物作品，在一双双稚嫩的小手中诞生，不知不觉中丰富了幼儿的语言，发展了幼儿的想象力、创造力。

## 第二节　幼儿园空间环境创设的原则和基本要求

### 一　幼儿园空间环境创设的原则

幼儿园是幼儿生活、学习、成长的重要场所。幼儿身心发展具有一定的顺序性和阶段性，并且具有极大的可塑性，因此，创设幼儿园空间环境时要充分考虑幼儿年龄特点、遵循幼儿身心发展规律，充分尊重幼儿的独立人格和健康成长的规律，遵循童趣性、独特性、启发性、互动性、艺术性、安全性的原则，充分发挥环境的隐性课程的教育价值。下面，我们将结合案例，从幼儿园宏观环境、中观环境和微观环境三个层次分别阐述。

**1. 童趣性原则**

幼儿园的环境是为幼儿创设的。幼儿是主体，幼儿园空间环境就应该是幼儿喜爱的、符合幼儿心理需要的、能满足幼儿活动需要的环境。只有这样的环境，才能使幼儿乐于接纳并能与之融为一体。环境创设的童趣性原则，其核心就是环境以幼儿为主体。遵循童趣性原则，就是在创设幼儿园空间环境时有意识地突出设计方案的童趣化。

宏观环境层面，童趣性往往是幼儿园建筑表现的首选。目前，国内幼儿园建筑造型中常见的有花园式、积木式、城堡式的设计风格（见图 1-6），其设计意图就是将幼儿园营造为幼儿喜欢的童话世界。中观环境层面，大型游乐玩具区、沙地、戏水池等是幼儿的最爱，自然也是幼儿园空间环境中最富有童趣、必不可少的基本设施。而在教室、活动室等微观环境层面，幼儿园桌椅床柜等家具的儿童化尺寸、温馨宜人的室内装修色调及活泼可爱的室内陈设造型等环境设计（见图 1-7），都体现出幼儿的审美特点和需求。

图 1-6　营造童话意境的幼儿园建筑设计

彩图 1-7

图 1-7　童趣化的室内环境设计（美国）

**2. 独特性原则**

空间环境的独特性原则，首先指不同地区、不同幼儿园的空间环境创设应结合本地、本园的特点，创设出有自己特色的空间环境，而不能生硬照搬、模仿别人的做法。在这个彰显个性的时代，每所幼儿园都应该打造自己的特色，形成自己独特的气质和品位。日本滋贺县的“marinara”幼儿园，可以成为独特性的一个典范。这所由日本修平远藤建筑工作室设计的幼儿园，除了因其独具特色的连成一片的泡泡状房屋而被人们称为“泡泡幼儿园”（见图 1-8（1））外，其大片未经铺设塑胶卷材的原生态操场和全木的建筑结构（见图 1-8（2）），更是把幼儿园崇尚自然的独特品位表达到了极致。在这里，教师不需要费力地向

(1)　　(2)

图 1-8　幼儿园建筑的独特设计（日本）

幼儿园空间环境创设原则——童趣性、独特性

幼儿描述木头拥有什么样的质感、什么样的肌理，以及什么样的性质——他们的教室就是最好的教科书。

在中观、微观环境层面，每所幼儿园的设施及每个班级的活动室都或多或少有其特别之处，应充分利用当地的“特有气息”，进行一些特色化的环境创设。例如，在错落不平的地方或相对偏僻的角落，可根据该班幼儿的特点和活动的要求，用“挂藤”或“垂帘”（可用旧布条编织而成）隔离开来，成为幼儿的“悄悄话小天地”，一个令幼儿觉得神秘的地方（见图 1-9）。只有从实际出发因地制宜、巧妙地进行设置，才能使环境灵动起来。

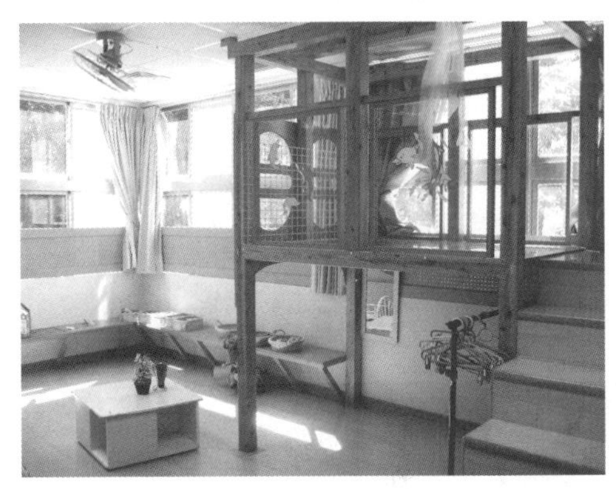

图 1-9　活动室里的私密空间（中国台湾）

另外，空间环境创设还要体现幼儿的年龄特点。幼儿的年龄一般分成三个阶段，不同阶段幼儿的个性、生理及认知发展水平会有差异，对环境的接受也会有差异。这就要求有针对性地为不同年龄阶段的幼儿创设不同的环境。例如，小班幼儿的动手能力较弱，在他们生活的空间里可布置些美观的小型艺术品，培养他们从小爱美的情趣；大班幼儿的动手动脑能力较强，在他们的空间环境中，可多布置些半成品，激发他们将半成品做成“成品”的欲望，培养他们的思维能力、创造能力，提高其动手操作能力。

### 3. 启发性原则

一个有启发性和支持性的丰富环境能始终吸引着幼儿，激发他们去构思、想象和创造，从而使幼儿成为环境的主人。从蒙台梭利的“有准备的环境”到当今提倡的“情境教学”都无不重视这一要素。由于理解能力的限制，幼儿往往缺乏对事物的综合分析和推理能力，因此，任何空洞抽象的口号宣传、理论说教都不能让幼儿实现真正的内化，只有通过环境润物细无声的熏陶，以及教师运用具体实物并配合运用启发性原则的教育，才能使幼儿在看、听、摸、做的过程中建构知识，形成某些观念。例如，近些年社会倡导的“低碳生活”“生态环保”的理念，很难让幼儿对其内涵有直观的认知，而丹麦阳光屋（Sunhouse）幼儿园的幼儿，理解这样的理念一点也不困难，因为他们的幼儿园就是世界上第一所会产生能源的幼儿园。幼儿园建筑的屋顶使用了太阳能电池板和草皮（见图 1-10（1）），屋子两边及屋顶的窗户设计，最大限度地采用自然光（见图 1-10（2）（3）），使每个房间至少能有三束光线进入室内，无论在冬季或者夏季，都确保了明亮的室内环境。

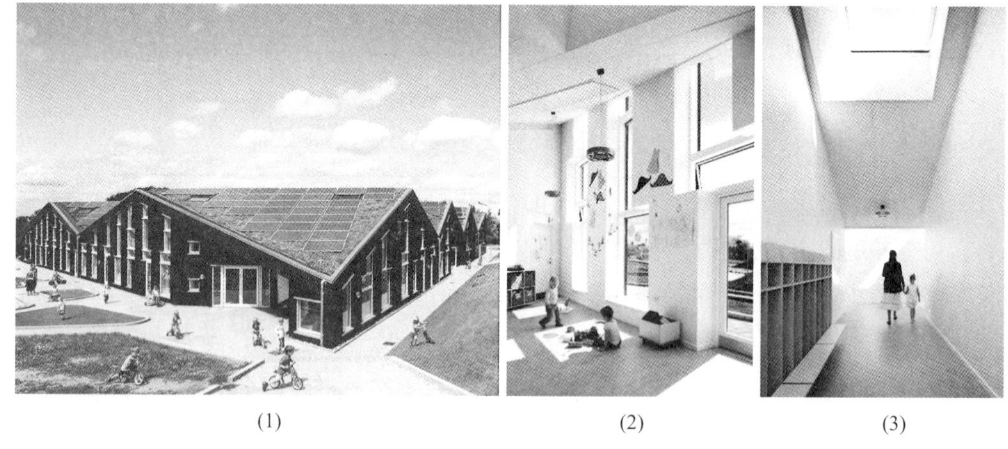

(1)　(2)　(3)

图 1-10　自然、生态、低碳、环保的阳光屋幼儿园（丹麦）

彩图 1-11

图 1-11　启发孩子无边遐思的大厅陈设（青岛）

再如，走进青岛东城国际儿童之家，在明亮宽敞的大厅里陈设着几张可以摆成“米奇”造型的彩色沙发（见图 1-11），幼儿可随意躺在沙发上，仰望悬挂在二楼栏杆上的波浪形淡蓝纱网及半空中的蓝色海豚，他们可以把自己想象成鱼儿，或像海豚一样逐浪；仰望着二楼墙壁上巨大的世界地图及屋顶天花板上点缀着繁星的蓝色星空，幼儿小小的心灵中，一定不仅有这蓝色星空下的世界，还可以装下更深邃的宇宙。这优雅、温馨、关怀、智慧的环境陈设，不仅让刚入园的幼儿真切地感受到家一般的温暖与关爱，很快爱上幼儿园，从而有效降低入园焦虑，更是通过日复一日的熏陶，利用环境的启发性，将“和谐”与“秩序”根植于幼儿的内心。

**直通国考**

**单项选择题**①

幼儿园环境创设中，使用易于识别的生活行为规则标识图，其主要目的是（　　）（3分）。

A. 美化环境　　B. 便于幼儿看图说话

C. 便于幼儿认识各种符号　　D. 便于幼儿习得生活技能和行为准则

答案：D

解析：遵循教育性、启发性的原则，幼儿园在环境创设时常使用易于识别的生活行为规则标识图，如在楼梯地面上贴小脚印、洗手池上贴小手印等，以便于幼儿习得生活技能和遵守行为准则。

### 4. 互动性原则

互动性原则强调环境创设与幼儿发展的互动关系。首先，幼儿园教育环境创设要强化以幼儿为主体的意识。窗户是建筑中人与环境互动的重要通道，透过一些经典幼儿园建筑中的窗户设计，我们能感受到幼儿与环境互动的价值取向。例如，在西班牙贝莱斯卢比奥第八幼儿园的墙面上，如同拼板似地开设了各种大小、高低不等的圆形窗户（见图1-12（1））。这些窗户除了有使建筑物造型生动的审美价值及采光丰富的实用价值外，更是在物质层面为幼儿提供与成人平等的“精神之窗”和留给幼儿的“自由之窗”。圆形窗户能令幼儿产生丰富有趣的联想，比如，洞口、眼睛、游戏、月亮等；低矮平滑的圆形窗户，可以成为幼儿玩耍的小天地（见图1-12（2）），让他们的童心有了自我飞扬的渠道；而与幼儿视野相适的高度，便于幼儿发现外面的世界，或观察室内的情形（见图1-12（3）），充分满足了幼儿的探求欲。

幼儿园空间环境创设原则——启发性、互动性

其次，幼儿园的空间、设施、活动材料和常规要求等应有利于引发、支持幼儿的游戏和各种探索活动，有利于引发、支持幼儿与周围环境之间积极的互

① 选自2017年上半年中小学和幼儿园教师资格证考试科目二：保教知识与能力（幼儿园）考试真题。

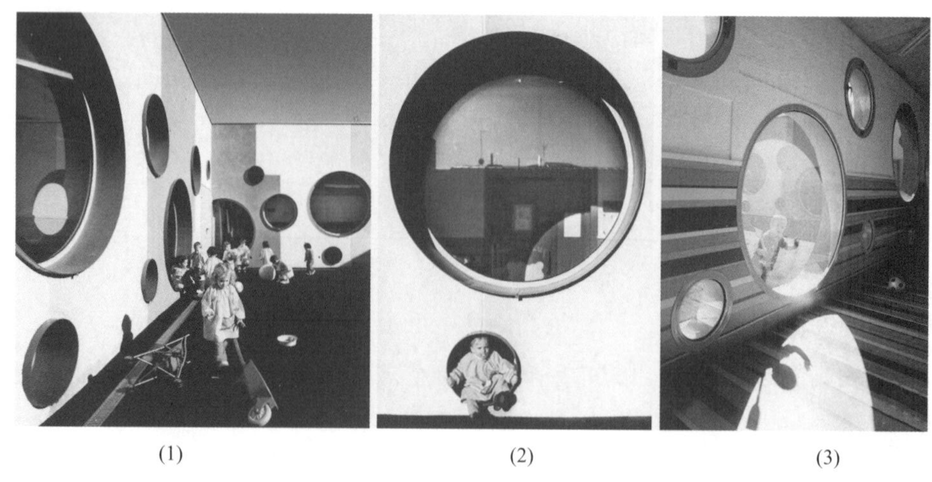

(1)　(2)　(3)

图 1-12　以幼儿为主体的玻璃窗设计（西班牙）

动。作为幼儿园环境的主体，幼儿应该成为幼儿园空间环境创设重要的参与者。有的幼儿园装修得像宫殿和城堡一样豪华漂亮，却没有给幼儿留出自由发挥的空间，幼儿在这样的环境中会感到局促和无所适从。因此，在幼儿园空间环境创设时，要给幼儿留出参与的空间，引导幼儿充分发挥自己的主观能动性。例如，在幼儿园中观、微观环境层面，设置种植区、动物饲养区，幼儿可以根据自己的意愿培育植物、饲养小动物；再如，设置玩沙区、戏水区等，幼儿可以在自己的天地里“为所欲为”，真正成为环境的小主人。

俗话说“自己做饭吃得香”“自己盖房住得宽”。只有在与环境互动的过程中，幼儿才能真正与环境对话，并从中受到教育。因此，在空间环境创设过程中，应让幼儿积极参与，给幼儿提供活动和表现的机会，充分发挥幼儿自身的潜在能力。例如，可以利用幼儿自己动手制作的饰品体现教育内容，美化环境，并根据主题变化、季节交替指导幼儿更换环境布置的内容。缤纷的画廊、五彩的小伞、丰收的秋色……随着主题活动的开展，幼儿的作品也在环境创设中不断变换。让幼儿参与环境创设，做环境的主人，不仅增强了他们的自信心和动手能力，而且美化了环境，也美化了幼儿的心灵。

**5. 艺术性原则**

艺术性原则是指在创设幼儿园空间环境时，应该在色彩和造型上符合幼儿的审美特点，给幼儿以美的视觉享受。空间环境创设的“秀美”原则，要求我们从幼儿出发，尊重、理解幼儿的审美需求，使环境布置适合幼儿的兴趣、爱好和接受能力，将幼儿园设计成安全、温馨、充满童趣的、幼儿喜爱的乐园。

在色彩方面，幼儿喜爱明快的色彩对比，活泼好动的幼儿从中可以感受到色彩变化的节奏和共振。前面列举的西班牙贝莱斯卢比奥第八幼儿园，其圆形窗里镶嵌着黄绿色、蓝色、洋红色的玻璃，无论白天与黑夜，多彩的圆形玻璃窗及其不断变化的光影，都像跳动的音符，焕发出迷人的魔力。室内的地面与墙裙采用彩色的塑胶板，三组年龄段的教室也以色彩来区分，色彩还用于划分公共空间与教室空间。如 1 岁以内的幼儿教室设计为蓝色（蓝色代表舒缓、海洋、美丽的梦境）；1—2 岁的幼儿教室设计为橙色（橙色代表活跃，刺激大脑感官）；2—3 岁的幼儿教室则设计为绿色（绿色代表自然的颜色，见图 1-13（1））；公共区域设计为彩色（见图 1-13（2）），以告诉幼儿世界是多彩的、是一个有机组合的整体。由此，我们可以认识到，幼儿园环境色彩设计的高明之处，在于不仅满足幼儿的审美需求，而且有助于促进幼儿的全面发展。环境创设不仅要追求艺术性的审美境界，还要符合科学性的教育要求。

(1)

(2)

彩图 1-13

图 1-13 符合幼儿审美特点的艺术性环境（西班牙）

在造型方面，幼儿一般喜欢单纯、浑圆、简洁、敦实、稚拙的形象。这是由于幼儿大脑的视觉神经发育尚未成熟，更容易感知单纯、简洁、浑圆的造型，而敦实、稚拙的模样则会令他们产生更多的关注和怜爱。因此，在幼儿园空间环境创设时，人们更多采用单纯、质朴的几何形和生动鲜活的卡通造型。而在表现内容上，广袤无边的绿色草原、茂密的森林、辽阔的蓝天、飘浮的白云、蔚蓝的海洋和可爱的小动物常常是环境美化的源泉。这些源于自然的单纯题材易于幼儿理解、欣赏、借鉴、表现，给予他们展开丰富想象的翅膀。

幼儿园空间环境创设原则——艺术性、安全性

### 6. 安全性原则

安全是我们进行空间环境创设的最基本原则。环境中的设施设备首先应该是安全的。幼儿有安全感，才会放开手脚，放大胆子去活动。从幼儿园空间环境设计中“软包”“圆角”（见图 1-14）等通用设计规则里，人们不难知道安全保障的种种技巧。教育部印发的《幼儿园保育教育质量评估指南》中，对幼儿园环境设施的安全性提出了明确的要求，要求幼儿园“保教人员具有安全保护意识，做好环境、设施设备、玩具材料等方面的日常检查维护，及时消除安全隐患。发生意外时，优先保护幼儿的安全。”①

图 1-14　安全的“软包”“圆角”设计

在幼儿园环境创设的过程中，有很多操作需要经过画、做、贴、挂等技术环节，这是由幼儿和教师共同完成的，其间，需要随时考虑安全保障措施。要注意物品的选用与陈设是否合适，例如，活动材料架有没有太锐的棱角会导致幼儿碰伤，各活动区的位置是否通风，图书角的光线是否充足，幼儿需要坐在地面操作的位置是否太潮湿，所有物品有无化学污染，等等。

掌握以上原则，有助于我们因地制宜，使空间环境的创设在幼儿园教育中发挥积极的作用。

## 二　幼儿园空间环境创设的基本要求

幼儿园空间环境创设是一种融多门学科于一体的创造性活动，不仅要满足幼儿对环境的各种需求，注重环境的外观造型及表面特点，还要注意环境的整体结构和功能。除考虑教育功能外，还要注意艺术要求和技术操作适应性等。在许多发达国家和地区，幼儿园环境创设往往需要多行业专家、技术能手的共同参与。对于涉及教育学、美学、技术学、幼儿人体工程学等众多领域的环境创设，还应提出一些基本要求。

① 引自《幼儿园保育教育质量评估指南》，中华人民共和国教育部，2022 年印发。

### 1. 舒适度要求

幼儿园必须首先为幼儿提供一个舒适的环境。根据幼儿在环境中的舒适程度，有研究者将幼儿园环境分成如表 1-1 所示的四个等级。只有在舒适度 3 级及以上的环境里，幼儿活动的积极性、活动的效果才会达到较理想的状态。

表 1-1　幼儿园环境舒适度等级表

| 等级 | 舒适度 | 环境表现 |
| --- | --- | --- |
| 1 | 不能忍受 | 幼儿的机体不能忍受这种环境。幼儿园的各项环境指数都可能危及幼儿身心的正常发展 |
| 2 | 不舒适 | 在这种环境下活动，幼儿很快就会疲劳。幼儿的生理、心理均要承受强大的外来压力 |
| 3 | 舒适 | 一般情况下，对于这种环境幼儿可以接受，而且不会感到刺激和疲倦 |
| 4 | 最舒适 | 各项舒适指标达到最佳程度，幼儿在一日活动中感到完全舒适和满意 |

人体对环境的舒适度要求包括空气、采光、温度、声音及色彩等方面。只有在最舒适的环境中，幼儿才能获得最大的舒适感、快感。

幼儿园空间环境创设的舒适度要求

空气清新是幼儿身心发展的保障，净化空气是空间环境创设的一项基本内容。幼儿园环境对空气的要求是：清洁无污染。要注意保持室内空气流通，室外种植足够的花草树木，并达到一定的指标①。“托儿所、幼儿园的活动室，寝室及具有相同功能的区域，应布置在当地最好朝向，冬至日底层满窗日照不应小于 3 h。”“夏热冬冷、夏热冬暖地区的幼儿生活用房不宜朝向西；当不可避免时，应采取遮阳措施。”舒适的幼儿园环境温度宜在 20 ℃左右。当温度在 27～32 ℃时，会加速幼儿疲劳，超过 32 ℃会使幼儿注意力分散，极易引发高温疲劳。温度低于舒适水平，也会给幼儿带来不利影响，低于 15 ℃时，幼儿手的灵敏度将会明显下降。

保持环境安静是对幼儿园声音环境的基本要求。一般讲，幼儿园室内噪声要求应不大于 50 dB。悦耳的音乐有助于幼儿的身心健康。幼儿园可以在适当时

① 参见《托儿所、幼儿园建筑设计规范》(JGJ 39—2016)(2019 年版)。

候，向全园播放音乐，以改善声音环境指数。符合舒适度要求的音乐应：① 适合幼儿年龄特点；② 符合幼儿活动的特点；③ 音量适中。如果幼儿园内已有其他音响，就不应再播放音乐。

幼儿园空间环境舒适度的另一个重要指标就是对色彩的要求，这也是最容易被人忽视和误解的。例如，一些幼儿园十分重视对活动室等场地的装饰和美化，把幼儿园空间环境布置得过于斑斓夺目。实际上这不仅不能给幼儿的发展带来积极作用，反而容易引起幼儿的注意力分散。有时，带有过分刺激性色彩和过于复杂、美观的陈设，甚至还会引起幼儿烦躁不安的情绪及其他不适行为。因此，幼儿园空间环境中的布置和陈设大有讲究，并不是我们头脑里想当然的那么简单。幼儿园空间环境色彩的总体要求是：清新明快、鲜艳不失雅致。达到环境色彩舒适度的要求，必须遵循以下设计要点。

① 注意色彩与光照的协调。即创设空间环境时，要力争把光照和环境色彩两个因素协调起来，创造出一个明快轻松的整体环境。

② 注意控制好色彩量。过多的颜色会使环境零碎，缺乏整体感，过于浓艳、强烈的色彩还会给幼儿造成视觉混乱和疲劳，使幼儿不易分辨物体，对舒适度指数影响较大。

③ 注意与背景色的协调。在空间环境创设时，宜把环境的背景色统一协调起来，给其他物体布置和色彩装饰留出色彩空间。

④ 多用幼儿喜欢的颜色。幼儿对颜色有明显的偏好，幼儿园空间环境适宜选用的色彩是明度高且纯度偏中的浅蓝、粉红、浅黄、浅紫等。

**2. 适宜度要求**

幼儿园空间环境创设的适宜度要求

适宜度要求是指幼儿园空间环境的创设，应适宜于幼儿的生理和心理特点。

首先，幼儿的人体尺度是确定环境设施和环境景观的重要依据之一。作为环境创设的主体，教师必须了解幼儿身体各部分的尺度，并以此为据确定环境设施和环境景物的尺度，以供幼儿使用。尺寸的大小长短不仅影响设施和景观的外形，而且对幼儿的活动也至关重要。幼儿园桌椅尺寸应严格按照幼儿的生理尺寸进行设计（见表 1-2）①。

① 参见《学校课桌椅功能尺寸及技术要求》（GB/T 3976—2014）。

表 1-2　儿童桌椅各型号的标准身高、身高范围

| 桌椅型号 | 桌面高 /mm | 座面高 /mm | 标准身高 /cm | 学生身高范围 /cm |
|---|---|---|---|---|
| 幼 1 号 | 520 | 290 | 120.0 | ≥113 |
| 幼 2 号 | 490 | 270 | 112.5 | 105~119 |
| 幼 3 号 | 460 | 250 | 105.0 | 98~112 |
| 幼 4 号 | 430 | 230 | 97.5 | 90~104 |
| 幼 5 号 | 400 | 210 | 90.0 | 83~97 |
| 幼 6 号 | 370 | 190 | 82.5 | 75~89 |

注 1：标准身高系指各型号课桌椅最具代表性的身高。对正在生长发育的儿童而言，常取各身高段的中值。

注 2：儿童身高范围厘米以下四舍五入。

其次，必须时刻关注幼儿视觉器官的特点。幼儿眼睛的视野小于成人，其头部转动的角度与视野范围的角度大致相同。幼儿头部转动的适宜范围是左右 45°，上下 30°，若是超出了这一范围，幼儿就会感到不适。因此，幼儿园空间环境的创设要从幼儿的生理特点出发进行设计和布置，如活动室墙饰的高度要以幼儿的视野为中心。

**相关资料**

**什么是视野**

视野是指用单眼固定地注视正前方一点不动时所能看到的空间范围。有专门的视野计可测定人的视野大小。正常人的视野范围约为鼻侧 60°、耳侧 90°、向上 65°、向下 75°。研究发现，视野中心 30°~50° 范围内是形状辨认区，超过 50° 是视野边缘，只能觉察物体的出现。双眼视野要比单眼视野大得多，在垂直方向上与单眼相同，但在水平方向上可达到 120°。这是因为双眼视野可以互相补充的缘故，盲点也会得到弥补。

此外，对幼儿肢体运动的适宜度也有要求。由于幼儿正值生长发育期，骨骼肌肉的发育都没有完成，错误的身体姿势、过度的活动和疲劳都会给幼儿的身体造成不良的影响。幼儿适宜的肢体运动要求是：① 活动时有舒展的姿势；② 动作简单而有节奏，上下两个动作自然连贯；③ 经过一段时间的活动后不易引发疲劳；④ 活动效率高。因此，在进行空间环境布局时，要把幼儿身体活动

的姿势纳入设计考虑范围之内，以采取与其相应的环境安排策略。以活动区设计为例，在不同的活动区里，幼儿开展的活动不同，他们的身体姿势也是不一样的。图书区的幼儿以阅读活动为主，常采用坐姿，因而最好是为他们提供高度合适的座位；而在建筑区，幼儿则是有站有坐，有趴有跪，因此，应该准备一块较为宽敞的活动区域，并最好铺上地毯或地垫。

**3. 和谐要求**

幼儿园环境创设从形式上看，是创设一个美的环境。环境美包括自然景物美、建筑美、园林美、雕塑美、绘画美、书法美、工艺美等，但美化环境并非这些构成要素的机械相加，而要将各种要素有机统一起来。它着重协调环境与人之间、环境诸要素之间、各要素内部组成部分之间的关系，以寻求环境的整体审美效果。

随着社会的进步和文明程度的不断提高，人们对环境审美功能的需求已逐渐超过了最初作为主要功能的实用需求。在城市现代化建设进程中，花园似的社区、机构越来越多，亭台水榭、秀石雕塑、绿树成荫、百花争艳的富有艺术的人居环境，已成为一种时代潮流。这种城市建设园林化、艺术化的趋向，必然影响着幼儿园环境创设。因此，幼儿园的空间环境创设也要跟上时代的发展，不仅要充分适应幼儿身心发展的需求，还要能够充分反映时代的审美特征，达到环境创设内外和谐的高境界。在北京双桥地区，有一所掩映在绿树中的四合院幼儿园。这所幼儿园在一座清代四合院的基础上，创新融入现代设计，将明快的现代建筑与古老的传统庭院巧妙相连，实现了对老北京建筑的传承与发展，古今辉映、中西融合的幼儿园环境，充分展现了新城市建设与历史文化融合的和谐之美（见图 1-15）。

各种反映时代审美特征、堪称经典的幼儿园现代设计汇聚为中国幼儿园空间环境之美的华彩乐章。无论是由年轻的中国设计新锐设计的、位于上海北部郊区的嘉定新城幼儿园（见图 1-16），还是由美国著名建筑学府伯克利大学建筑学院教授查尔斯先生设计的大连软件园幼儿园（见图 1-17），都是这乐章中的一个个美妙音符。

图 1-15　乐成四合院幼儿园（北京）

图 1-16　嘉定新城幼儿园（上海）

彩图 1-17

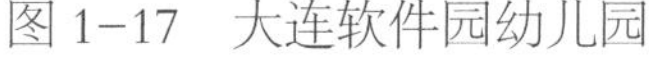

图 1-17　大连软件园幼儿园

## 第三节 幼儿园室内外空间环境的创设

创设一个美的环境，即美化环境，是幼儿园空间环境创设的具体工作内容。

环境美的一个突出特征就是整体和谐性。幼儿园的环境美应包括整个园区里的校舍、操场、教室、活动室等的美。其中，幼儿园整体的布局及格调，园门的造型设计，园舍的色彩，园内的道路、树木、草地、花圃、花坛、雕塑、楼梯、走廊等，每个局部都关系到整个幼儿园的环境美，都会影响人的视觉美感。因此，幼儿园的空间环境设计只有从全局出发统一安排，才能取得最佳效果。

这里所说的环境设计，即环境艺术设计，是指对建筑及附属设施的绿化和装饰进行的审美性安排。首先，要根据幼儿园建筑总体规划中各部分的布局，建筑的具体形状、结构、色彩、空间位置及与场地间的关系来考虑总体装饰安排。

一般可在建筑外墙、主要通道、场地周围及公用房间内，按照全园整体情况统一安排一些大型、长久的装饰。楼房顶层可适当安排一些醒目的、有幼儿园特色的装饰，突出幼儿园的形象。

在以班为单位使用的活动室、睡眠室等处按使用班各学期的要求，或某些专题活动的要求进行定期的环境布置。除了以上这些装饰外，还有一些与建筑密切相关的装饰，均需要通盘考虑。

在场地上设置的大型体育器械等，要考虑到与场地周围的建筑相互协调。绿化带的分布应该整洁有序。家具的选择、美术作品及其他装饰物的配置与陈设均要与建筑空间、幼儿园特点相适应，只有这样才能取得理想的效果。

幼儿园整体设计布局应充分体现“以幼儿发展为本”的教育思想。在设计规划时，遵循童趣性、独特性、启发性、互动性、艺术性和安全性的原则，使整个环境中充满美的气息，使幼儿一走进幼儿园就能感受到并能融入这个环境之中，在潜移默化中接受美的教育，受到美的启迪。

**相关资料**

**《幼儿园保育教育质量评估指南》中**
**对幼儿园“空间设施”的要求①**

幼儿园规模与班额符合国家和地方相关规定，合理规划并灵活调整室内外空间布局，最大限度地满足幼儿游戏活动的需要。除综合活动室外，不追求设置专门的功能室，避免奢华浪费和形式主义。

各类设施设备安全、环保，符合幼儿的年龄特点，方便幼儿使用和取放，满足幼儿逐步增长的独立活动需要。提供必要的遮阳遮雨设施设备，确保特殊天气条件下幼儿必要的户外活动能正常开展。

## 一　户外空间环境的创设

户外空间环境主要是指幼儿园教室以外的空间环境，包括园门及围墙、园区绿地、户外游戏活动场地等。幼儿园的场地是有限的，却有很大的创意空间，需要精心的设计、周密的安排。下面我们将从国内外数十所幼儿园环境图片中，择取少量富有特色的进行介绍。

### 1. 园门及围墙

园门是幼儿园给人的第一印象，往往也是幼儿园对外形象的代表。园门的样式很重要，但它的设计绝不能与环境割裂开来单独考虑。无论采用哪种设计样式，在色彩和造型上，都应该与幼儿园的整体环境和建筑风格相协调，并能体现出幼儿园的特点。

如图 1-18 至图 1-21 所示四所幼儿园的园门设计，都运用了实用简练的设计手法。图 1-18 所示北京某幼儿园的园门和图 1-19 所示温州某幼儿园的园门，都是采用弧线元素，与幼儿园弧形屋顶、圆形窗户相映成趣；图 1-20 所示美国某幼儿园的园门使用木质栅栏，与周围的自然风光融为一体；图 1-21 为日本某幼儿园的园门，其平直低矮的园门线条和后面园舍楼房的二层平顶线条，呈和谐的平行线。总之，这些园门设计与其身后的整体环境及建筑风格十分协调，而不同之处在于这些园门建筑设计里所隐含的教育与文化的价值理念。

① 引自《幼儿园保育教育质量评估指南》，中华人民共和国教育部，2022 年印发。

图 1-18　北京某幼儿园

图 1-19　温州某幼儿园

图 1-20　美国某幼儿园

图 1-21　日本某幼儿园

幼儿园门面、围墙的设计应能体现出幼儿园的教育特色。现在，不少幼儿园形成了自己的教育特色，如果在园门、围墙的设计上能反映出这方面的特色，对进一步突出办园特色将有益无害。此外，某些幼儿园还可以结合本园的园标来进行园门设计。总之，幼儿园园门及围墙的设计要美观、简洁、明确，体现幼儿园的教育特点。

**2. 园区环境绿化**

环境美化离不开绿化，幼儿园环境绿化工作有着多种意义。绿化就是广植绿色植物，以净化空气，美化环境，防止水土流失。幼儿园环境绿化了，能使园区环境得到净化和美化，使园内生机盎然，并起到保护改善环境、促进身心健康的作用。环境科学家把绿色植物说成是新鲜空气的加工厂、卫生消毒站、天然除尘器。据测定，如紫薇、茉莉、臭椿、香樟、女贞等，都有很强的杀菌能力。绿色植物能减少粉尘污染，对净化空气有着巨大作用。绿色植物还可以吸收噪声，减弱声波，在大森林里你会感到格外幽深静谧，就是这个道理。绿色植物又可以调节改善气候，最明显的是在夏天所起到的降温作用。据测定，夏日浓荫下的温度比暴晒路面的温度要低 16 ℃之多，而草地的温度要比光秃的地面低 3 ℃。凡此种种，可看出环境绿化的重要性。

环境绿化的基本方法是广植树木、多种花草。如图 1-22 所示，树尤其是常青树种对环境产生的作用效果最好，因而植树是环境绿化的首选，但其成本较高且周期较长；藤本植物（见图 1-23）的绿化效果也不错，只是要结合园区建筑设计整体规划。现在很多城市城区高楼林立，城市绿地的人均占有面积非常有限，采用花坛式绿化也是夹在高楼之间幼儿园的无奈之举，而远离主城区新建居住小区内的幼儿园，占地面积一般有一些优势，这时候就可以考虑像图 1-24 所示这家幼儿园一样，选一块角落建一方小池养些小鱼，这样既可以起到净化空气、调节局部小气候、改善空间氛围等作用，又能让幼儿亲近自然。我们相信，只要用心经营，善用、巧用一切资源，水泥地上的幼儿园也能花枝繁茂、绿荫映地。如图 1-25 所示就是利用园墙进行的立体绿化。

图 1-22　郁郁葱葱的树

图 1-23　生机盎然的藤

图 1-24　鱼翔浅底的小池

图 1-25　围墙上的立体绿化

需要注意的是，幼儿园在环境绿化的时候，应严格遵守国家关于幼儿园绿地内“不应种植有毒、带刺、有飞絮、病虫害多、有刺激性”的植物的相关规定①。教师尤其应该提高防范意识，扩大甄别有毒植物的知识积累，避免班级植物角中的植物发生毒、刺事故。切记：带刺的植物容易被识别，而有毒的植物却难以提防！

雕塑是一种造型艺术，以塑造立体形象来再现生活，常与环境绿化交相辉映（见图 1–26）。由于雕塑形象具有与现实生活本来面貌相仿的外在形式，所以能给人以逼真的生命感。雕塑的用料不同，会给欣赏者以不同的心理感受，大理石给人坚毅感，青铜给人沉静感，黏土给人朴实感，而不锈钢则给人科技感等。因此，雕塑用料的物质特征不同，艺术效果也会有所不同。雕塑在幼儿园中，会有比绘画（如壁画）更强烈的观赏效果，而且它还具有相对的永恒性。

在教学楼外面的通道环境创设上，可以结合幼儿的年龄特点和行为习惯，增加一些趣味设计，使幼儿乐享生活、热爱环境。例如，在通道上铺设几何形石块，或在草地上用卵石铺出一条小径（见图 1–27）。幼儿走上小径时，可边数边认，也可蹦跳踩图形。利用走道的环境设计能有效地促进幼儿的身体活动，使其增长知识，发展动作技能。这样的小径，再加上两侧绿树与鲜花的点缀，会使幼儿更加流连忘返。此外，幼儿园户外环境美化还可以有更多的途径，如在适当的区域开辟小型荷塘、修建流洒的喷泉、堆砌嶙峋的假山、安装装饰性的路灯等。总之，要根据条件，对环境进行合理的艺术性装点，使幼儿园的空间环境更美。

图 1–26　园区雕塑

图 1–27　草地中的小径

① 参见《托儿所、幼儿园建筑设计规范》（JGJ 39—2016）（2019 年版）。

### 3. 户外游戏活动场地

幼儿天生好动，创设良好的户外活动环境对于完善幼儿心理社会环境、促进幼儿身心健康发展具有重要意义。新《幼儿园工作规程》规定：“幼儿园应当有与其规模相适应的户外活动场地，配备必要的游戏和体育活动设施，创造条件开辟沙地、水池、种植园地等，并根据幼儿活动的需要绿化、美化园地。”

幼儿园的户外游戏活动场地按照不同的活动功能可分为若干区域，包括游乐设施区、体育活动区、戏水玩沙区、种植饲养区等。

（1）游乐设施区

游乐设施区是幼儿园里幼儿最喜欢去玩的地方。这种以大肌肉动作为主的户外游戏活动，能积极促进幼儿身体动作技能的发展，有助于幼儿形成健康的体魄和良好的行为习惯，养成活泼开朗的性格。因此，幼儿园一般会将游乐设施作为幼儿园的基础设施来建设（见图 1–28 至图 1–33）。

户外游乐设施案例欣赏

图 1–28　国内幼儿园大型游乐设施

图 1–29　国外幼儿园大型游乐设施

图 1–30　国内幼儿园中型游乐设施

图 1–31　国外幼儿园中型游乐设施

图 1–32　国内幼儿园小型游乐设施

图 1–33　国外幼儿园小型游乐设施

游乐设施应设置在软质地面上，包括沙池、草坪、塑胶地垫、自然土地等。越是大型设施，其安全防护措施就越要到位。

安全是设置各类游乐设施时必须高度重视的。包括其他体育设施在内，幼儿园任何活动器械都要确保幼儿活动的安全性。首先，活动器械和设施本身必须符合有关的国家安全标准；其次，要做好活动器械和设施的日常维护工作，必须定期检查、维修，及时消除事故隐患。

（2）体育活动区

运动场（见图 1–34）和固定器械是体育活动区的主要组成部分。为幼儿提供各种适合他们年龄特点的固定器械（见图 1–35）。在设置这些固定器械时，应该注意以下几点。

图 1–34　运动场跑道

图 1–35　固定器械

第一，根据不同年龄层次幼儿的需要，合理地配置不同种类的固定器械。因为每一年龄层次幼儿的动作发展水平不同，动作达标的要求也不同，固定器械的设立应考虑这些因素。在设置器械时，可以划分年龄区域，每一区域的固定器械，应适应同一年龄层次幼儿运动的需要。例如，对于小班年龄段的幼儿，在区域内应以小型单个的器械为主。这样，既便于教师辅导，又能促进他们单个动作的协调发展。

第二，要根据固定器械的功能放置于不同的区域。每一件固定器械都有其特定的功能，有的发展幼儿大肌肉，有的发展幼儿小肌肉，设置时应避免功能相同的器械配置在一起，尽量做到布局合理。

第三，固定器械间应留有适当的空间，保证幼儿有充分的活动空间，让幼儿能随意地选择器械，自由进行活动，促进动作发展。如果没有一定的活动空间，幼儿难以取得良好的运动效果，也难以达到《纲要》的要求。

体育活动场地区域的设置，应根据幼儿园的自然场地条件，采用不规则形区划，充分利用场地。同时，还应考虑幼儿流动特点及活动需要，合理安排区域中的各个活动点，满足幼儿园健康教育活动的需要。此外，一些幼儿园还可以利用场地条件建设一定规模的运动场（见图 1–36），开辟如篮球场、溜冰场、足球场、游泳池等的专项体育活动设施。

图 1–36　运动场

（3）戏水玩沙区

戏水玩沙是幼儿非常喜爱的游戏活动。幼儿园应创设适宜的条件，为幼儿提供与这些自然材料亲密接触的机会。戏水玩沙区的造型应讲究实用性（见图 1–37、图 1–38），高度以幼儿的身高为标准。在戏水池中放一些活动器件，如滑梯之类，可增添不少游戏趣味。在玩沙区，教师应积极提

图 1–37　戏水池

图 1–38　玩沙池

供材料，如木制小动物、轮胎或塑料小桶之类。所有的材料、器械、工具必须无棱角锋刃，保证绝对安全。戏水玩沙，既满足了幼儿建构知识的需求，又锻炼了他们的身体协调性，并能培养他们对自然科学探索的兴趣。

## 案 例

### 室外多功能玩沙区①

我园的玩沙区始建于 1998 年，起初是七个隔断式的沙池，宽 10 m、长 55 m，面积约为 550 $m^2$。由于功能单一，缺乏辅助设备，沙池难以满足幼儿游戏的需要。2014 年，我们经过全面规划，对沙池进行了重建。重建后的玩沙区被一条宽约 0.4 m 的小水沟分隔为左、右两侧。左侧是沙地感统运动长廊，配有盥洗专用室和玩沙工具室，沿着墙角每隔 50 m 设置一排休闲座椅；右侧为三个形状各异的沙池及沙上攀岩区、沙地海盗船，构成了一个集建构、运动为一体的多功能玩沙区。

走入场地，三个形状各异的沙池非常抢眼，大约占了整个玩沙区面积的 40%。沙池顶棚采用玻璃钢结构，白色帆船的造型既美观又有挡雨功能；每个沙池深 0.5 m，覆盖有细软的黄沙，沙池使用原木包边，既安全又便于幼儿坐在上面换鞋；每个沙池内侧面设有喷水装置，可以根据需要制造湿沙。三个沙池的游戏功能各不相同。

方形沙池呈规整长条状，沙池边放置了大量玩沙工具和材料，如沙铲、沙耙、不同口径的塑料管、有提手的水桶等，供幼儿铲沙、堆沙、运水时使用，台秤、量杯等供幼儿测量时使用，玩具汽车、动物模型、砖块、木块、盒子、瓶子、树枝、竹筒等供幼儿开展装饰活动时使用。幼儿可以根据自己的兴趣选择不同的工具玩沙。

云朵沙池呈不规则云朵状，空中悬挂各种绳索，这里放有独轮车、布袋、排球、皮球、平衡木等器械和网绳、运动服、记分牌等用品。在这里，幼儿可以开展急速运沙、沙滩排球、沙上救援、沙上接力赛等多样化的体能锻炼活动（见图 1-39）。

椭圆形沙池四周投放有锅、碗、瓢、盆等厨具和餐具，以及仿真的果蔬、食品和瓶罐、玩偶等。这个沙池主要供小班幼儿使用，他们通常会在这里以沙为材料，模拟各种生活情境，开展社会角色扮演游戏。沙池旁设计有一个呈“9”字状的拓展区，左侧是一条近 55 m 长的沙地感统运动长廊，前半段由沙子铺设而成，后半段由马赛克、石头、地砖等拼接铺设而成，还有滑动滚木、梅花桩、轮胎区、爬行网、攀登架等；右侧是海盗船和攀岩墙，孩子们可通过徒手攀爬来锻炼肌肉，增强力量，提高身体和心理素质。

---

① 林艳:《构建玩沙环境 提升游戏品质》，载《幼儿教育》教育教学版 2019 年第 12 期，节选，有改动。

图 1-39　温州市第五幼儿园多功能玩沙区

（4）种植饲养区

在种植区内，多准备一些小花盆及种植工具，让幼儿在一方土地上自己动手种一些较容易生长的蔬菜、花卉，如胡萝卜、丝瓜、蚕豆、红辣椒、草莓、菊花等（见图 1-40）。通过播种、浇水、施肥、收获的全过程，幼儿可了解植物的习性、特点及它们的生长周期，懂得只有劳动才有收获的道理，从中体验劳动的辛苦与收获的快乐。

图 1-40　种植区

在动物饲养区，可以饲养一些性情温和、逗人喜欢的小动物，如小蝌蚪、小鸡、小鸭、小白兔、小乌龟及各种鸟类等；可以建造一些造型别致、色彩漂亮的小房子，编上门牌号，然后围上篱笆，种些花草，让小动物也住上漂亮的小屋。幼儿就像是拥有了一个小小的动物世界，让他们天天喂养、关心小动物，可以培养幼儿爱护小动物、热爱大自然的习惯。

### 4. 建筑物外墙

幼儿园内建筑物外墙的环境创设也是户外空间环境的一个重要组成部分。一些新建幼儿园，拥有整体的建筑艺术设计，可以不必再考虑对外墙进行特殊的装饰处理（见图 1-41、图 1-42）。一些建园时间比较早的幼儿园，则可以考虑结合园区改造对原有建筑物进行专门的外墙装饰处理。

图 1-41　建筑与绿化的和谐

图 1-42　建筑物外墙设计

外墙装饰可采用绘画、镶嵌画、浅浮雕等手法，装饰风格可采用儿童画、卡通画形式（见图 1-43），总体上要有儿童生活气息，色调要明亮，清新夺目，富有童趣。如果配以树木花草点缀墙面，会使整幢楼面显得生机勃勃，清新可爱。还可以在底楼外墙上制作一些立体篱笆，种上牵牛花，打开窗户，便会看到温馨的花丛，感到分外舒畅。

另外，利用某些建筑物外墙还可以设计橱窗（见图 1-44），既可以展示各类书法、绘画、手工作品，还可以设置公告、通知、家园交流等教育动态栏目。这样的设计既美化了环境，又便于家长们通过橱窗增进对幼儿园的了解。

图 1-43　墙面的绘画装饰

图 1-44　装饰与利用相结合

园舍建筑案例欣赏

南京市幼儿园户外环境案例欣赏

## 二　室内空间环境的创设

这里的室内空间环境，主要指幼儿园主体建筑物内部环境，包括门厅、走廊、过道、楼梯等室内公共部分和办公室、会议室、接待室、活动室等专用空间。

### 1. 门厅

门厅是所有进出人员的集散地，是幼儿、家长、教职工及宾客必经之地，显然，其空间环境创设的影响面也比较大。因此，环境创设应格外精心，尽力反映出本园水平。

门厅一般比较宽敞，可以考虑采用大型装饰壁画（见图 1-45），包括组织多名幼儿进行绘画、剪纸、手工作品的集体创作等；也可以设置橱窗、展柜，陈设幼儿美工作品柜，人们可以驻足观赏。总之，门厅布置要和建筑物艺术设计统一起来，力求达到良好的整体视觉效果（见图 1-46）。

图 1-45　大型装饰壁画

图 1-46　门厅整体效果

### 2. 走廊

幼儿每天要多次经过走廊，在走廊展示的内容可反复作用于幼儿，因此，可以利用走廊陈设帮助幼儿学习一些生活与科学小常识。布置作品或装饰物可采用平面粘贴或立体悬挂等方法（见图 1-47）。如果走廊一侧的墙壁上没有窗户或窗户很高，可以考虑设计整幅的大型墙饰（见图 1-48），效果会很不错。宽敞的走廊可以设置为幼儿的活动区，利用一些家具或玩具架进行活动区域隔断（见图 1-49）；狭长的走廊则可以设为展示区，设置各类橱窗、展示栏展示师幼的书画、手工作品（见图 1-50）。

图 1-47　走廊悬挂装饰

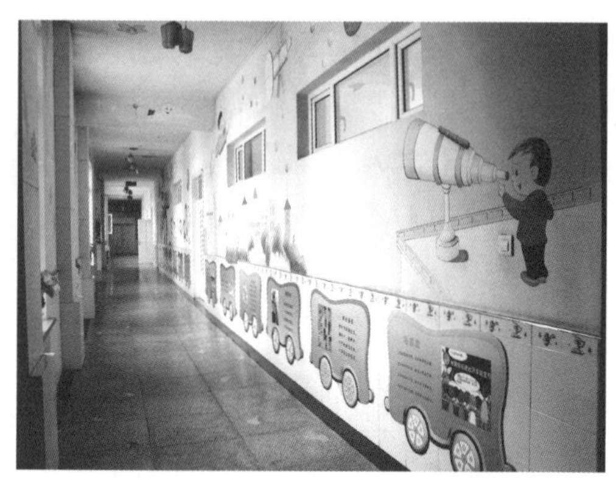

图 1-48　走廊装饰壁画

图 1-49　走廊活动区

图 1-50　走廊展示区

### 3. 楼梯

沿着楼梯墙面，可以设立画廊，悬挂各种工艺美术品，增加展示艺术作品的空间。也可以根据楼梯特点，运用剪贴（见图 1-51）、手绘等方法制作专门的墙饰；楼梯的拐角处，可巧用塑料花或装饰植物来点缀（见图 1-52），也可以将楼梯平台作为艺术作品陈设区（见图 1-53）；楼梯的台阶、护栏上还可以配合楼层总体色调，用彩色油漆进行处理；楼梯的角落可以布置成阅读区（见图 1-54）、娃娃家等活动区。

楼梯走廊案例欣赏

图 1-51　作品展示

图 1-52　悬挂点缀

图 1-53　楼梯平台陈设

图 1-54　巧用楼梯角落

在走廊、楼梯等建筑空间狭长处应安排能够近看的装饰。画面要较长，其内容形式要适宜近看，画中的形象不要太大，这样才便于观赏。转弯处往往有较远的观赏点，可安排些供较远距离观赏的装饰。有的幼儿园走廊的墙面虽然较长，但往往又被窗户隔开，对此可以在两窗之间安排一些相互间有某种联系的装饰。楼梯侧墙则以斜向的平行四边形或三角形为多，装饰物的安排要因势布局，这样才能获得新奇的效果。注意：在走廊与楼梯安排装饰，要以不妨碍其使用功能为宗旨。

### 4. 悬挂物

无论是自制的还是购置的悬挂物，在幼儿园环境布置中都是重要的饰物。幼儿园在喜庆节日常要挂一些工艺饰品以烘托节日气氛。一旦节日过后，那些饰品往往被冷落甚至丢弃。其实，悬挂物也是很好的幼儿园空间环境布置饰物，它能使幼儿园充满活力。

幼儿园空间悬挂物种类很多，如风铃、动物灯饰、风筝、大红灯笼、纸花纸彩、自制玩教具（见图 1–55、图 1–56）等，小型毛绒玩具也可作为幼儿园的悬挂物。自制悬挂物的材料很多，如皱纹纸、蜡光纸、彩色铝金纸及某些一次性生活用品（各种饮料瓶、方便面盒、吸管、包装盒等），都是很好的制作材料。图 1–57、图 1–58 所示使用纱巾、长条布制作的悬挂物也很有创意。

图 1–55　半立体纸雕

图 1–56　剪贴作品

图 1–57　悬挂纱巾

图 1–58　彩布加饰物

悬挂物的位置要根据需要而定，不可随意悬挂，否则会造成视觉上的混乱，一般可悬挂在走廊、楼梯口上方、教室或各类活动室、大厅。还应根据区域的不同功能选择悬挂物，例如，幼儿园大厅上方空间可用一些造型别致的灯饰和灯笼制造热烈气氛；在楼梯口适宜挂些小型的悬挂物或者是挂些塑料花卉等装点环境气氛；大型集会活动的悬挂物以制造热烈、庄重气氛为主，色彩应该鲜明亮丽，吸引幼儿，应多用对比色配色，可以挂些大红灯笼、纸彩纸花、节日彩灯、塑料花卉等。

我们还应该根据不同的教育需求及时更换或调整悬挂物，因此，悬挂物的创设带有短期性的特点。在教室内的悬挂物应该配合阶段教学内容来调整，例如，根据春、夏、秋、冬四季的季节性安排；根据不同节日的纪念性安排，悬挂物的选择要与节日性质相符合（如元旦、儿童节、母亲节、端午节、国庆节、元宵节等）。悬挂物必须定期更换或清洁。悬挂物的放置也应有个标准高度，至少高于幼儿三个头，以不妨碍室内采光和幼儿游戏活动的开展为好。总之，室内空间的布置、悬挂物的设置应考虑到总体环境色彩的统一、协调，这样才能建构和谐、轻松的环境气氛。

### 5. 活动室

幼儿园的活动室按功能分为多功能活动室、专用活动室和班级活动室三种类型。多功能活动室一般是幼儿园里的中大型活动室（见图 1–59），可供开展音乐、体育、游戏、观摩、集会等活动。有的幼儿园的多动能活动室，更具音乐表演活动功能（见图 1–60）；而有的幼儿园的多功能活动室，其设施功能更类似于体育馆（见图 1–61），主要用作体育活动者偏多。

专用活动室是幼儿园根据教育教学需要专门设置的有着特定功能的活动室，如美工活动室、电脑室、图书室（见图 1–62）等，这类活动室常和幼儿园特色教育活动相联系，一般面积较小，功能单一。班级活动室是幼儿园各年龄班幼

图 1–59　国内某幼儿园中型活动室

图 1–60　国内某幼儿园多功能活动室

图 1-61　国外某幼儿园多功能活动室

图 1-62　国外某幼儿园图书室

儿进行教学和室内活动的基本场所。

活动室的家具以玩具柜为主，一般靠墙安置最节省地方，可使幼儿有较大的活动空间。家具的形状、色彩要活泼明快，不但要有实用功能，而且要起到美化室内环境的作用。窗台和家具上可摆放一些较为固定的物品，既可供幼儿进行活动，又可点缀室内环境。其摆放的位置、角度等要注意效果，要与环境相协调。关于活动室的活动区域划分及区域环境创设，将在本书第三单元展开讨论，这里先来看看国外幼儿园活动室的情况（见图 1-63）。

图 1-63　国外幼儿园活动室一角

### 6. 生活区

幼儿在生活区的主要活动是睡眠和盥洗（见图 1-64），有的幼儿园（主要是全托幼儿园）把生活区和活动区分开，设有专门的睡眠室、卫生间，有的幼儿园则是按班级把幼儿的活动、午休、盥洗等功能集中在一起分区域设置。生活区的装饰应体现安静，一般采用有关睡眠的造型设计，其色彩宜柔和，形式要简洁。

生活设施欣赏

图 1-64　幼儿园生活区

## 问题与思考

1. 什么是环境？教育环境、幼儿园教育环境的含义是什么？
2. 幼儿园教育环境的内涵是什么？
3. 幼儿园空间环境的概念是什么？它与幼儿园教育环境的关系是什么？
4. 创设幼儿园空间环境应遵循哪些原则？
5. 创设幼儿园空间环境应符合哪几个要求？
6. 幼儿生活环境里的温度、声、光等物理指标有什么要求？
7. 创设幼儿园空间环境时怎样设计和运用色彩？
8. 幼儿园户外空间环境包含哪些方面？创设的要点是什么？
9. 幼儿园室内空间环境由哪几个部分组成？
10. 布置走廊楼梯时应注意哪些问题？
11. 怎样在幼儿园运用悬挂物？

# 第四节　幼儿园空间环境创设技能实训

## 项目一　幼儿园空间环境创设实例的比较与评析

比较是认识事物的基础，我们区分两个同类事物的异同必须通过比较。其含义是根据一定的标准，把彼此有某些联系的事物放在一起进行考察，寻找其相同点、相似点或不同点，从而把握研究对象所特有的质的规定性。幼儿园空间环境创设，是幼儿园课程实施的重要内容。通过比较和分析，我们就能从幼儿园空间环境创设的一些表象解读出其中所蕴含的教育信息和课程价值取向。同时，通过评析和研究，我们不仅能加深对先进设计理念和设计思想的领会，还能从中吸取经验，转变观念，提高认识，从而使自己环境创设的能力和水平得到提高。

**【范例】**

### 幼儿园室内戏水环境设计的比较与评析

戏水是幼儿非常喜爱的活动，幼儿园一般会在室外设置水池供幼儿游戏。由于戏水活动时令性很强，所以一般室外戏水池多见于我国南方城市幼儿园。一些不具备这些条件的幼儿园，则是在夏季或气温适宜的时候，通过提供充气式戏水池的办法让幼儿游戏，一些条件好的幼儿园拥有室内戏水池或游泳池（见图 1-65、图 1-66），其中有很多优秀的设计思想值得我们研究和学习。

图 1-65　幼儿园室内戏水池 A

图 1-66　幼儿园室内戏水池 B

室内游泳池和室内戏水池有本质的区别，并不具备可比性。我们的比较是围绕幼儿园为幼儿创设室内戏水环境这一中心点展开的。

比较评析：

首先，我们从环境创设的目标功能上进行分析。图 1-65 所示幼儿园室内戏水池更像游泳池，它带有泳道，设有扶手，完全是照搬游泳池的设计。从图片上我们看不出它的水深是多少，但从感觉上判断三四岁的幼儿恐怕不敢轻易下去戏水。就算是水很浅没有危险，这么大的水池，全班几十个幼儿一起下去玩，带班教师也会担心，怕出什么问题。由此可见，这个戏水池的设计，并没有实现幼儿园孩子在室内戏水的目标需求。

图 1-66 所示幼儿园室内戏水池，其功能设计非常明确：就是给幼儿戏水用的。水池的面积很小，一次最多供十一二个幼儿同时戏水，对于带班教师来说，这个数字是在其可控人数范围内的，没有什么危险，因而教师会乐意分批带幼儿到这里戏水。对于幼儿来说，下池戏水也没有问题，池水很浅，台阶的高度不会超过他们的膝盖，胆子大的幼儿可以到池中间玩，而胆子小的幼儿，坐在池边台阶上，用脚扑腾水也很有意思。

其次，我们再从设计理念和设计思想上进行分析：建立室内戏水池的目的，是为了让幼儿有更多戏水的机会。室内戏水池一方面可以在炎热的夏季，让幼儿避开紫外线的灼烤，在水中尽情游戏；另一方面若是有配套供暖的话，幼儿在秋冬季节也能享受到水中游戏的快乐。图 1-66 所示幼儿园室内戏水池采用小空间、小水池的设计，其科学性就在于：① 水池小，用水量较少，浪费水资源的可能性较小；② 用水量少，就可以勤换水，甚至一次一换，这样可以充分保障幼儿戏水的卫生条件；③ 室内空间小，建筑面积的合理利用率较高；④ 室内空间小，冬季使用时的供暖保暖能耗较低。由此可见，这个设计不仅切合了幼儿的心理特点和审美需要，为幼儿的教育与发展提供了良好的条件，而且还综合了环保、卫生、经济、节能等诸多设计因素。

## 【实践与训练】

### 幼儿园沙池设计的比较与评析

【实训目标】

1. 培养学生对幼儿园空间环境创设实例进行比较与评析的能力。
2. 使学生加深对教育环境创设理论的理解，培养环境创设原理的实际运用能力。
3. 初步培养学生进行教育比较研究的能力。

【内容与要求】

1. 根据所学的幼儿心理、教育及幼儿园空间环境创设等原理，对图 1-67 和图 1-68 这两个沙池设计进行比较。

图 1-67　沙池设计一

图 1-68　沙池设计二

2. 分析这两个沙池设计对幼儿玩沙游戏可能产生的影响，又能做哪些设计改进。

3. 上网搜集其他的幼儿园沙池图片，选出 3 个优秀的沙池设计和 3 个有问题的沙池设计进行比较与评析，进一步支撑自己的观点。

4. 使用 PowerPoint 完成作业，不少于 8 帧。

【实训考核】

根据提交简报作品的观点是否科学和文字表述是否清晰为学生的简报作品评分。

## 项目二　家园联系专栏的设计技能

家园联系专栏是教师与家长之间沟通联系的园地，可以帮助家长了解幼儿园各阶段的教学要求和内容，掌握幼儿园的教学情况，以及幼儿在园内的学习情况，配合教师做好教育工作。通过家园信箱等栏目，教师还可以向家长介绍一些教育信息和教育子女的方法；家长也可以把自己的意见、见解和要求，通过信箱传递给教师，共同为教育好幼儿做出努力。利用走廊空间设置家园联系专栏是幼儿园常见的做法（见图 1-69、图 1-70）。

家园联系专栏的设计要点

图 1-69　家园天地

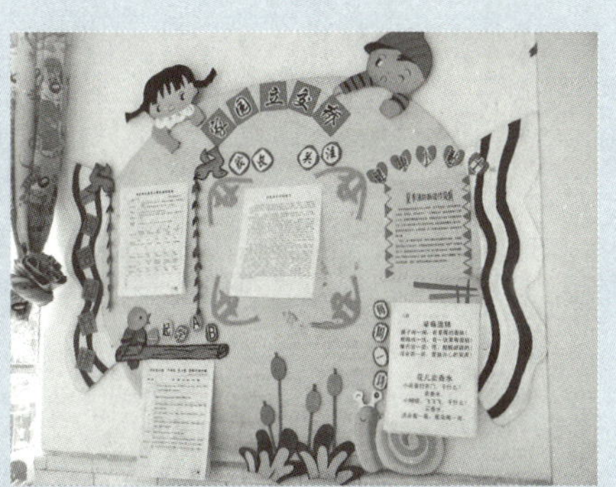

图 1-70　家园立交桥

对家园联系专栏进行设计和管理是幼儿园教师日常工作的一部分，各幼儿园对教师这方面的工作都提出了一定的要求。学前教育专业的学生，学习与掌握家园联系专栏的设计构思方法，对今后胜任幼儿园的教育教学工作很有帮助。设计要点如下。

① 整体设计应美观大方、朴素自然，版面设计要有主次，避免凌乱。

② 栏目内容要贴近家长的需求，反映幼儿的当前情况。

③ 每个栏目要及时更换，使家长感到这不只是一种摆设，从而调动其积极性和参与性。

④ 栏目要表述清楚，让家长明白所要表达的事情是什么，从而形成互动的教育合力。

栏目设置上针对不同年龄班应有所区别。

① 小班："您最关心的事""爱心导航""作息时间表""快乐宝贝"……

② 中班："酷儿""小精灵""家园在线""我的伊妹儿""童言无忌""温馨提示""卫生保健"……

③ 大班："快乐周末""做科学""卫生知识""宝典温馨提示""五彩贝""小小英文歌""每周小明星""环保小卫士"……

## 【实践与训练】

### 家园联系专栏设计

【实训目标】

1. 培养学生根据幼儿园教育特点设计家园联系专栏的能力。

2. 培养学生的设计策划能力及实践运用能力。

家园联系专栏的设计问题分析

【内容与要求】

1. 参照图 1-69 和图 1-70 的设计实例，设计一个小班家园联系专栏。

2. 做出设计小样，纸张大小为 4 开，栏目内容、表现形式自定。

【实训考核】

根据设计小样的内容设计与整体效果为学生的设计方案评分。

## 国考模拟

**一、单项选择题（共 10 小题，每小题 3 分。每小题列出的四个备选项中，只有一个是符合题目要求的，错选、多选或未选均无分）**

1. 幼儿园环境与外界环境相比具有可控性，即幼儿园环境的构成处于（　　）的控制之下。

A. 教育者　　B. 保育员　　C. 园长　　D. 社会

2. 幼儿园的活动室、室外活动场地、各种设备和活动材料、空间结构与环境布置等属于幼儿园环境中的（　　）。

A. 教育环境　　B. 物质环境　　C. 精神环境　　D. 活动环境

3. 环境设计的目标要符合幼儿全面发展的需要，与幼儿园教育目标相一致。这是（　　）的要求。

A. 发展适宜性　　B. 幼儿参与性

C. 环境与教育目标一致性　　D. 开放性

4. 保持环境安静是对幼儿园声音环境的基本要求。一般来讲，幼儿园室内噪声要求应不大于（　　）。

A. 30 dB　　B. 40 dB　　C. 50 dB　　D. 60 dB

5. 大多数幼儿喜欢的颜色是（　　）。

A. 明度高的暖色　　B. 明度高的冷色　　C. 明度低的暖色　　D. 明度低的冷色

6. 从狭义上理解，幼儿园环境是指（　　）。

A. 幼儿园生活环境　　B. 幼儿园教育的一切外部条件

C. 幼儿园心理环境　　D. 幼儿园内影响幼儿身心发展的一切因素

7. 从活动形式来分，幼儿园教育环境应当包括语言环境、运动环境、劳动环境和（　　）。

A. 精神环境　　B. 保育环境　　C. 游戏环境　　D. 教育环境

8. 教师的教育理念、教育行为，幼儿园的人际关系和情感氛围属于环境中的（　　）。

A. 精神环境　　B. 广义环境　　C. 物质环境　　D. 教育环境

9. 幼儿园空间环境创设最基本的原则是（　　）。

A. 启发性原则　　B. 安全性原则　　C. 童趣性原则　　D. 教育性原则

10. 幼儿园整体设计布局应充分体现（　　）的教育思想。

A. 美化为本　　B. 实用为本　　C. 教师为本　　D. 幼儿发展为本

**二、简答题（共 4 题，国考此类题目每题 15 分）**

1. 简述幼儿园教育环境创设应遵循的原则。
2. 简述幼儿园教育环境创设的基本要素。
3. 简述幼儿园室外活动器械设置的要点。
4. 简述家园联系专栏的设计要点。

**三、论述题（共 4 题，国考此类题目每题 20 分）**

1. 为什么幼儿园教育环境创设必须强调幼儿的参与性？哪些举措有助于幼儿的参与？
2. 为什么幼儿园要创设特色化的空间环境？如何做到特色化？
3. 在创设幼儿园空间环境时，如何满足色彩的舒适度要求？
4. 请以走廊和楼梯为例，说明幼儿园室内空间布置应注意哪些问题。

**四、材料分析题（20 分）**

阅读下面材料，回答问题。

【场景一】幼儿园的运动场上摆放着攀爬网、独木桥、高跷、跳袋、推车等运动器具，幼儿自由选择好器具后开始玩了起来。教师通过观察发现攀爬网、独木桥被冷落，较少幼儿喜欢玩。有个叫小勇的幼儿对好朋友豆豆说："我们一起去玩攀爬网好吗？"豆豆皱着眉头说："不去，我害怕。"小勇又指着稍矮一些的独木桥说："那我们一起去玩独木桥吧，这个矮一点，你该不怕了吧？"豆豆还是一脸为难的样子说："我不想去，你自己去吧。"说着就去玩小推车了。于是，小勇只能独自一人去玩了……一连许多天，虽然教师在不断地鼓励幼儿，但是在自由活动时段里像小勇那样去玩攀爬网的幼儿还是很少。

【场景二】几天后，教师在原有运动器械的基础上增加了一些小道具：例如，瓢虫帽子、软布小花、泡沫积木、用纸板箱制作的猫咪、钓竿及幼儿画的小鱼等，创设出给小猫喂鱼（设置了独木桥）、瓢虫种花（设置了攀爬网）、造高楼等游戏情境。经过观察发现，参与这三项活动的幼儿人数不相上下。教师有意地观察了小勇和豆豆，起先是小勇邀请豆豆："我们去抓鱼给小猫吃好吗？"豆豆欣然应允，两人打扮成捕鱼人，提着鱼篓，手拉手跑了过去。这次豆豆勇敢地蹲在窄窄的独木桥上，努力地抓起了一条大鱼，当他把鱼喂进小猫的嘴里时，脸上露出开心的笑容。接着他主动对小勇说："我们去当小瓢虫好吗？"他们一同来到了瓢虫种花的地方，戴上瓢虫帽，把自己装扮成小瓢虫，背上负重的小包，勇敢地向"小山"（攀爬网）跑去……

国考模拟
参考答案

问题：上述幼儿园两个场景中的环境创设有什么不同之处？你赞同哪一种？说明理由。

第二单元

# 幼儿园墙饰的设计与制作

## 学习目标

知识目标：

了解幼儿园墙饰设计的分类与特点

理解墙饰设计在幼儿园教育中的意义

掌握幼儿园墙饰的分类方式和设计要点

掌握幼儿园墙饰设计中构思的基本要素及色彩的运用

掌握幼儿园墙饰设计与制作的基本方法和步骤

能力目标：

能制定各年龄班主题墙饰和互动墙饰的设计方案

能根据要求设计制作不同年龄班的主题墙饰

能设计互动墙饰并带领幼儿共同完成制作

幼儿园墙饰设计是一种手法多样的综合性壁面装饰艺术设计，涵盖了绘画、雕塑、壁饰、民间工艺、设计构成、抽象艺术等多种表现形式，是顺应幼儿身心发展规律，集教育性、艺术性为一体的墙面环境装饰设计。

常见的幼儿园墙饰多采用夸张变形的手法，抓特征求整体，创造幼儿喜闻乐见的造型，使幼儿园墙饰生动有趣。如何按照幼儿的年龄特点，设计适合不同年龄班和主题要求的墙饰，以配合相应的教育要求，是幼儿园墙饰设计需要注意的重点。

## 第一节　幼儿园墙饰的分类与设计要点

### 一　幼儿园墙饰的分类

根据使用功能的不同，幼儿园墙饰可分为幼儿园装饰性墙饰（见图 2–1）和幼儿园功能性墙饰（见图 2–2）两类。前者主要以壁面装饰为主要目的，而后者则有明确的功能要求，如“班标”“室标”“红花榜”“家园共育栏”“每周食谱”“晨检牌”“保健栏”“值日生表”“活动安排表”“作息时间表”等。

图 2–1　幼儿园装饰性墙饰

图 2–2　幼儿园功能性墙饰

根据设计性质的不同，幼儿园墙饰设计可分为常规墙饰设计、主题墙饰设计和互动墙饰设计三大类。

### 1. 常规墙饰设计

幼儿园墙饰的分类

常规墙饰设计主要是针对幼儿园各区域场所做的装饰性或功能性墙饰设计，包括：“室标”和“班标”设计、各类宣传板（栏）设计、午睡室墙饰设计、活动区墙饰设计、园内环境墙饰设计等。一般情况下，常规墙饰使用的时间往往较长，因此对墙饰设计的整体性和装饰性的要求较高。图 2–3 所示为国外某幼儿园墙饰。

图 2–3　国外某幼儿园常规墙饰设计

### 2. 主题墙饰设计

主题墙饰案例欣赏

主题墙饰设计主要是在幼儿园各班级教室中以各学期相关教育内容为主题的各类墙饰设计，包括：教室主、副墙饰设计，环境图示设计，“红花榜”设计，各区角的边饰设计等。主题墙饰设计，不仅要求主题鲜明突出，体现相关阶段教育内容（见图 2–4），还要求在教室整体的设计风格和内容上都有明确的呼应和协调。这类墙饰会因各阶段教学目标的改变而做出相应调整。

图 2–4　国内某幼儿园主题墙饰

### 3. 互动墙饰设计

互动墙饰设计是让幼儿参与墙饰材料的准备和制作的过程，由师幼互动共同完成的一种墙饰设计形式。图 2–5 所示为美国某幼儿园进行的一次互动墙饰制作活动过程。

由于充分调动了幼儿参与的积极性，互动墙饰不仅可以成为幼儿最关注的地方，也能成为他们尽情想象、创作与自我表现的舞台。同时，由于互动墙饰能以满足幼儿发展的需要为目的，紧紧围绕教育目标和教学内容，充分发挥幼儿的主体作用，因而能最大限度地发挥墙饰的教育作用。

图 2-5　美国某幼儿园互动墙饰制作活动过程

## 二　幼儿园墙饰的设计要点

幼儿园墙饰不仅具有装饰、美化幼儿园的作用，而且是思想品德教育的主阵地，可以丰富幼儿的知识，陶冶幼儿的情操，培养幼儿的审美能力及思维、想象能力等，是对幼儿施以教育的有效途径。墙饰设计不仅要强化立德树人的理念，努力为幼儿构建一个愉快的视觉场，还要与教育内容充分结合，积极引发和支持幼儿的游戏及各种探索活动，诱发幼儿与周围环境之间积极的互动。

### 1. 墙饰设计应强化立德树人的理念

立德树人是教育的根本任务，在促进幼儿德、智、体、美全面发展的教育中，德育为先，育人第一。因此，创设幼儿园墙面环境时，要以立德树人为根本遵循，通过墙饰设计营造正面、积极的良好环境，发挥其潜移默化的影响，培养幼儿社会主义核心价值观（见图 2-6），弘扬中华优秀传统文化（见图 2-7），对幼儿进行思想品德教育。例如，教师可在幼儿园走廊或活动区墙壁上，设计张贴一些美好品德的图片或标语，教育引导幼儿崇尚美好的品德并养成良好的习惯，为幼儿良好人格的形成、发展和巩固奠定基础。

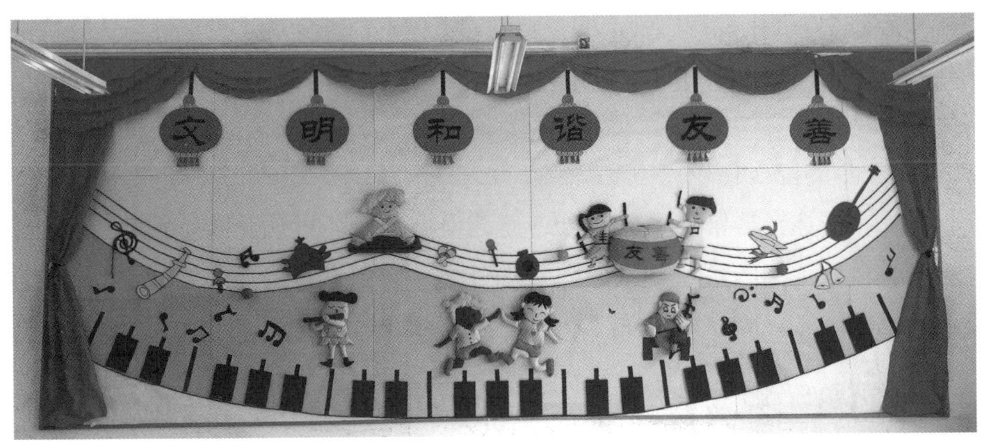


图 2-6　文明　和谐　友善

图 2-7　争做小鲁班　匠心我传承

**2. 墙饰设计应符合幼儿的心理特点**

幼儿园教育环境是为幼儿创设的，幼儿是主体，幼儿园教育环境应该是幼儿愿意加入并能与之融为一体的。因此，在设计幼儿园墙饰时，首先应该考虑从幼儿的兴趣、爱好出发，针对幼儿的认知特点与接受能力，在造型和色彩上顺应幼儿对事物认知的发展规律，力求使墙饰符合幼儿的心理特点。

图 2-8　深受幼儿喜爱的恐龙世界

大部分幼儿不能够完整地观察事物，他们往往只注意自己感兴趣的部分，而将事物加以简化或只看到事物的局部，因此，具有夸张、比喻、象征、抽象等手法的装饰画面很容易引起幼儿的兴趣。如图 2-8 中所描绘的恐龙世界，其极富想象力的变形、夸张，可以强化视觉感受，增强画面的整体感，符合幼儿的年龄与认知特点，具有鲜明的艺术装饰效果。同时，由于幼儿注意力极易分散，因此墙饰设计在画面的关系处理上应该突出重点，借景寓意，宾主呼应，一目了然，以吸引幼儿的注意力，让教育目的自然地内化为自觉意向。

幼儿园墙饰的设计要点1

另外，在选择墙饰内容的时候，还应根据各年龄班幼儿的年龄特点，结合各阶段教育教学的内容及各方面因素进行综合考虑，使墙饰内容既生动富有童趣，又紧密结合幼儿园的教育教学，凸显实际的教育功能。

**3. 构思要新颖，立意要独特**

幼儿园墙饰设计既要表现具体事物，又要能让人印象深刻，便于识别记忆。因此，其结构布局要雅致清新，充满童趣，应巧用色彩、肌理等对比手法加强视觉效果，使墙饰设计醒目而富有情趣（见图2-9）。可多用添加、排列、巧合、重复、夸张、变形、归纳等装饰手法，提炼、简化物象的造型，构图上尽可能简洁大方，注重画面结构、明暗、点线的穿插和组合，寻求意趣的独特性。最好先画草图，把握好整体视觉的传递，再进行具体的制作。切忌琐碎繁杂，以及因盲从而造成的花、乱、散。但也需避免程式化，不能千篇一律，因为新奇的画面才能唤起幼儿的好奇心和模仿欲。

图2-9　构思新颖有创意

**4. 注重画面构图、情节的对比经营**

说“经营”是因为画面的结构和情节设置是有规范和节制的，需根据内容的需要巧妙安排。应考虑如何运用构图、色彩、材料、制作技巧以构成画面的多样性，如何在视觉上取得生动和谐的美感，是“经营”需要思索的关键。

利用形式上的对比表现内容上的对比，也是绘画艺术常用的技巧手段。墙饰设计的韵律感和节奏美可以从对比与协调中产生。没有对比因素的景物堆砌，必然平淡无味。画面中冷与暖、大与小、疏与密、白与黑的对比在视觉中展现出抑与扬、强与弱、虚与实、明与暗的反差。而情节设置的缓与急、简与繁、美与丑、喜与悲，则能营造出平和与动荡、简约与富丽、高尚与卑微、欢乐与忧郁等感受。这些看似两极的事物，实际上相辅相成，处理得当就会相得益彰，互相转化，既矛盾又统一。对比的安排能“经营”出感染幼儿心灵的生动画面。

幼儿园墙饰设计中也经常出现小鸟、花卉、树叶等相近形状的重复排列，这些重复排列同样包含着对比的因素。如图 2-10 所示的互动墙饰中，幼儿的小手印剪下后，在教师设计好的大树上作为树叶反复使用，在画面中形成了既简单又具装饰性的节奏美感。

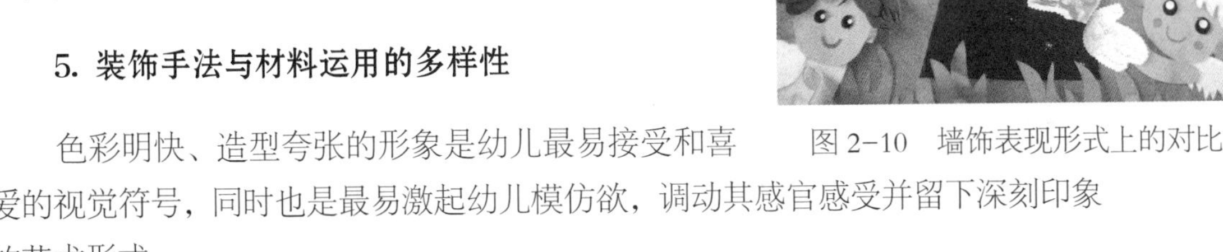

图 2-10　墙饰表现形式上的对比

### 5. 装饰手法与材料运用的多样性

色彩明快、造型夸张的形象是幼儿最易接受和喜爱的视觉符号，同时也是最易激起幼儿模仿欲，调动其感官感受并留下深刻印象的艺术形式。

装饰造型有多种多样的表现形式，有的简化为标志化的几何符号，有的在具象轮廓里添加装饰纹样。源自民间工艺的传统装饰手法大胆取舍，不受时间、空间限制的夸张变形，体现出了极富特点的意象形式规律。如对立统一的太极图式、精炼生动的二维剪影纹样、虎头枕、舞狮及皮影造型等都是这类可以信手拈来的装饰资源。而取自现代艺术和现代设计原理的变形，则以点、线、面的组合强调动静的呼应、律动的秩序、更能增加幼儿对视觉韵律感的体验。

不同的装饰风格有不同的装饰技巧，不可生搬硬套。变形的幅度、夸张的程度要掌握分寸，恰到好处，过度则显荒诞。只有在物象基本结构基础上强化特征的变形才是具有美感、便于识别的装饰造型，切不可随心所欲地忽略其特点，失去造型本身的可视性。

同时，墙饰设计还要善于利用各种材料，采取多种形式进行构图，如利用树叶、树枝拼图，利用布条粘贴小动物或小朋友，利用彩线构造各种图案，利用铅笔刨花等废旧材料制作小工艺品等。图 2-11 中小猴的头部就巧妙地利用了圆形的筛子，小猴的耳朵也使用了类似的竹制品。这样的墙饰不仅内容丰富多样，形式活泼可爱，给人以新鲜感与真实感，而且可以给幼儿以美的享受，

图 2-11　多样化的装饰手法

使幼儿的性格、情感得以陶冶。

**6. 力求与整体环境相协调**

幼儿园墙饰的设计要点2

幼儿园墙饰是幼儿园整体环境的一部分，构思设计时需要在立意、构图上明确整体环境的基调，力求壁面装饰与周围的自然环境及人工环境（包括室内装修）相协调（见图 2–12）。

在墙饰的内容与表现形式的设计上，也要有整体意识。应根据幼儿的年龄与心理特点，使墙饰内容具有一定的关联性或情节性。例如，通过一组画面反映某一情节或主题等。这样，不仅有利于幼儿思维、想象能力的发展，而且能使墙饰具有较大的吸引力和生命力，营造快乐的“学习场”。

墙饰设计时还应根据幼儿园所处的地理环境、气候等外部条件，进行合理的细化设计。例如，南北方气候有所差别，装饰画的色彩冷暖应有所区别；走廊和睡眠室的整体装饰风格与活动室相比要沉静一些，装饰色调不宜太花哨，应采用纯度相对低些的灰色系（灰蓝、灰玫红、黄灰、粉白、灰绿等）、明度对比柔和的色调关系（淡紫配天青、粉红镶奶白），外加适量对比色点缀其间，既不失童趣又起到安定情绪的作用。这样幼儿走在走廊上、躺在床上才会感受到宁静的美（见图 2–13）。

图 2–12　墙饰与整体环境的协调

图 2–13　宁静的睡眠室墙饰

**7. 以幼儿的视野为中心**

幼儿园墙饰设计应以幼儿的视野为中心，避免墙饰布置过高。幼儿长时间的仰视，不仅容易引起颈椎疲劳，而且会影响幼儿的视力发育。幼儿园墙饰的位置，应根据各年龄班幼儿身高的特点来决定。活动区内小型墙饰的视觉中心一般不超过幼儿的平均身高，大型横幅墙饰为了便于视野开阔的远距离观看，其位置则要高于幼儿的头部。如图 2-14 中这幅国外某幼儿园图书室的门饰，就很好地体现了以幼儿视野为中心的设计思想。这样不仅可以避免对幼儿视力的损害，而且可以使幼儿观察得全面、细致、真切，从而收到良好的装饰与教育效果。

图 2-14　国外某幼儿园图书室的门饰设计

**8. 提升整体设计意境**

幼儿园墙饰设计要想达到更高的要求，制作出富有童趣、情景交融、使人产生联想的高水平墙饰，还需提升整体设计的意境。意境是色调、形象、造型等各种因素的综合。“与其使人喜，不如令人爱，与其令人爱，不如使人思。”要设计出能引人入胜、促人遐思的画面，还需要设计者在作品里融入思想和情感。

在追求意境时，应注意整体视觉效果的呈现，既再现自然状态，又要比现实的景物更强烈集中、更典型，并带有普遍性，要提炼出现实中的美，这样才能起到陶冶幼儿性情、激发求知欲望和鼓励探索精神的作用。提升意境应从以下几个方面深入。

- 选材　要选取最能表现主题内容、最具说服力的形象组合和优美动态，以创造富有视觉冲击力的戏剧性画面，让墙饰会“说话”（见图 2-15）。
- 取舍　去芜存菁，精心剪裁。去掉与主题无关的烦琐细节，巧妙精简画面的构架，全力突出景物的主要特征。
- 修饰变形　强化墙饰造型的特点，丰满的更肥硕，瘦削的更修长，让可爱的更可爱，狡猾的更诡诈。修饰变形适当与否决定了整幅墙饰设计构架的成败。所以修饰和处理造型能力的强弱也正是设计水平高低的关键。
- 设色　意境是色调的升华，需利

图 2-15　会“说话”的墙饰

用色调烘托不同的意境，要善于抓住和表现特殊的色调美感，对色彩进行概括提炼，加深画面的艺术感染力。一幅优秀的墙饰作品离不开色彩的装扮，如果说“形”是画面的框架，色彩就是框架上的“内装修”，暖色调带给人温暖的感受，淡雅的冷色调能平和人的心境，绿色调带给人春意，黄色调可以烘托成熟的秋景，强烈的对比色又能成为表达情感的手段，这些都是处理画面意境不可缺少的方面。

- 材质与技法选择　选用合适的材质与技法，也能提升壁面设计的质量。如运用插接、剪贴、浮雕、镂空等技法与各类材质的特殊效果相映生辉，可以巧妙地增强画面栩栩如生的效果。

总之，在设计幼儿园墙饰时，要有意识地追求环境的整体意境，绝不能陷入图解式的描绘中去；要利用身边废旧材料巧妙地组合创新，灵活运用设计法则。在遵循法则，满足要求的同时匠心独具，举一反三，摸索不落俗套的构思。构思设计的角度在一定程度上反映了设计者的美学观念。因而，构思上的奇思妙想，构图中的和谐秩序，恰如其分的形和色，加上适当的材质，配备精湛熟练的制作技巧，是设计优秀墙饰作品时不可或缺的。

## 三　互动墙饰的设计要点

互动墙饰设计实质是一种以环境创设为主体，寓教于乐的综合教育活动设计。它不再局限于墙壁的装饰美化设计，还要包含师幼交互游戏的随机设计，以及引导幼儿参与展示的创意设计。互动墙饰设计具有极强的组织性和偶然性，是最具挑战性的墙饰设计，也是幼儿园教师必须掌握的综合技能。

幼儿园互动墙饰的设计要点

### 1. 了解和掌握各年龄班幼儿的特点

互动墙饰制作是一个动态的教学过程，与其他课程教学一样需要明确教学目标。而了解和掌握幼儿身心发展的特点，则是教师制定阶段教学目标的重要基础。

幼儿协调能力的发展规律为：大肌肉动作协调（手、脚的运动）—小肌肉动作协调（手腕运动等）—精细肌肉动作协调（手指运动等）。美术活动主要促进幼儿小肌肉及精细肌肉动作的发展（见表 2−1）。

表 2-1　各年龄班幼儿美术能力发展与教学目标

| 年龄班 | 美术能力 | 教学目标 |
| --- | --- | --- |
| 小班 | 主要是促进幼儿小肌肉动作的发展（例如，画短线、撕长纸条等） | 引导幼儿参加美术活动，体验美术活动的乐趣，培养他们对美术活动的兴趣，养成良好的美术活动习惯 |
| 中班 | 主要是促进幼儿手指与手腕配合的发展（例如，画一些简单的物体，撕一些简单的图形等） | 引导幼儿学习用各种线条表现感受过的物体的基本形象和主要特征，培养幼儿手的控制能力 |
| 大班 | 主要是发展幼儿手眼协调、手脑并用的能力（例如，画繁杂的物体，制作一些简单的玩具等） | 引导幼儿学习利用多种绘画工具和材料，运用不同技法，表现自己独特的思想，体验创造的乐趣 |

### 2. 正确选择各年龄班幼儿互动墙饰的制作内容

在互动墙饰设计教学方案中，根据幼儿的特点和现阶段教学目标，正确选择幼儿参与制作的内容非常重要。可参照表 2-2 进行选择，还可以参考幼儿园小、中、大班各年龄班的美术教学内容制定。

表 2-2　幼儿园各年龄班互动墙饰内容参考

| 年龄班 | 绘画 | 手工 |
| --- | --- | --- |
| 小班 | 引导幼儿用点、线和简单形状表现物体（可以用油画棒、棉签、手指、印章作画） | 引导幼儿用胶黏剂粘贴一些有趣的点状材料、面状材料<br>引导幼儿初步学习撕、剪的方法<br>引导幼儿学习对边折、对角折 |
| 中班 | 引导幼儿学习用与物体相似的或想象的颜色作画，初步学习布局，能注意上下、左右的关系（可以用彩色铅笔、彩色水笔、油画棒、水粉颜料作画） | 引导幼儿粘贴比小班所用材料较丰富的点状材料或自己裁剪的面状材料<br>引导幼儿学习按中心线折、双正方折、双三角折 |
| 大班 | 引导幼儿根据画面需要，恰当运用各种颜色。引导幼儿学习均衡对称地安排画面（可以画连环画、水墨画、版画等） | 引导幼儿学习用点状材料、线状材料拼贴或制作物象，表现一定的情节<br>引导幼儿学习将面状材料分块剪、折叠剪来表现物体的形状特征（剪纸）<br>引导幼儿用各种技法折出物体的各个部分，组合成完整物象（折纸衣、裤，拼成娃娃）<br>引导幼儿用综合材料和技法来制作 |

#### 3. 设计教学活动方案

确定互动墙饰的制作内容后，应进一步做好教学活动方案设计。可以将选择确定的幼儿制作内容，与一个幼儿喜爱的具体物体相结合，并以生动有趣的活动形式出现。例如，把小班手工活动中“撕”的参与内容，设计成“撕小路上的鹅卵石”，将枯燥的技能学习，以游戏的形式出现，让幼儿在游戏中快乐地学习。

设计中除了要充分考虑怎样对教师制作部分的色、形进行控制，以及对幼儿制作部分的色彩进行控制之外，还要分析出幼儿在互动墙饰制作中的难点，以便在教学过程中进行重点指导。互动墙饰教学难点的把握可从三个方面入手：从理论上，正确分析各年龄班幼儿的美术能力；从实践上，通过自己制作中的比较，找出制作过程中最难的地方；从试教中，找几个该年龄班的幼儿，观察他们制作中最难的地方。

#### 4. 调动幼儿参与制作的积极性

互动墙饰的制作是一个师幼互动的教学过程。教师不仅要具备设计教学方案的能力，还要具备组织与调控互动教学过程的能力。

在墙饰制作前，教师要培养和调动全体幼儿（甚至家长）共同参与活动的兴趣和积极性。可以围绕方案设计中所涉及的具体物体展开活动，将这个具体物体带到幼儿生活中，让幼儿通过接触、了解喜欢上这个具体物体，从情感上接受它。例如，在小班幼儿撕贴鹅卵石墙饰前，先带他们去走走鹅卵石路，观察鹅卵石的形、色，触摸鹅卵石路的质感，然后再欣赏教师制作的一条没有铺鹅卵石的小路的墙饰，以此激发幼儿将自己亲手撕成的“鹅卵石”铺在这条小路上的意愿。

## 第二节　幼儿园墙饰设计的基本要素

### 一　造型设计的基本法则

幼儿园墙饰设计属于空间艺术造型的范畴，造型设计的法则遵循美术设计中对形式的要求。在形式美的法则里，多样与统一、对称与均衡、对比与协调、节奏与韵律、统觉与错觉等规则，都建立在点、线、面三种基本形态的构成关系上，所以，进行形象塑造能力的训练，离不开对这三种基本形态的认识。

• 点　按几何学的一般概论解释，点是不占面积的。然而，作为造型要素的点不同，当视觉感知到点时，它已具备了一定的面积，甚至还有形状、颜色。在视觉表现的前提下，我们判断点的大小要根据画面面积的相对关系。在造型艺术中，点还可以是几何形体（如圆形、水滴形、三角形、方形等）或是具象的形状（如树叶、飞禽、走兽等）。点的组合构成了点在画面中的空间感觉，并且，可以通过点的排列、重叠、象形变化、虚实等制造出动感、远近感和节奏感。

在幼儿园墙饰设计中，我们可以把画面中树叶间的关系，看作是单个大小点的重叠，也可以将林中飞鸟和水里游鱼的组合视为不同点的均衡，而点的象形组合又可以幻化出层出不穷的卡通形象。对点的认识和训练，有助于设计者画面结构和造型意识的形成。

• 线　线是点的轨迹，在造型艺术中有着特殊的地位。和点一样，线也有规则的线和不规则的线，形态极为丰富，并具有很强的情绪和情感表现力，是各类美术形式最常用的造型方式之一，更是装饰设计中主要的表现手段。

流动的水面，被风吹起的裙摆，可以用不规则的波浪线表现优美的动感。将本来较为规范的线条排列，做一个切换变化，会在视觉中出现奇幻的效果，不仅可以起到装饰画面的效果，还可以强化视觉的真实感受。而立体化的线，会在平面中带来深度和面化，线的方向性无疑会造成运动感。例如，用线交织而成的树干，彩色线条排列绘制的楼房等，都是极好的壁面装饰形式。民间图案、剪纸的造型中更是充满了线的装饰。编织材料在壁面设计里将线的魅力展露无遗，线与点的配合可以轻松地组合出生动的意象造型。

• 面　面是相对于点、线而言的，在视觉中比点大、比线宽，是用线围起的充实整体，在画面装饰中具有稳定厚重的视觉效果，有自然形、人造形、有机形、偶然形、几何形五类。

在幼儿园墙饰设计中，大部分的物象是用自然形的面表现其生动造型效果的。面的大小、面的方向和明暗形成图形的空间关系，而面的分割，在墙饰设计中就体现为平面的构架、画面的经营。

点、线、面的组合构成了丰富多彩的平面世界（见图 2-16），也成为幼儿园墙面装饰的主要载

图 2-16　点、线、面组成的黑白装饰画

体。了解了这些元素的作用，进而再学习造型中装饰变形的处理方法，就轻松多了。

自然形态的点、线、面，首先来源于物体在平面中的投影。影像显示的是形体的特征，呈现出一个极具表现力的形。在此基础上经过各种变形处理，就可以得到需要加工的图形。下面简单介绍八种常用的造型方法。

### 1. 影像变形法

寻找适合的角度获取影像，在自然影像的基础上将边缘不必要的细节和多余的部分省略掉，然后修饰完善缺损的地方，并在线内加上一些装饰性的结构花纹（如鸟的羽毛、鱼的鳞等），就得到生动的装饰图案（见图 2-17）。

### 2. 省略法

省略法是在自然影像的基础上省略数量、内部结构、转折起伏等细节，然后进行概括提炼，取其最具代表性的特征。例如，图 2-18 将公鸡和母鸡身上复杂的轮廓线条及羽毛等细节全部省略，只用最简练的线条勾勒出其外形特征，求得单纯的造型。

图 2-17　影像变形法

图 2-18　省略法

### 3. 夸张法

夸张法是寻找物象的主要特征，并强化突出这些特征。例如，图 2-19 针对公鸡鲜艳的羽毛进行夸张和渲染，使图像更富感染力。除了外形的夸张外，动态的夸张、神态的夸张也是常用的夸张手法。

### 4. 变形法

变形法是在夸张的基础上进行极端处理，使之更单纯，形式感更强（见

图 2-20 )。经过极端变形处理的图案与其原形的差别较大，是极简图形的获取方式。变形的方式主要有几何变形、意象变形、意趣变形等。

图 2-19　夸张法

图 2-20　变形法

**5. 模拟法**

模拟法即在一个图形的形态中，通过想象幻化出另一种物象特征的变形手法。例如，将菊花的花瓣变幻成卷曲的彩带；将文字“永久”变换成自行车的形态。在幼儿园墙饰图案的设计中最常用的还是拟人法，即将物象的形态、动作、神态等进行拟人化处理，便成为幼儿喜爱的形象（见图 2-21 ）。

**6. 巧合法**

巧合法是将两种形态的物象巧妙地结合在一个图形里的变形手法，分共体的巧合、共边缘的巧合。例如，图 2-22 这张“小狗与蜗牛”，就将两个动物的形象巧妙地糅合在一个圆形中。

图 2-21　拟人法

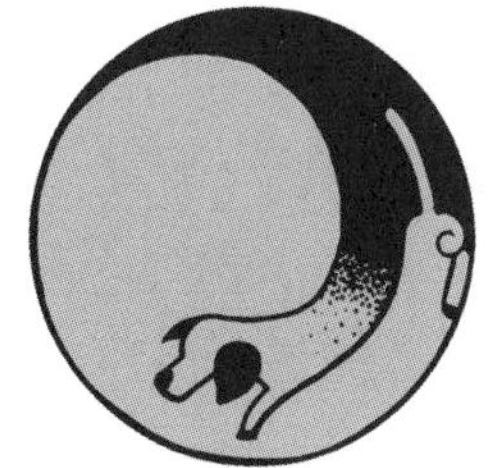

图 2-22　巧合法

**7. 添加求全法**

添加求全法是中国传统图案中一种常见的手法，即在图形的外轮廓内添加各类装饰纹样，使图案繁复，从而更具装饰性（见图 2-23 ）。这种手法多用于动物和人物的变形处理，也被称为“花中套花”。

**8. 工艺变形法**

工艺变形法是在对图案进行工艺加工时，出于造型或工艺的需要，采用或形成的某种特有的造型形式。如民间剪纸中剪刀形成的剪口、印蓝花布上纸板漏印形成的圆点组合、竹编品上经纬条交织形成的特殊纹理（见图 2-24）等。工艺变形法形成的图案具有明显的材质特点。

学习并加强“形”的美化训练，是设计墙饰图案的第一步。有了形，整个的构思画面就呈现在人们眼前，再加上设色的烘托，一幅意境完整的墙饰图案便可以完成。

图 2-23　添加求全法

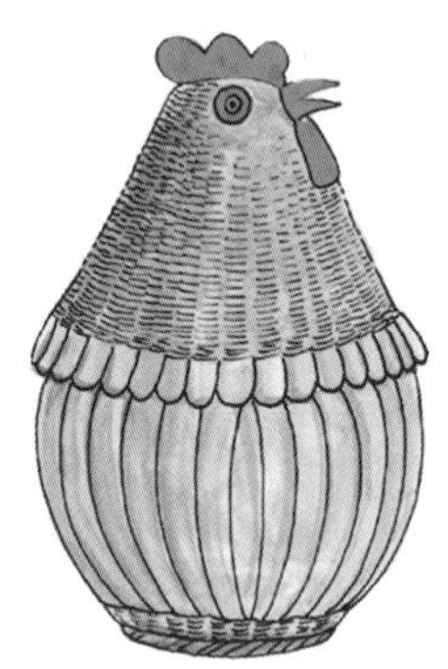

图 2-24　工艺变形法

## 二　色彩设计的基本法则

色彩设计的基本法则

前面我们已经了解了色彩在幼儿园墙饰中的重要性。作为一种传导方式，造型要比色彩有优势；而在情感氛围的烘托上，色彩则要胜于造型。因此，掌握色彩的设计技巧，提高色彩认知能力和感受能力，以及色彩运用能力，是我们设计制作幼儿园墙饰所必须具备的技能。

**1. 色彩理论要点**

同形式法则一样，色彩也有一套自己的构造原理和色彩要素。色彩源于光照射在物体上产生的一种视觉效应。在色彩的研究上，我们常把晴天的昼光（偏蓝的白光）、太阳光、白炽灯光作为三种标准光源，设定红、橙、黄、绿、蓝、紫为光谱六标准色，以十二色相环（见图 2-25）为色彩研究的基础，为调色标准确立依据。追根溯源，调色是在红、黄、蓝三原色的调配中生成的（见图 2-26），原色、间色（两种原色调配）、复色（三种以上调配）共同构成了色彩配色的基础。所有色彩都具有三种基本属性，即色相、纯度（彩度）、明度（亮度）。了解色彩的基本属性就可以从千变万化的色彩中找到色彩变化的脉络。

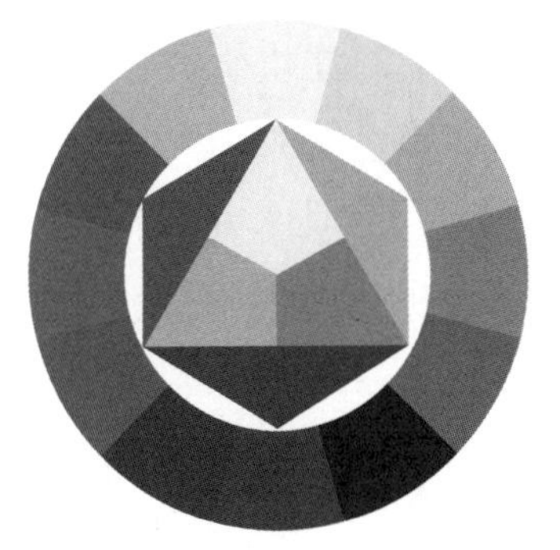
图 2-25　十二色相环

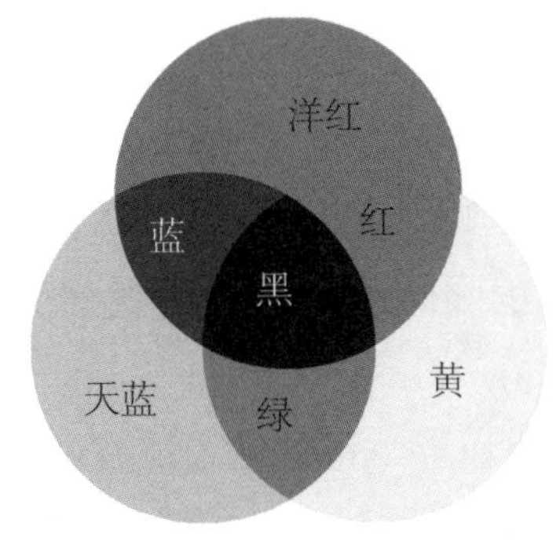

图 2-26　三原色

彩图 2-25、彩图 2-26

• 色相　色相是指色彩的相貌，即色彩中每一种颜色的具体表象特征，是色彩间相互区别的第一依据（参看十二色相环）。决定色相的是光波。

色相

• 明度　明度是指色彩的明暗程度，也就是色彩的深浅等级，计算明度的基准是灰度测试卡。在孟塞尔（A. H. Munsell，1858—1918）确立的 HVC 体系（又称孟塞尔体系，见图 2-27）里，黑色为 0（完全不能反射光线），白色为 10。在同一色相中可以通过加入黑白调节明度强弱关系。

• 纯度　纯度即色彩的纯净度，指色彩色相的稳定程度（鲜灰程度）。例如，在红色中混入中性色（白、灰、黑）时，虽然仍有红色的特征，但饱和度（纯洁程度）降低了，红色不再鲜艳，我们常说红色的纯度降低了（见图 2-28）。

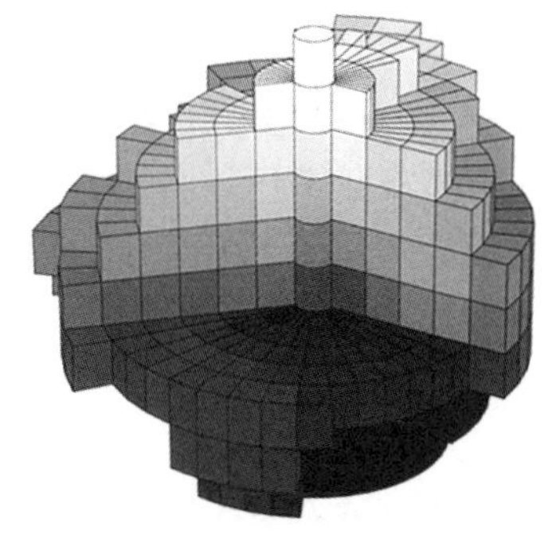
图 2-27　孟塞尔体系

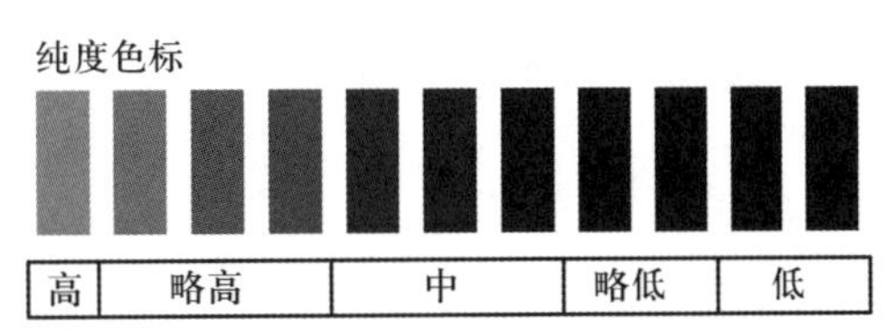

图 2-28　纯度色标

彩图 2-27、彩图 2-28

色相、明度和纯度这三种基本属性相互调配，在不同的色彩规则里发挥作用，即可变幻出五彩缤纷的色彩世界。在运用色彩原理处理画面时，又可以根据不同的配比规则，分为写实色彩、装饰色彩及意象色彩。

- 写实色彩　写实色彩是在客观真实的基础上，分析再现色彩的关系，偏重色彩关系的准确度（见图 2−29）。

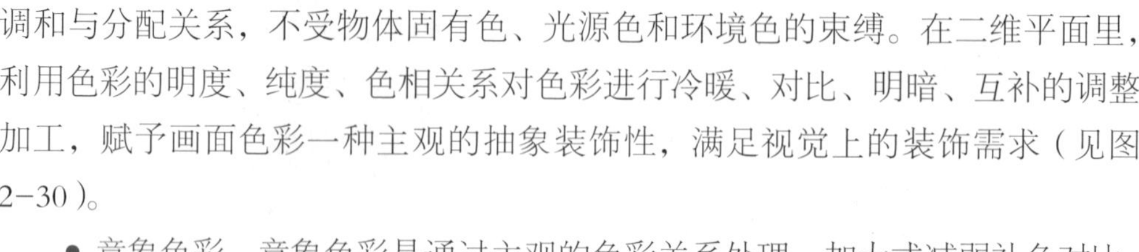

- 装饰色彩　装饰色彩是在客观色彩的基础上，注重研究色彩间的对比、调和与分配关系，不受物体固有色、光源色和环境色的束缚。在二维平面里，利用色彩的明度、纯度、色相关系对色彩进行冷暖、对比、明暗、互补的调整加工，赋予画面色彩一种主观的抽象装饰性，满足视觉上的装饰需求（见图 2−30）。

彩图2−29至彩图2−31

- 意象色彩　意象色彩是通过主观的色彩关系处理，加大或减弱补色对比、明度关系，在色相色度的变幻中制造视觉上的情感效应，是游离在主客观之间的色彩处理法则（见图 2−31）。

图 2−29　写实色彩

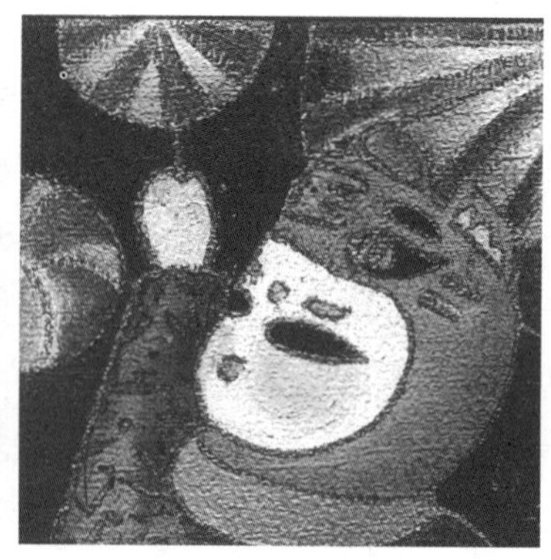

图 2−30　装饰色彩

图 2−31　意象色彩

在实际的幼儿园墙饰设计中，较少直接运用写实色彩，装饰色彩和意象色彩运用得较多。对写实色彩的理解有利于我们对后两种色彩的运用，把写实色彩作为条件关系色，通过提炼和强化色相、明度关系，调节纯度，能够得到我们需要的基本色彩组合。在此基础上，可以根据主题要求，自主运用各种色彩。

**2. 装饰色彩运用法则**

（1）色彩调和法则

色彩和谐以秩序和统一为准则，在牛顿的彩虹七色学说与音乐七音阶相契合后，产生了借鉴音乐和声阐释调和关系的色彩调和论，色调在色彩运用中具有重要的支配作用（见图 2-32）。常规的色彩调和法则有以下几种。

● 同类调和法则　在同类色相的色彩中，多通过明度和纯度的变化进行色调的调和，构成画面色彩。

● 近似调和法则　在相邻色相的色彩对比范围内，除明度、纯度变化之外，须对色相进行归纳、调整，完成色彩关系调和。

● 同一调和法则　同一调和法则指补色（红绿、蓝橙、黄紫）间的调和处理，即在对立的两色中共同加进某一色彩作为媒介，减弱原有色彩的对立关系，达到整体和谐的效果。

上述法则在幼儿园墙饰设计中影响着作品整体氛围的视觉效果，也是设计墙饰作品不可或缺的常识。不同的色调能营造出不同的环境氛围，例如，黄调的杧果班、绿调的青苹果班、紫调的葡萄班等；而弱对比色调的睡眠室可以帮助幼儿尽快平静下来。对色调调和的训练可以修正设计者对色彩的认识。

（2）色彩对比法则

色彩的对比是色彩最精妙之所在（见图 2-33）。在色彩关系中并不是色彩用得越多越好，对比关系既要鲜明又需统一，在有序的色彩中，适度加强或减弱某些对比，使之顺应视觉中的秩序和节奏，是色彩对比研究的关键。色彩对比法则中，依据色彩关系又分为色相对比、明度对比、纯度对比和补色对比。

图 2-32　色调处理

图 2-33　色彩的对比

彩图 2-32、彩图 2-33

● 色相对比　色相对比是色彩对比中最基本、最重要的对比。色相对比在视觉对比中的基本规律是：原色对比胜于间色对比；间色对比胜于复色对比；复色对比又胜于再复色对比。通常色相对比会在同等纯度和相近明度中进行。突出色彩对比，可以加强视觉冲击力。

● 明度对比　因为色彩明度可以在同一色相内产生，而各色都有自己不同的明度指数，所以造型确定后，最简便可行的方法就是运用明度对比。若把各基色的明度列个等级，以白为 10，黑为 0，其他依次是黄 9，橙 8，红 6，紫 3，蓝 4，绿 6，则三对补色的明度比分别为 3∶1（黄∶紫）、2∶1（橙∶蓝）、1∶1（红∶绿）。由此可见，明度对比注重亮度（明色、暗色、中灰色的对比）、反差（明暗弱反差和强反差的对比）产生的视觉关系，及其对整个色调的影响。

● 纯度对比　纯度对比是处理高纯度色彩与稀释后低纯度色彩间鲜与灰关系的对比，体现为高纯度对比、中纯度对比及不同纯度对比。常用的处理方式是用一种中性色（黑、白、灰）降低其颜色的饱和度，或在颜色中掺入互补色来降低纯度。

● 补色对比　补色法则调节了视觉中色彩的平衡与和谐，在把握色彩节奏、正负关系及强化图形特征上起到不可忽视的作用。每一种色彩都只有一种补色（色环中 180° 对应色）。

（3）色彩的象征性

色彩与心理的关系，直接影响了现代设计和装饰色彩中色彩的传达效果。色彩的温度感、重量感、软硬感和色彩的情绪等为我们的墙饰设计提供了意境形成的指向。黄色的高贵、橙色的丰实、蓝色的宁静、紫色的矛盾、白色的单纯、黑色的凝重及灰色的质朴等都展现出色彩的象征意味（见表 2–3），也是色彩语言研究的重中之重。色彩还带有极强的地域性，不同的民族、不同的信仰和不同的成长环境都会影响对色彩象征性的把握。但幼儿的感受具有相对的共性，可以在一般意义上来谈及设计中色彩的象征性。合理运用色彩的象征意味会起到意想不到的心理效应，帮助完善视觉场，加强影响幼儿心理的潜移默化的教育作用。

**表 2–3　色彩的象征**

| 色相 | 具体的象征 | 抽象的象征 |
|---|---|---|
| 红 | 血液、太阳、苹果、火焰 | 喜悦、热情、喜庆、活力、爆发、危险、愤怒 |
| 橙 | 橘子、晚霞、灯火、秋叶 | 温暖、快乐、炽热、积极、明朗 |
| 黄 | 香蕉、黄金、柠檬、月亮 | 明快、活泼、光明、不安 |
| 绿 | 树叶、草木、公园、春天森林 | 和平、新鲜、希望、生长、健康、安全 |
| 蓝 | 水、海洋、蓝天、远山、湖泊 | 沉静、忧郁、凉爽、理性、冷淡、自由 |

续表

| 色相 | 具体的象征 | 抽象的象征 |
|---|---|---|
| 紫 | 葡萄、茄子、紫罗兰、紫藤 | 高贵、神秘、嫉妒、优雅、永恒、病态 |
| 白 | 冰雪、白纸、白云、护士 | 纯洁、朴素、神圣、虔诚、虚无 |
| 黑 | 夜晚、墨、木炭、头发 | 死亡、邪恶、恐怖、静寂、严肃、孤独、绝望 |

上述造型和色彩设计的原理和法则是设计优秀墙饰作品必不可少的基础。掌握了这些原理和法则，设计墙饰作品时就有了设计的依据和参照。尽管不同的材质会产生不同的视觉效果，但初始的造型和色彩的布局和安排都是必需的。有了设计还得通过制作才能最终呈现。

设计造型的基本法则

## 第三节　幼儿园墙饰的制作技法

在幼儿园常规墙饰设计中的户外大型墙饰（见图 2–34），大多是由专业的画家、建筑师或工艺师们为之量身定做的“命题”之作，保存的时间也较长久。其场所、方位、结构、视觉效果、材料选择、制作方法等，均需周密考虑和研究，只有具备较强的美术专业能力才能完成。

图 2–34　湖南湘鹏幼儿园户外大型墙饰

户外大型墙饰的制作材质具有多样性，有木质、陶瓷材质、纤维材质、漆材质和绘制材质等，学前教育专业师范生有一个初步认识即可。而小型常规墙饰、主题墙饰及互动墙饰的设计与制作，则是每所幼儿园都不可缺少的常规工作，也是教师必须掌握的职业技能，因此有必要做详尽的了解。

一般情况下，小型常规墙饰和主题墙饰多采用绘制手法，或是采用软材料拼贴等便于更换又安全的低成本材质。室内的壁面、天花板、地面及过道常常是布置互动墙饰的场所。这类墙饰在选择材料时，会更多考虑幼儿的安全性和可操作性，同时由于幼儿参与活动的损耗较多，故而通常会使用颜料，或利用废旧物进行制作。

## 一　装饰壁画手绘技法

装饰壁画手绘技法

幼儿园装饰壁画的绘制可使用水粉、油画、丙烯等颜料和油漆，采用徒手（见图 2-35）或辅以喷枪等工具绘制（见图 2-36）。手绘壁画可以在墙面上绘制，也可以在瓷砖、马赛克上绘制。一幅壁画可采用一种颜料绘制，也可综合几种颜料进行绘制。例如，大面积色块可采用油漆刷色，主线条或局部则采用油画颜料绘制。

图 2-35　北京金色摇篮幼儿园手绘墙饰

图 2-36　手绘喷染

不同的材料和绘制方式可以产生不同的肌理效果，这些装饰因素的组合，是形成整体装饰效果的手段。实际操作时，还应根据幼儿园的自然环境和经济状况决定采用何种技法。

水粉、油画与丙烯是常用的几种便利颜料。丙烯颜料的使用中包含了水粉和油画绘制的一些特性，所以，下面重点以丙烯颜料的使用为主，介绍装饰壁画的绘制。

### 1. 材料介绍

丙烯颜料属于人工合成的聚合颜料，是由颜料粉调和丙烯酸乳胶制成的。其特点是无毒、颜色鲜艳、能被油或水调和，干后还能防水，适合室内外壁画绘制的需要。典雅的水彩风格、厚重的油画感、炫目的 POP 街头涂鸦，甚至富有韵律的仿国画效果，都可以借由这种材料达成。

丙烯颜料有以下特性。

① 可用水稀释，利于清洗。

② 速干。颜料在落笔后几分钟即可干燥，不必像油画颜料那样，刚完成时不能碰触。如想有慢干效果，可用延缓剂来延缓颜料干燥时间。

③ 着色层干后会迅速失去可溶性，同时形成坚韧、有弹性的不渗水的膜。这种膜类似于橡胶，起防水作用。

④ 颜色饱满、浓重、鲜润，无论怎样调和都不会有“脏”“灰”的感觉。着色层永远不会有吸油发污的现象。

⑤ 作品的持久性较好。丙烯颜料从理论上来讲不会脆化，也不会变黄。

⑥ 丙烯颜料在使用方式上带有一般水性颜料的操作特性，既能作水彩用，又能作水粉用。

⑦ 丙烯软膏中有含颗粒型（有粗颗粒和细颗粒之分），为制作肌理提供了方便。

⑧ 丙烯颜料无毒，对人体不会产生伤害。

### 2. 制作步骤

（1）做底

在进行过光洁处理的平整壁面上，用白乳胶调立德粉（粉不宜过量）做底，也可将现成的丙烯底料涂在墙壁上。墙面可以是水泥墙、瓷砖墙或木质板面墙，也可以是在墙上直接裱贴亚麻布，涂两到三遍的底料。以图 2-37 为例，在远处

彩图 2-37

图 2-37 手绘墙饰底色

大型墙饰设计与制作

蓝色和近处绿色的衔接处，用无色的笔刷匀，可多试几次，干透即可。

（2）绘制

将画好的小稿用打格子放大的方式，或放幻灯片的方式放大到墙面上，用毛笔勾勒轮廓，确定造型。可以渲染和罩色，上色时应比小彩稿的颜色略深些，还可稀释颜料后，一遍遍罩染，直到达到设计效果。用国画重彩方法渲染，最后整体罩色也是常用的表现技法。还可以直接厚涂绘制。

图 2–38　顺德机关幼儿园装饰手绘壁画

特别指出的是：丙烯颜料除了不能和油画颜料调和使用外，可与任何水性颜料如水粉、水彩、国画颜料等混合使用，是最灵活便利的绘制颜料。如想使这些水性颜料的颜色耐久，最好先加入丙烯调料后再使用。在画法上可参照各画种的表现技法（见图 2–38）。

**相关资料**

**油画颜料使用的注意事项**

（1）要防止底板吸油。油画颜料是油性的，作画时调入的是油，而不是水。油画如果发生吸油现象，画面就会失去油画特有的光泽而使色彩变得不美观。需在底板上涂漆或胶，这样才能保证颜料中的油不会被底板吸去。另外要注意不在半干的画面上继续作画，否则也会发生吸油现象。

（2）清除画笔上的颜料须用布或纸，擦笔纸用废旧报纸裁成小块即可（如撕成 32 开大小），调色板中的颜料可用调色刀刮除。

（3）油画颜料有一定的黏稠度，暂停作画时，可将画笔浸于油或水中防止干燥，以利于下次再用。每天作画后可用松节油或肥皂将笔洗净，用纸包好。

油画所用的工具材料主要是油画笔、调色刀、调色板（也可以用不吸油的板代替）、油画颜料、调色油等。

## 二　平面剪贴装饰画技法

平面剪贴装饰画大多追求抽象、概括的装饰特点，造型多采用夸张变形的手法。选择的材料比较广泛，有底板材料和画面粘贴材料两大类。底板材料指充当画面底色的材料，如各色 KT 泡沫板、吹塑纸、植绒纸、白板纸、塑料地板、有色墙纸等均可作为底板材料。画面粘贴材料有各种花布、吹塑纸、植绒纸、旧挂历纸、包装花纹纸、旧画报、金银纸、糖纸、废旧邮票等，应根据画面内容和风格来选择。在构思设计中需要大胆取舍，色彩概括鲜明，突出表现新颖别致的工艺装饰美。

平面剪贴装饰画的制作工具和材料比较简单，一般有铅笔、剪刀、刻刀、小镊子、乳胶、双面胶、胶水、固体胶等。

平面剪贴装饰画技法包括剪、染、贴等工艺。由于人工肌理是装饰因素之一，在制作过程中会涉及一些特殊的技艺，需要进行特别处理。运用不同的材料，融入不同的技艺，会产生不同的艺术效果。下面介绍几种较为简便易行的处理技法，供大家参考。

• 剪刻法　剪纸是一种用剪刀或刻刀在纸上剪刻花纹的极为单纯的艺术形式。剪纸艺术以其古拙的造型、有趣的寓意、多样的形式（见图 2-39），在我国传统民间美术中占有很重要的位置。剪刻技法运用于幼儿园墙面装饰，简便易行，具有很强的直观性和可操作性，同时还具有传承与发展中华优秀传统文化的教育作用。

图 2-39　剪刻法（现代纹样　传统纹样）

• 喷染法　喷染法是指用罐装喷漆喷涂，或用牙刷蘸颜料在金属网、笔杆上反复擦刷。用两种以上的色彩对应喷染（见图 2-40），会呈现丰富的晕染渐变效果。

图 2-40　喷染法（单色喷染、多色喷染）

彩图 2-40

● 平贴法　平贴法是指用有色美术卡纸、吹塑纸、粉彩纸、云彩纸、棉芯纸等材料，剪刻出变形夸张的人物、动物、植物等造型，再将剪刻好的造型，略有前后、高低之分地巧妙粘贴在一起，完成壁画的整体制作方法（见图 2–41（1））。在平贴材料中，吹塑纸是幼儿园墙饰制作中经常使用的材料，其特点是轻便淡雅。以吹塑纸为主要材料时，应配以其他色泽丰富的材料，如植绒纸、各种布料、旧挂历纸、画报等，巧妙地进行拼贴，使之具有浅浮雕感（见图 2–41（2））。

● 边缘弯曲法　在平贴法的基础上，将剪好的纹样边缘略微弯曲成小弧度，可使单薄的美术卡纸变成具有立体感的景物。同时，粘贴时讲究前后、高低的区别和色彩协调等艺术效果（见图 2–42）。

● 绳贴法　绳贴法是指在平贴法的基础上，运用各种质地不同、粗细不同、色彩各异的线状材料，如彩色皱纹纸搓成的纸绳、彩色棉绳、麻线、毛线等，在图案中或沿色块边缘绕贴，或直接贴成各种形状，能有效地增强平贴装饰画线条的表现力，使画面生动而富有动感（见图 2–43）。

平面剪贴装饰画技法

(1)

(2)

图 2–41　平贴法（彩色纸剪贴、吹塑纸剪贴）

图 2–42　边缘弯曲法

图 2–43　绳贴法

## 三　玻璃粘贴装饰画技法

玻璃粘贴装饰画也是常用的幼儿园装饰形式，在设计制作时要注意以下几点。

玻璃贴纸具有透明光亮的特点，在设计时要考虑几块颜色并置搭配的效果（见图 2–44）。

玻璃粘贴装饰画最大的特点是清爽悦目，在设计时要尽量追求景物的变形、夸张，不宜采用与自然对象一模一样的细节和色彩。

应将窗门的几块玻璃连在一起整体构思，例如，草地绿色构成视平线，树丛要横跨几块玻璃以产生总体色调。构图纹样要巧妙安排，色彩应用应注意主观色块在画面上并置的协调美。应注重搭配的完整性，切忌支离破碎地粘贴。

大色块应与精美的细节相结合，景物纹样装饰造型要优美，空出的白细线要整齐自然。

总之，玻璃粘贴装饰画要追求单纯、清晰、鲜明的视觉效果，以丰富的想象力创造出既有彩色剪纸般效果又有现代美感的装饰图案，使幼儿园教室既亮堂又美观（见图 2–45）。

图 2–44　玻璃粘贴装饰画

图 2–45　玻璃粘贴装饰画的装饰效果

彩图 2–45

透明玻璃粘贴装饰画的主要材料为各色玻璃贴纸，也可采用其他花纹贴纸；制作透明玻璃粘贴装饰画的工具较为简单，准备铅笔、剪刀、精细刻刀、小镊子、夹子即可。

制作方法如下。

① 设计草图，将定稿后的图形勾出轮廓线，按同类色排序。

② 先拓印在即时贴纸上，再精心剪刻。

③ 将剪刻好的图形对号粘贴在玻璃上，注意色块间空出的缝隙应宽窄一致）。

玻璃粘贴装饰画技法

④ 如需细节刻画，还可在色块全部粘贴在玻璃上之后，用铅笔直接描绘细线条，用小刻刀刻出细纹样，如花心、叶脉、发丝等，线条的宽窄应一致。

⑤ 当图形呈现出空心线状造型，需刻除大面积空隙时，可用转移膜（刻字店有售）将剪刻好的图形完整地转移到玻璃上。

## 四 半立体纸雕装饰画技法

半立体纸雕装饰画是介于立体构成和平面剪贴之间的一种艺术表现形式，是在平面材料上对某些部位进行立体加工，使之在视觉上和触觉上都具有立体感。在构思设计时，需考虑切、剪、折、卷、叠、粘的衔接和立体造型的精美，利用自然纸张的肌理效果，体现立体纸雕的独特性，创造出比现实生活更典型、更美好的景物。

### 1. 前期设计要点

① 在设计上注重动静对比的节奏感，既强烈有序，又略有变化，在重复中求丰富。

② 选择恰当的表现手法。花、鸟、树等物象都有千姿百态的造型特点，确定采用哪一种变形、夸张的造型，是纸雕创作的重要环节，造型方式将直接影响主题的表达。

③ 整幅墙饰设计风格应统一（如是抽象或是写实）。

④ 注重质感搭配，纸张有厚薄、质地的差异，大的造型宜选用较厚较硬的纸，小的造型则宜选用薄而易折叠的纸，纸张以富有弹性、易于折叠弯曲为最佳。纸雕色彩主要依赖美术卡纸本身的颜色及各种纹理，如云彩纸、岩纹纸、粉彩纸、锦纹纸等现代新型纸张本身的肌理效果，做花瓣、树叶、树枝的纸质不尽相同，做人物脸部的纸质则更不一样，还可购买 KT 泡沫板作底板。选择适合的纸质是制作的前提。

### 2. 基本技法

（1）工具

用于轮廓及细节修剪的剪刀是不可缺少的；此外还有裁切纸张的美工刀；用以切割任何线条的笔刀；直尺、铁尺、三角尺、量角尺；垫板；用完的圆珠笔；固定图样及制作纸张的回形针；组合粘贴用的黏合剂（树脂胶、玻璃胶等干后透明的胶材）。

（2）制作图例与技法

● 剪开线　剪开线在制作图中为实线。制作时要用剪刀沿线剪开，或用刀沿线切开（注意要将纸层完全切透），把剪开的部位按一定角度重叠粘贴，形成凹凸（图 2–46）。

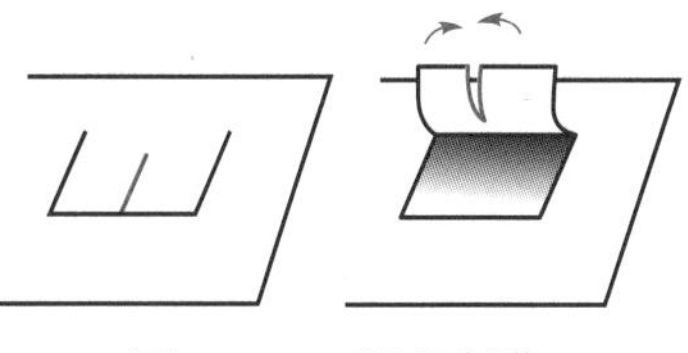

图 2–46　凹凸制作

● 勒压线　勒压线在制作图中为虚线或点划线。勒压的目的是便于较厚的纸张折叠，也称为半切。制作时用刀在纸面上沿虚线轻划，割到纸厚的 1/3 左右，较薄的纸张用无油的圆珠笔或铁笔深划一下即可。因划的位置不同，又分为纸面凸起的正面勒压（绘制图纸用虚线）和纸面凹下的反面勒压（绘制图纸用点划线）[ 见图 2–47（1）（2）]。

● 折叠　因折叠的方式不同又分为曲线折和直线折 [ 见图 2–47（3）（4）]。其中圆的折叠是曲线折的一种特殊形式。折叠方法为：先用圆规在纸上画圆，剪下圆形后分别在纸的两面沿线勒压，再剪出一条半径，折出凹凸后，收拢粘贴一部分即可完成 [ 见图 2–47（5）]。

半立体纸雕装饰造型技法 1

半立体纸雕装饰造型技法 2

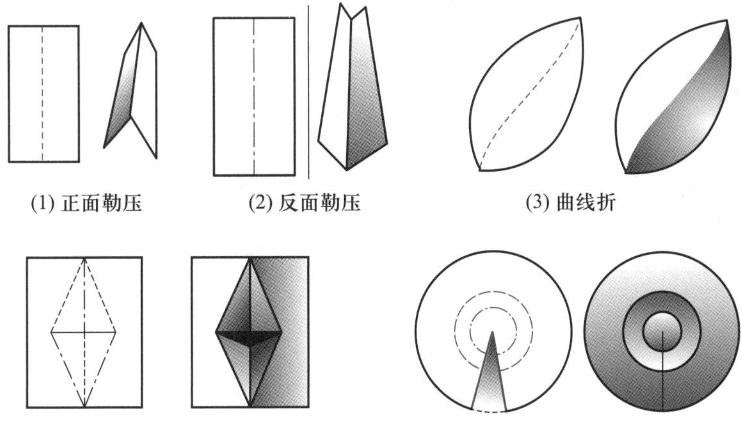


图 2–47　半立体纸雕装饰画的剪折技法

【范例】

## 半立体花的制作

制作方法如图 2-48 所示。

① 按图纸将花形剪出

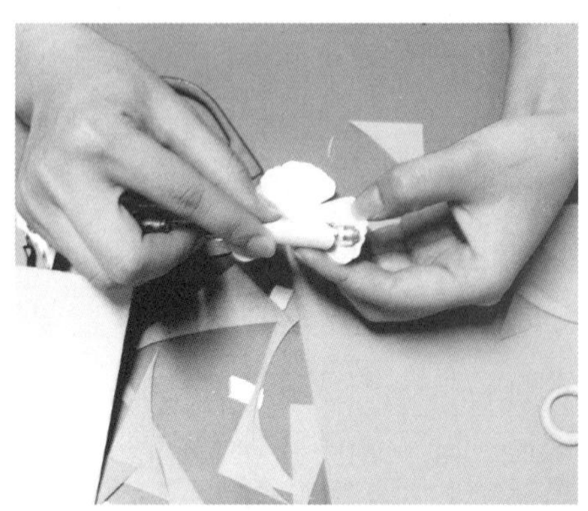

② 用笔杆将花瓣卷出需要的弧度

③ 剪出花心及花心边缘的装饰穗

④ 将花和花心用双面胶组合粘贴成花朵

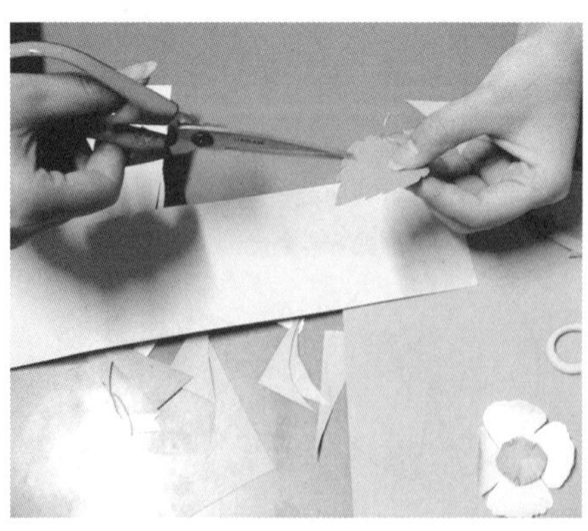

⑤ 用绿卡纸剪出绿叶造型，修饰边缘

⑥ 用曲线折折出半立体的叶片，组合成花

图 2-48　半立体花的制作

在幼儿园墙饰的设计制作中，学生除了需要掌握半立体纸雕制作的基本技巧外，还需要在学习中不断摸索，将所学知识灵活应用，举一反三。例如，在设计制作大树时，只有根据不同树木的造型需要选用合适的纸张，并创造性地将不同的制作技法进行组合，才能制作出优秀的墙饰作品。

## 五　综合材料装饰画技法

生活中的边角料和废旧材料随处可见。在幼儿园，这些边角料和废旧材料都是可以利用的资源。只要细心收集，巧妙利用，经过剪、刻、拼、贴等工序就可以得到一幅优美的装饰画。

### 1. 设计构思

无论是先有构思、设计，再据此找材料，还是先有材料，再因材设计，构思、设计都是必不可少的。综合材料组合装饰画在表现形式上主要有两种：一种是抽象化造型，即从具体物象中抽象出一种特殊美感来，如图 2-49 所示，将树和群鸟变形夸张成各种不规则的几何图形，并巧妙地运用各种碎布和旧挂历纸的纹理，给人一种装饰性很强的抽象美；另一种是写实造型，即较为真实地反映出某个具体人、具体场景、具体情节，给人以写实的艺术美（见图 2-50）。

彩图 2-49

图 2-49　装饰画（布、纸）

图 2-50　装饰画（布、纽扣、瓜子壳）

综合材料装饰画技法

综合材料装饰画的水平既不完全取决于材料的价值，也不完全取决于装饰加工的复杂程度，而是取决于设计的巧妙和材料的运用。只有对生活细致入微的观察，对材料质感的发现和恰当运用，才能将各种材料合理地加工处理，完成巧妙的艺术构思。因此，创造性的构思构图和色彩搭配，是变废为美的关键。例如，同是花布，就有各种不同的质地和花纹，只有反复比较布料的软硬、色泽，选择最符合主题的材料作为画面素材，方可得心应手。

### 2. 选材与制作

综合材料装饰画的材料选择非常广泛，归纳起来有以下几类。

图 2-51　综合材料墙饰（纸、草编）

- 天然材料　如竹子、草秆（见图 2-51）、麦秸、花瓣、树皮、蛋壳、羽毛、兽皮、沙、石子等。
- 纺织材料　如碎布（见图 2-49）、毛线、纱头、绒布、斜纹布、丝绸、牛仔布、粗麻布等。
- 人工废旧材料　如胶合板、刨花、锯末、塑料地板、马赛克、金属片、废电线、金属边角料等。
- 生活废旧材料　如草帽、扇子（见图 2-52）、草席（见图 2-53）、藤垫、窗纱、橡皮垫、旧头饰、茶杯垫、腈纶地毯、饮料瓶、易拉罐、火柴盒、花生壳、瓜子壳（见图 2-50）等。

图 2-52　综合材料墙饰（草帽、芭蕉扇）

图 2-53　综合材料墙饰（草席、布料）

- 纸张类材料　如各种软纸、硬纸、皱纹纸、瓦楞纸、美术卡纸、植绒纸、吹塑纸、报纸、边角金银纸、画报、邮票、糖纸等，还包括各种纸袋、纸箱、鞋盒、饮料盒等包装材料。

总之，生活中的废旧材料都可以收集起来，利用巧妙的构思组合成装饰画（见图 2-54）。不同的材料组合需用不同的工具。一般常用的工具有尺、小刀、剪刀、黏合剂、钢丝钳、小锤、螺丝刀等。

彩图2-54

图 2-54　幼儿园综合材料墙饰

## 问题与思考

1. 幼儿园墙饰设计可分为哪几类？需注意哪些特点和要求？
2. 什么是墙饰设计的基本要素？
3. 什么是互动墙饰？各年龄班幼儿可参与互动墙饰制作的内容有哪些？
4. 设计互动墙饰活动方案的要点是什么？
5. 在幼儿园墙饰设计中如何考虑整体画面里点、线、面分布形成的均衡性？
6. 在造型法则中常用的基本变形方法有哪些？
7. 设计幼儿园班级墙饰时如何通过色调选择强化墙饰作品的意境？
8. 丙烯颜料有哪些性能？为何说丙烯是一种便利的材料？
9. 直接绘制墙饰作品时如何做底？
10. 常用的平面剪贴装饰画的技法有哪几种？
11. 玻璃粘贴装饰画有哪些特点？在设计中需注意哪些要求？
12. 设计半立体纸雕装饰画应该注意什么？基本技法有哪些？
13. 综合材料装饰画常用的材料有哪些？需要很大的成本投入吗？
14. 日常生活中还有什么废旧材料可用来制作综合材料装饰画？

# 第四节　幼儿园墙饰设计与制作技能实训

不同年龄班的幼儿，其认知水平和心理特点也不同。因此，为各年龄班教室设计的墙饰也一定要有所区别。目前，一些幼儿园针对幼儿的特点，使用幼儿喜爱的象征性词汇，作为不同年龄班的代称。例如，用萌芽类的词代称小班，如豆豆班、芽芽班、苗苗班等；用花朵类的词代称中班，如茉莉班、葵花班、玫瑰班等；而大班则用果实类的词作代称，如杧果班、葡萄班、苹果班等。这些形象的代称可以唤起幼儿的亲切感，同时也给班级的整体设计设定了主体基调。

能结合幼儿的年龄和班级特点，设计出既美观又具有教育意义的墙饰作品，是幼教工作者的基本技能。掌握这项技能并非一日之功，不仅需要掌握基本的美术知识，掌握绘画和工艺的基本技法，还要通过不断地实践和总结，努力提高自身的美学修养和艺术实践能力。

幼儿园墙饰设计的成功与否，主要取决于设计者对造型与色彩设计法则的运用合理与否，以及对环境、对象的认识充分与否。材料和手法只是形与色的载体。看似千变万化的各类装饰手法，都是围绕着适合幼儿的造型、布局和色彩展开的。因此，实践与训练应主要把握好墙饰形与色的设计和材料处理两个重点。

## 项目一　平面剪贴墙饰的设计与制作技能

平面剪贴装饰画的基本技法前面已有介绍，技能实训部分的重点是班级主墙饰的设计制作。下面我们就结合某幼儿园花蕾班（中班）活动室主墙饰的设计与制作，介绍幼儿园平面剪贴墙饰的设计思路和整体制作步骤。

### 【范例一】

#### 中班（花蕾班）活动室主墙饰的设计与制作①

（1）设计草图

设计草图如图 2-55 所示。活动室墙饰造型设计为花卉，采用了夸张、变形、简化的装饰手法，主题贴切花蕾班的特点。蜜蜂和花卉相互呼应，使画面整体形成均衡对比的艺术风格。

① 设计制作：庄莉，指导教师：孙霞。

图 2-55　设计草图

（2）做底和放稿

做底：利用墙面本身制作，乳胶漆墙面和瓷砖面可直接使用，普通墙面需白乳胶调立德粉做底，按要求用水粉或丙烯颜料大面积刷色（同手绘的做底方法一样）。

放稿：按设计稿的要求，在墙面上定出大致的位置，再将每个造型分解成各部件，进行基本制作。

（3）制作步骤（如图 2-56 所示）

① 首先根据稿件选择材料（大多数材料能在文化商店购得，喷漆和乳胶等特殊材料可到美术用品店购买）

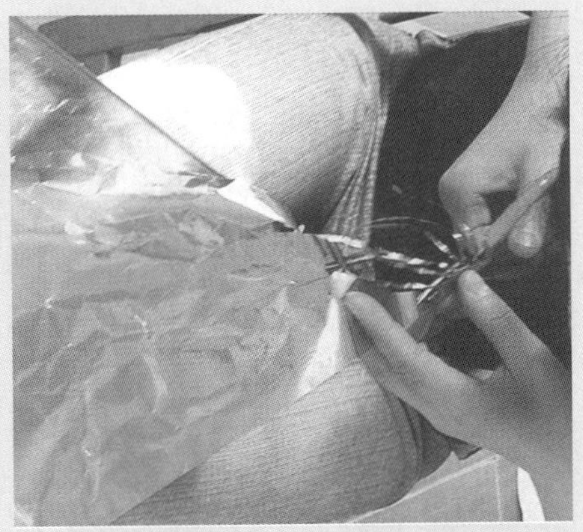

② 将不同材质的各部件在相应的材料上拷贝、剪出备用

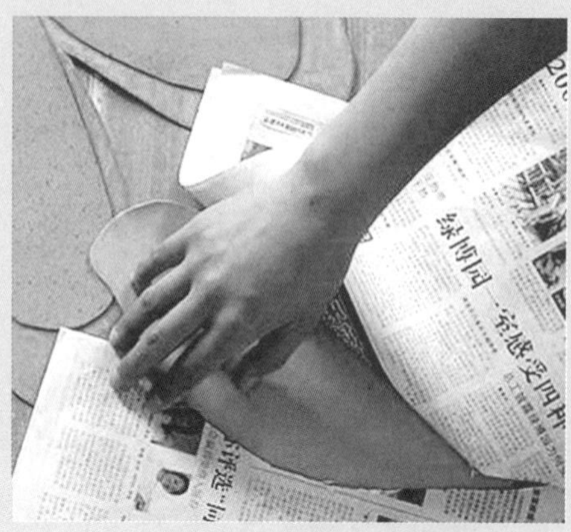

③ 按要求在需要处理的表面上制作肌理效果，将不需要喷染的部位用废纸沿着形状边缘遮盖

④ 遮盖好后，拿起喷漆罐，在距离所喷物一尺左右的位置上，将喷孔倾斜喷染（注意：喷染前需先将漆料摇匀，在试纸上试喷，颜色浓淡合适后再喷染）

⑤ 如法，逐一完成整个肌理效果的制作

⑥ 将每个部件一一组合粘贴

⑦ 用黏合剂（海绵双面胶和乳胶等）将各部件固定到墙面上，需要时可用牙签、铁钉加固，粘牢后再拔除。光滑的瓷砖面还可选用即时贴

⑧ 将每个部件组合完毕，一幅完整的平面剪贴墙饰作品就完成了

彩图2-56

⑨ 主墙饰效果图

图 2-56　中班活动室主墙饰制作步骤

## 【范例二】

### 中班睡眠室墙饰的设计与制作①

设计草图如图 2-57 所示。

图 2-57　设计草图

中班睡眠室的光线不够明亮。设计者在整体上强调了明快的色调和运动感，运用简化、变形、夸张的装饰手法，突出虚实、疏密的呼应，构成纵横交错的视觉效果，较好地体现了构图的多样与统一。

① 设计制作：庄莉，指导教师：孙霞。

制作步骤如图 2-58 所示。

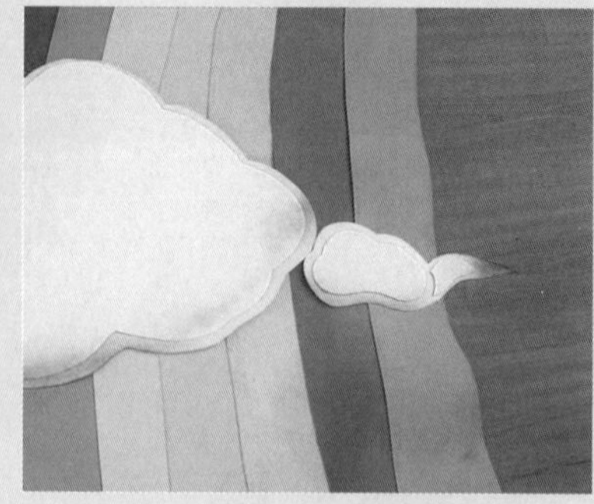

① 材料准备齐全后，分别制作星星、云彩、彩虹等各部件的造型备用

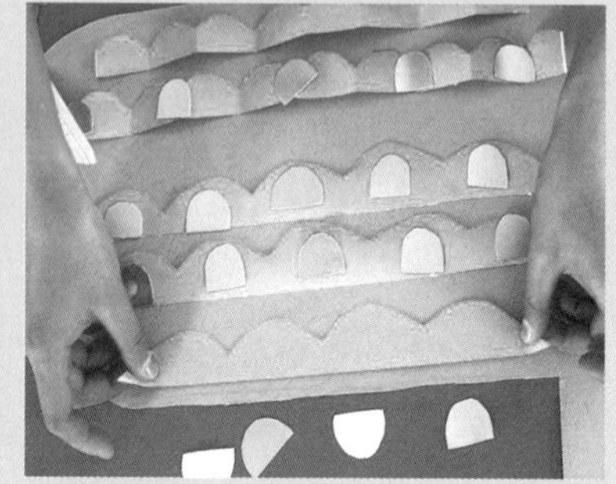

② 风筝是画面的主体部分，需局部装饰，将装饰部件分别剪出，按图纸的位置进行拼贴

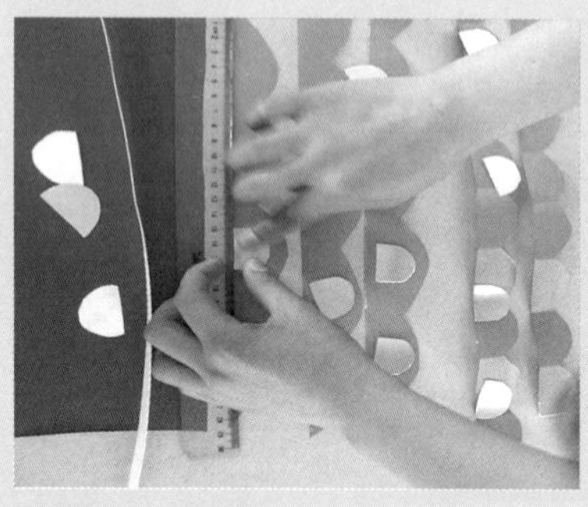
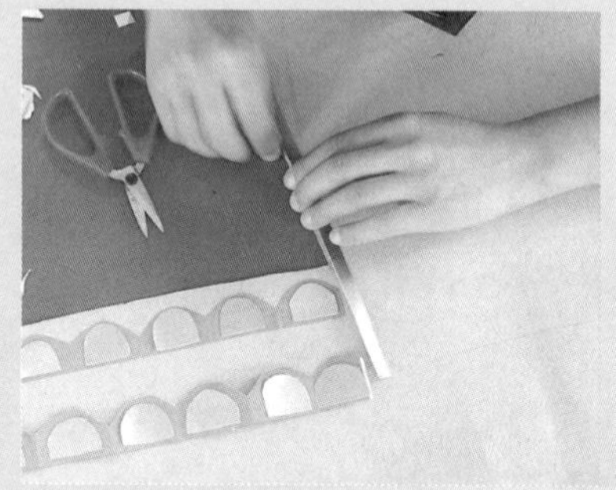

③ 风筝是对称图形，因而可用尺子测量左右的准确位置，并在边角处饰以装饰边

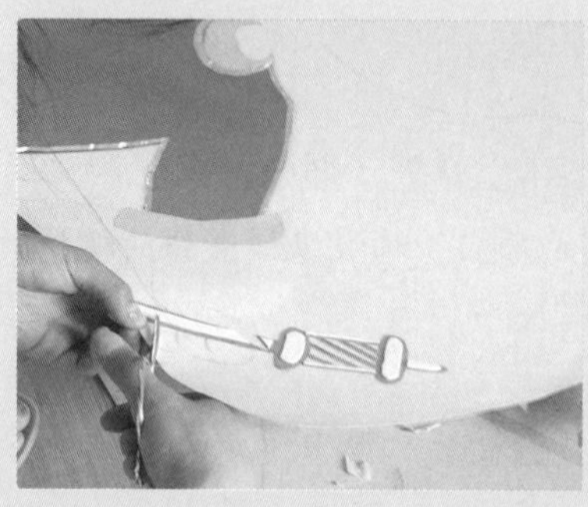
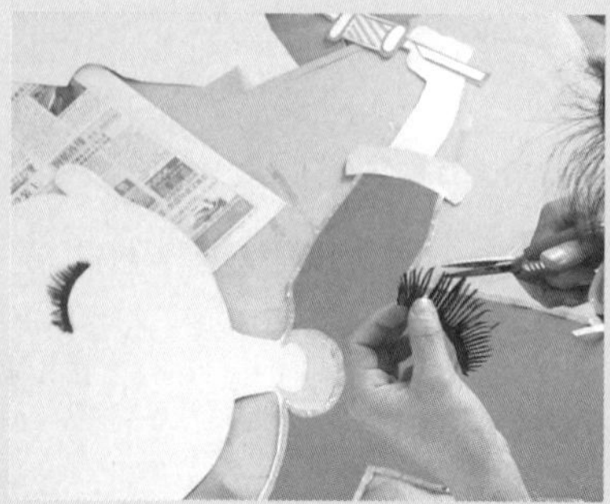

④ 剪出小孩儿的整体造型，再剪出局部的眉眼和头发、嘴，粘贴组合，完成整个造型

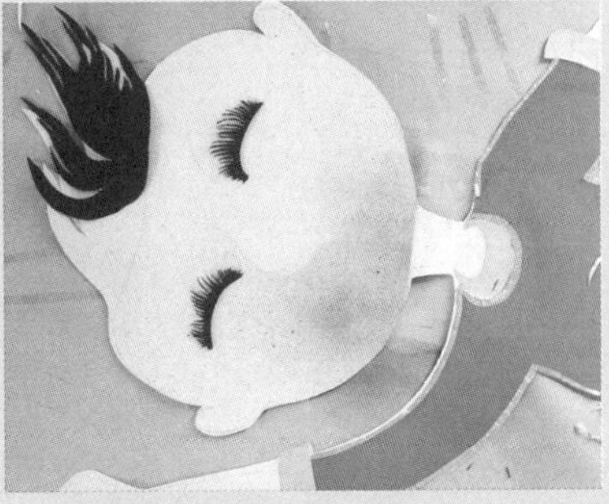

⑤ 脸部用喷染的方式处理腮红，可用纸剪出鼻子的形状覆盖，喷完，鼻子也出现了

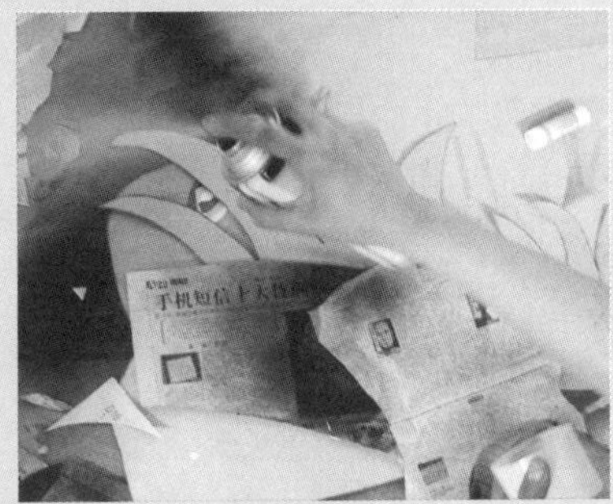

⑥ 手部从指尖喷染，不要遮挡手臂而形成自然过渡。草的喷染方法与此相同，用黄、蓝两色喷两头

⑦ 所有部件完成后，在画好的底色上喷上星星，贴上底部的彩虹，再加上制作的云朵造型

⑧ 用双面胶将做好的风筝固定在墙面上，被云彩挡住的部分要注意前后的覆叠关系

⑨ 完成大件后，再根据实际需要添加剪贴的星星，与底色、剪贴的彩虹、云彩和风筝形成丰富的层次

⑩ 制作中要注重整体画面的疏密呼应，前后穿插，灵活使用平贴、插接等技法将不同的材质组合在一个画面中，一幅完整的墙饰作品就完成了

⑪ 教室的主墙饰和睡眠室的主墙饰在色彩和手法上相互呼应，使整个班级教室的空间有了连续性

图 2-58　中班睡眠室主墙饰制作步骤

【实践与训练】

### 平面剪贴装饰画

【实训目标】

1. 通过设计制作使学生掌握平面剪贴装饰画制作技法。
2. 在设计制作中培养学生的整体意识和空间布局能力。
3. 培养学生的想象力、创造力和动手操作的能力。

【内容与要求】

1. 自命题设计多幅不同年龄班装饰画的造型草图，并用平面剪贴技法制作一幅装饰画。
2. 设计并制作一组豆豆班（小班）的平面剪贴主题墙饰（小样稿）。

【实训考核】

根据同学设计的平面剪贴装饰作品与主题墙饰设计方案，依据设计新颖、制作巧妙、富有情趣、操作方便的标准进行评分。

## 项目二　玻璃粘贴装饰画的设计与制作技能

玻璃粘贴装饰画大多用于玻璃门窗的装饰。可供玻璃粘贴画选用的“即时贴”材料色系丰富，实际运用时既可以使用单色剪出剪纸造型，也可以运用复杂的拼色制作出精致的装饰作品。

玻璃粘贴装饰既是教室整体墙饰的一部分，又是和窗外景色连在一起的流动风景（见图 2-59）。因此，设计时应首先着眼于教室的整体效果，然后再根据条件决定制作的繁简。设计造型时，除了考虑主题和班级幼儿的喜好外，还要考虑剪、刻后的效果，可参照常用变形方法进行加工处理，线条尽可能流畅连贯，便于完整的连接。支离破碎的形状拼贴不仅麻烦，而且容易弄巧成拙，适得其反。

图 2-59　玻璃粘贴装饰画

多色的玻璃剪贴装饰画依然遵循装饰色彩运用法则进行搭配组合，在造型和制作上与单色制作没有区别。下面以单色制作为例介绍玻璃粘贴装饰画的制作步骤。

## 【范例】

### 玻璃粘贴装饰画的制作

① 设计定稿后，将图形拓印在玻璃即时贴上，注意须用硬笔描画反放在即时贴反面的画稿，以保持剪刻后的图形正面干净整洁（见图 2-60）。

② 用剪子或刻刀在玻璃即时贴上刻出图形，将转移膜敷贴在正面，用手压实抹平，将造型剥离即时贴。

③ 把已经附有图形的转移膜按画面的要求贴在玻璃上，压实抹平，揭下转移膜，图形就粘贴在玻璃上了（见图 2-61）。

图 2-60　玻璃粘贴装饰画制作

图 2-61　单色玻璃粘贴装饰画

需要特别注意的是，以面为主的图形须把整个纹样拓印在即时贴上，剪刻、粘贴到玻璃上后，再用铅笔轻轻画出轮廓线条，用小刻刀雕刻出纹样细部的白线条，空隙的宽窄要一致，最后整体比较、修改，空处均匀了，作品才算完成。

## 【实践与训练】

### 玻璃粘贴装饰画的制作

【实训目标】

1. 培养学生对形的设计能力，制作简单的玻璃粘贴装饰画。

2. 培养学生的动脑和动手能力。

【内容与要求】

以变形或夸张法设计制作一组供幼儿园小班使用的玻璃粘贴装饰画。

## 项目三　半立体纸雕墙饰的设计与制作技能

半立体纸雕是幼儿园墙饰设计中运用极广泛的手段之一，它具有手工制作的特点，也是互动墙饰常常采用的方式之一。掌握了半立体纸雕墙饰的设计制作，不仅能做出漂亮的墙饰作品，而且还可以进行手工课教学，组织互动游戏。

前面我们已经学习了半立体纸雕墙饰的基本制作技法，技能实训部分重点要学会根据要求自行设计幼儿园墙饰，并能独立完成制作。

在设计时，不需要刻意去追求复杂的制作技巧，而是要善于运用基本形状进行巧妙的组合。因此，应该加强点、线、面的设计意识，增加对各种纸质性能的了解，合理安排基本元素与材质的对比，将基本形之间的重叠交错、繁简疏密、对称均衡和韵律节奏作为组织设计的重要内容加以思考，突出作品的装饰美。

下面就以某幼儿园茉莉班（中班）睡眠室主墙饰的设计与制作为例，详细介绍半立体纸雕在幼儿园墙饰中的应用。

### 【范例】

#### 中班睡眠室主墙饰的设计与制作①

（1）设计草图

设计草图如图 2-62 所示。设计者把茉莉班（中班）睡眠室主墙饰的整体基调定为青白相间的绿色调，突出了班级茉莉花开清新淡雅的特点。宽敞明亮的教室被设计者作为童话般意境的展现空间，夸张的纸雕造型建立在基本技法的处理运用上，整体画面中点、线、面元素的经营巧妙，匠心独具。

图 2-62　设计草图

① 设计制作：施燕，指导教师：孙霞。

设计稿在布局上注重疏密的对比，右部腾飞的天鹅将视线牵引着，减弱了左部的沉重，使画面均衡，点状的树叶给画面带来生机，围栏呈现出的线改变了地平线的僵直，画面充满童趣。

（2）制作步骤

先设计制作图纸，如整体的天鹅翅膀造型、眼睛和身体的造型（见图 2-63），备用。

制作步骤见图 2-64。

图 2-63　设计天鹅制作图纸

① 用卡纸剪出所有部件的形状

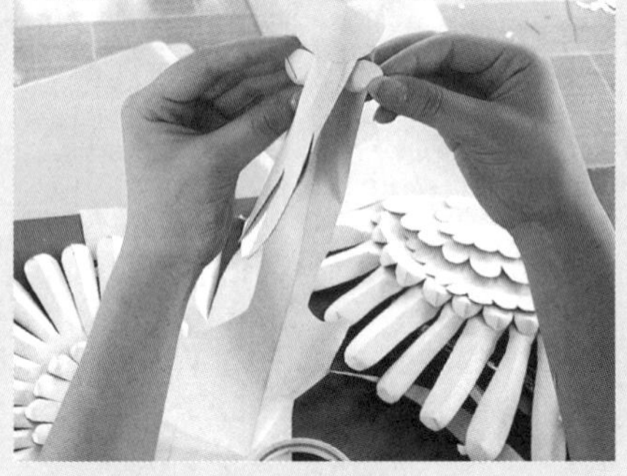

② 把各部件折出凹凸，给做好的鸟的身体粘贴上眼睛

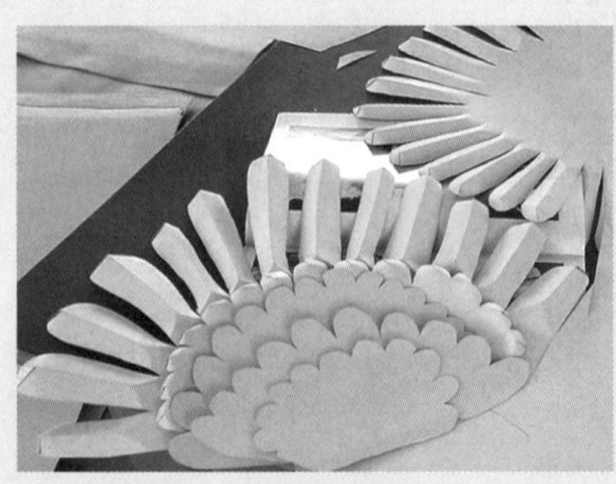

③ 将鸟的翅膀拼贴组合，做成半立体造型

④ 各部件做好后，将整个鸟拼贴完成

⑤ 做出凸起的栏杆，在刻去窗口的小屋上叠加浅色的装饰，用曲线折做出草丛

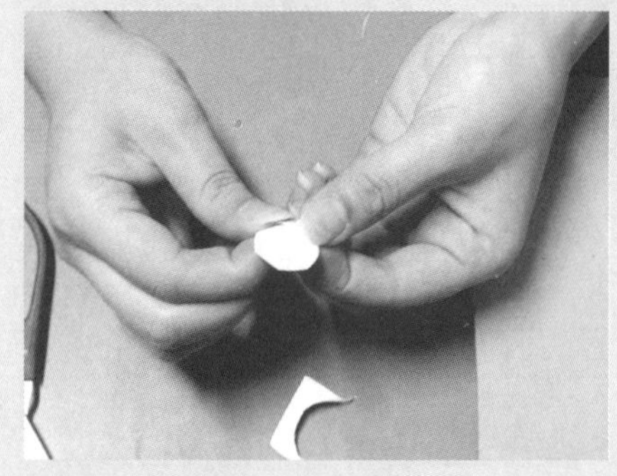

⑥ 剪出圆形，用折圆的方法粘出蛙眼

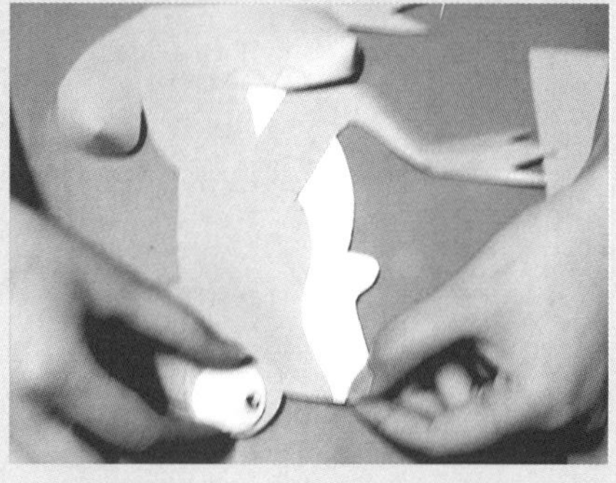

⑦ 将青蛙的各部件折出凹凸，并组合粘贴

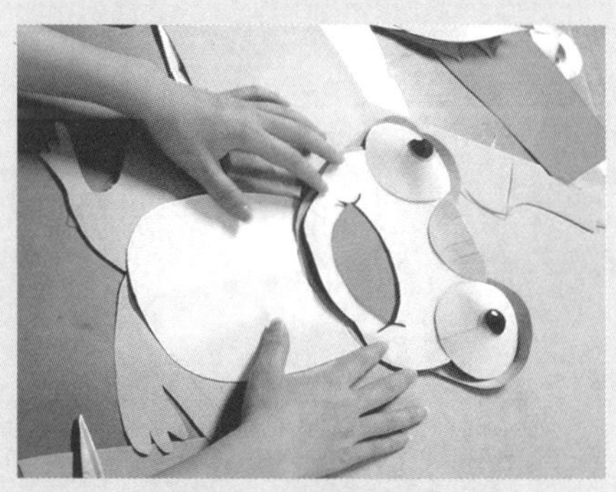

⑧ 将粘贴好的青蛙在绿纸上叠加，刻去嘴和腿上的白纸

⑨ 用曲线折做出立体的蛙腿

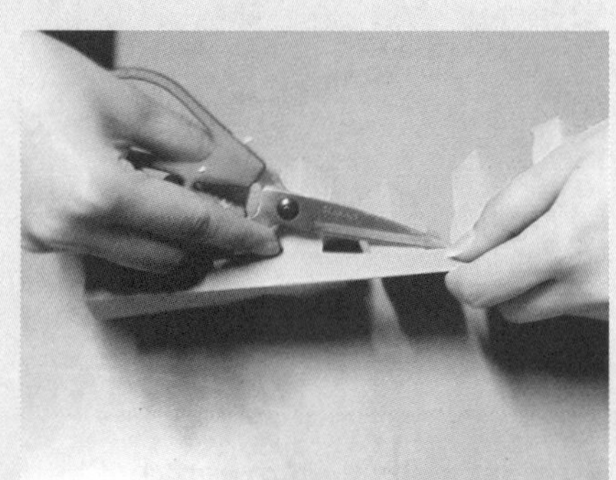

⑩ 用剪刀剪出草叶的形状

⑪ 切开每个叶端，收拢粘贴成凸起的圆状

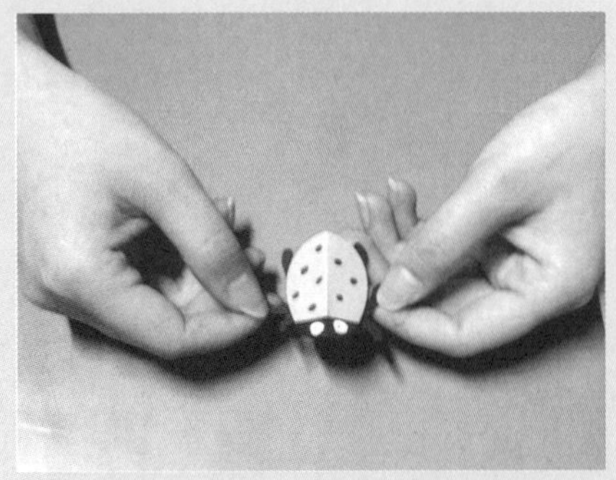

⑫ 用直线折和透雕法做出小瓢虫

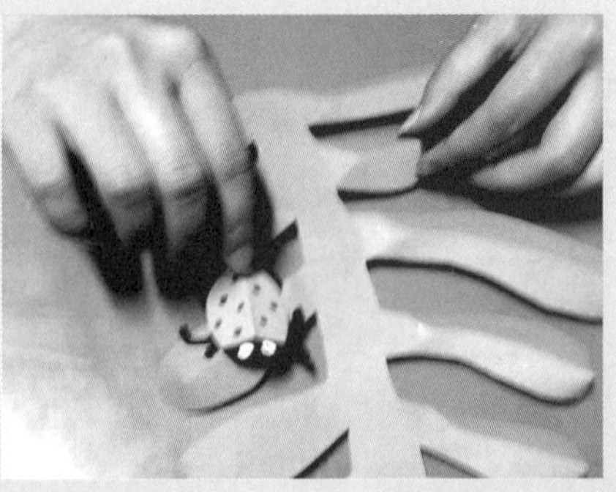

⑬ 用双面胶添加到凸起的草叶上

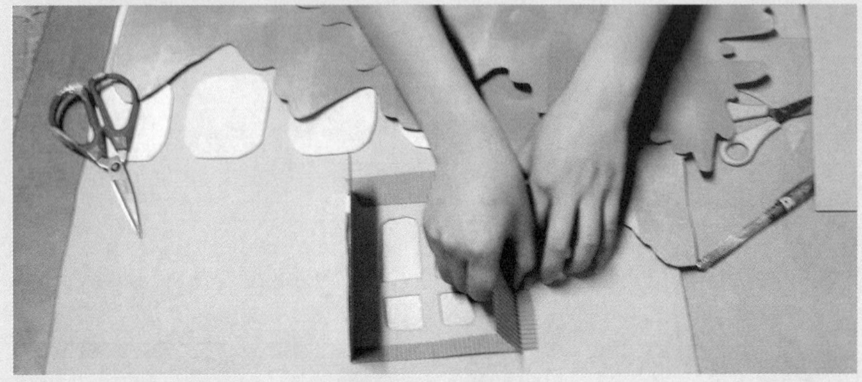

⑭ 将剪好的窗粘贴完成后，从中折开，掀起，造成生动的光影效果

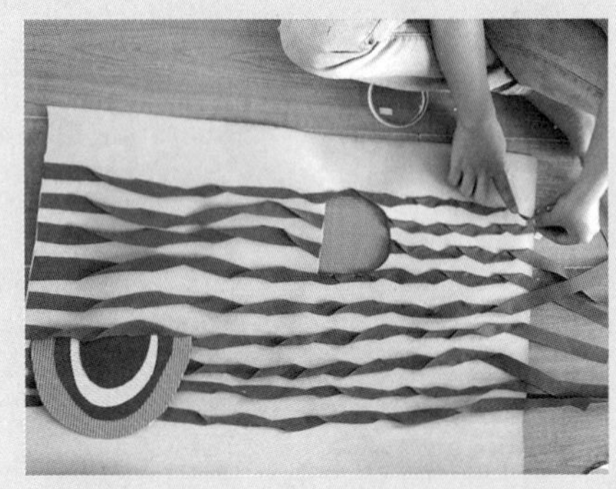

⑮ 用植绒纸做树身，瓦楞纸做洞，将剪成条状的深色植绒纸卷曲插接，用乳胶固定

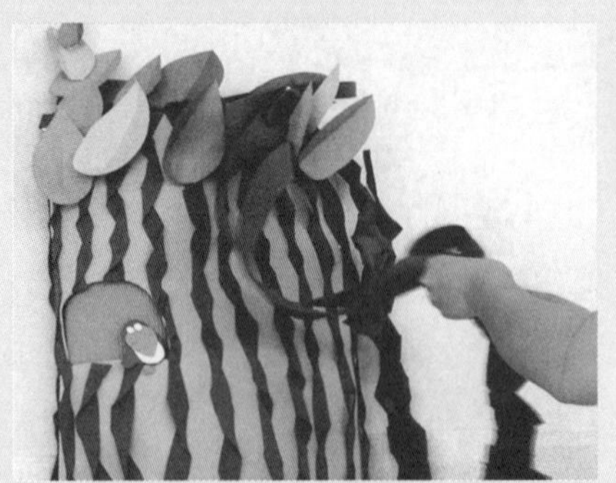

⑯ 装饰完树身，在其上部将每股条汇合，编织成辫状，添加做好的树叶固定到墙面上

⑰ 在墙面固定好树的主体后，根据画面需要添补树叶，增加树叶的方向感和动感

⑱ 分别固定青蛙、房子、整片的草丛和栏杆，粘贴时，不要超过底面地平线的位置

⑲ 调整画面的视觉均衡，决定天鹅起飞的位置，将草丛和天鹅粘贴到墙面上完成最后的制作

图 2-64 中班睡眠室主墙饰制作步骤

彩图2-64

## 【实践与训练】

### 半立体纸雕装饰画

【实训目标】

1. 通过分析成品制作，了解基本技法在造型设计中的运用，拓宽设计思路。

2. 了解班级墙饰设计时的重点，培养学生利用色彩营造不同意境、氛围的能力。

3. 在设计制作中培养学生的想象力和创造性，以及活学活用基本技法的能力。

4. 通过具体操作，能整体设计制作完整的半立体纸雕墙饰。

【内容与要求】

1. 学习运用色调设计不同班级墙饰的装饰风格。

2. 学习运用直线折、曲线折、圆的折叠制作各种半立体效果。

3. 举一反三，做部件组合练习，拓展思路。

4. 设计并制作一组苹果班（大班）半立体纸雕墙饰（小样）。

【实训考核】

设计整体的半立体纸雕墙饰作品，分两部分进行评分。

1. 从设计是否巧妙，组织是否均衡协调、富有情趣，色调把握是否得当三个方面进行评分（分值占总分的 50%）。

2. 以基本技巧的掌握、制作精致的程度、材质搭配运用等制作能力为评估标准打分（分值占总分的 50%）。

## 项目四　综合材料墙饰的设计与制作技能

生活中的废旧物是综合材料装饰画的用料来源。废旧材料的地域特点比较明显，一般是就近取材，因地制宜，设计的随机性较大。设计制作的重心主要是把握“形”的处理和“色”的搭配，只有在此基础上选择适当的材料，才可能有巧夺天工的创意。

教师可以引导和启发幼儿参与环境创设，对收集到的物品进行联想设计，例如，“会跳舞的盒子”“饮料世界的故事”等，都可以演化成一组有教育意义的主题墙饰。同时，发动班级幼儿一同完成材料收集、构思与制作，又是一项很好的环保互动墙饰活动。通过参与活动，幼儿还能了解和掌握一些创造性地利用材料的方法，如添加组合、削减破坏、因物赋形等，从而提高他们的想象力和动手能力。

下面的实训范例展示了某幼儿园葵花班（中班）活动室主墙饰的设计与制作过程。虽然范例中对材质的处理和制作是需要明示的内容，但其设计意图的展现更能起到抛砖引玉的作用。

**【范例一】**

## 中班活动室主墙饰的设计与制作①

设计草图如图 2-65 所示。

图 2-65　设计草图

材料：植绒纸、废花布、各色单色布

工具：剪刀、透明胶带、海绵双面胶、大头针

制作步骤见图 2-66。

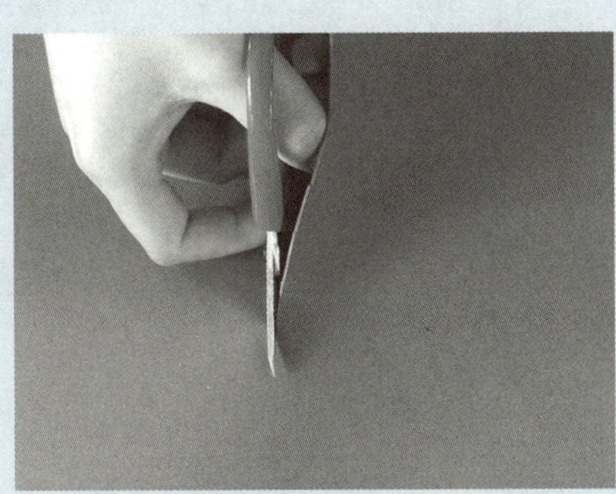

① 选择植绒纸，并剪出需要的宽条

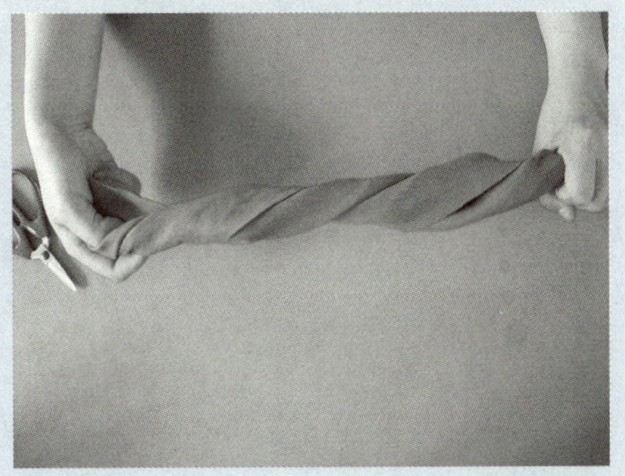

② 每两股对拧成麻花状，固定做成枝条

① 设计制作：张琳，指导教师：孙霞。

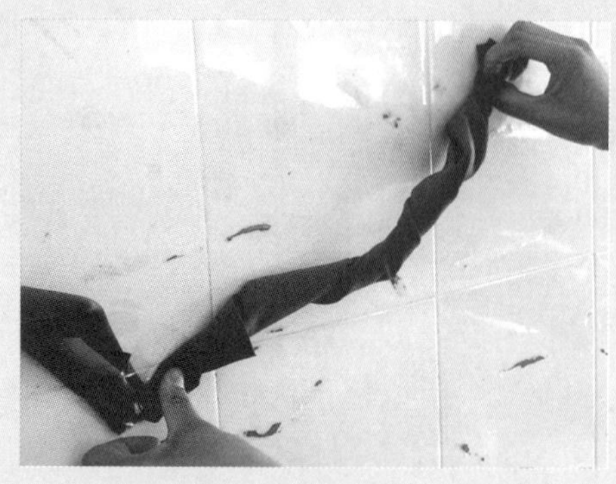

③ 将做好的枝条用海绵双面胶固定在墙面上

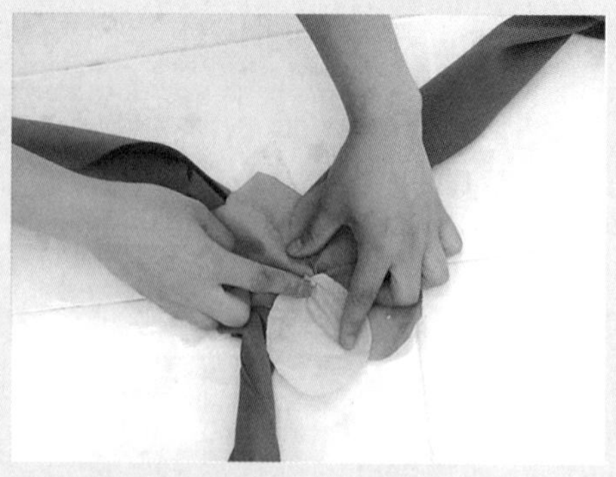

④ 把剪成对称两半的连体树叶布穿过枝干

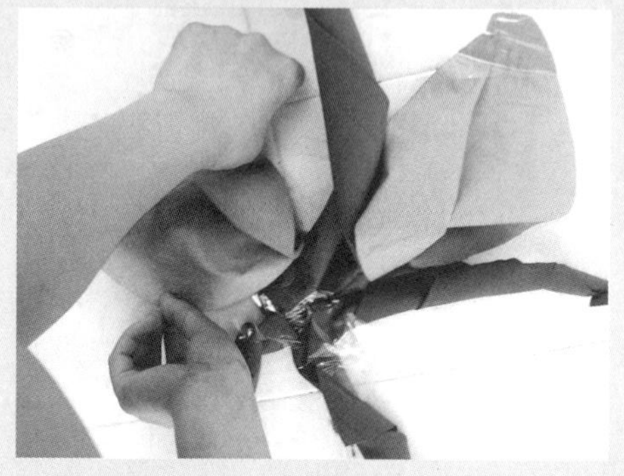

⑤ 对拧后摆出需要的造型

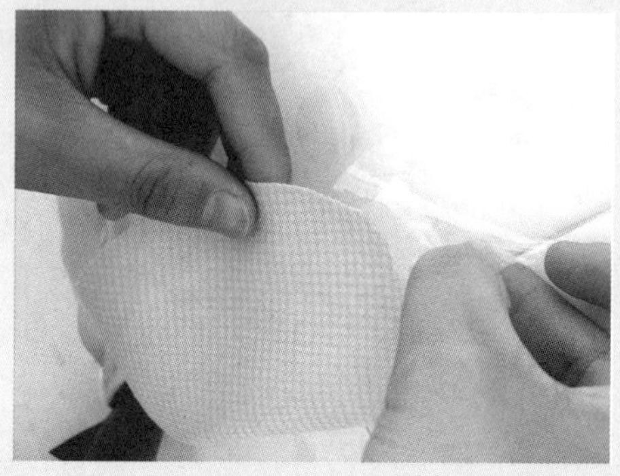

⑥ 用透明胶带反卷成外部带胶的圈固定叶子

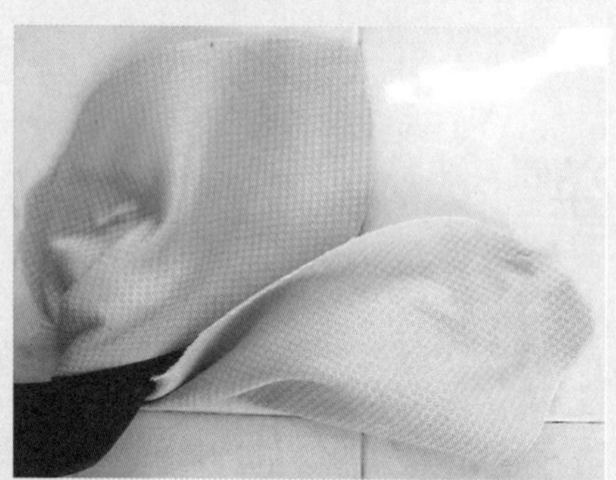

⑦ 在枝头固定好树叶造型

⑧ 两端牵拉并粘贴，做出动感的树叶

⑨ 剪下花布上原有的小熊造型，加胶固定

⑩ 用卷起的海绵双面胶贴出凸起的卡通形状

彩图2-66

⑪ 用花布拼贴成小房子，基本造型完成后再根据需要加以调整

图 2-66　中班活动室主墙饰制作步骤

【范例二】

## 中班睡眠室主墙饰的设计与制作①

设计草图如图 2-67 所示。

图 2-67　设计草图

构思：设计者把葵花班（中班）主基调定为草黄系列的对比色调，活动室主墙饰选用草编物和黄调碎布料，睡眠室则配合窗帘和房间，选择淡蓝色为主的橙蓝对比，强化了葵花班的意境，使人产生亲切的感觉，造型处理生动简洁，突出平和的气息，巧妙利用底面和装饰物的材质对比，节省了制作成本，材质选择很符合葵花的自然气息。

制作步骤见图 2-68。

① 设计制作：张琳，指导教师：孙霞。

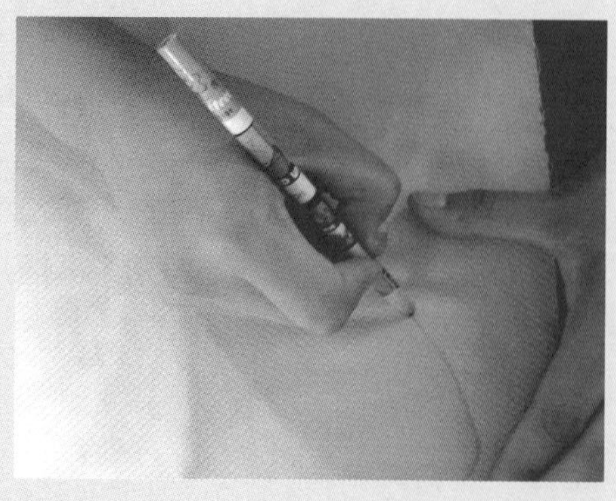

① 挑选准备制作图稿的材料，按照色彩、材质的不同分类，用记号笔画好各部件的图样备用

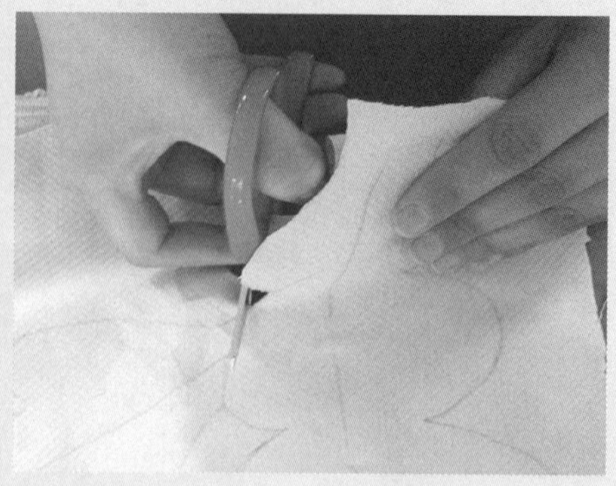

② 将所有样稿绘制好后，按制作要求裁剪分类，便于制作

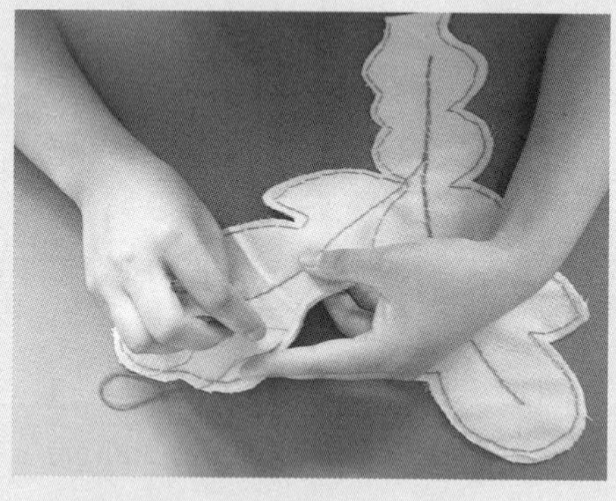

③ 缝制叶片、花茎等所需部件，选择色彩配比适当的线，绣出装饰线条

④ 将所需的葵花做好，填充出需要的形状

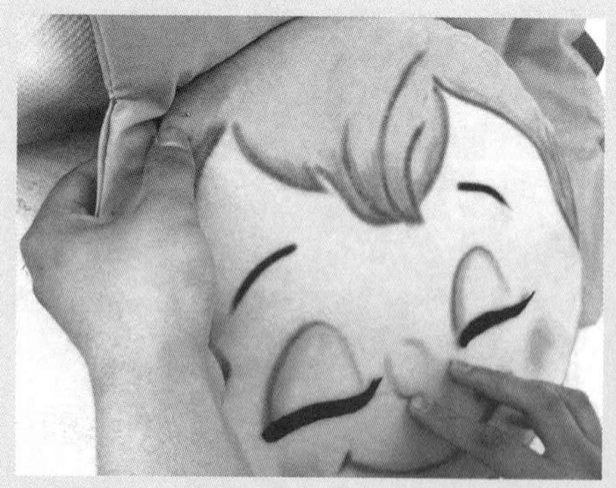

⑤ 用浅色丝袜和橙黄布料做成娃娃头，勾出线条，以丙烯颜料绘制渲染效果，粘贴眼睛，并套在泡沫切出的脸型上，用大头针固定，完成娃娃制作

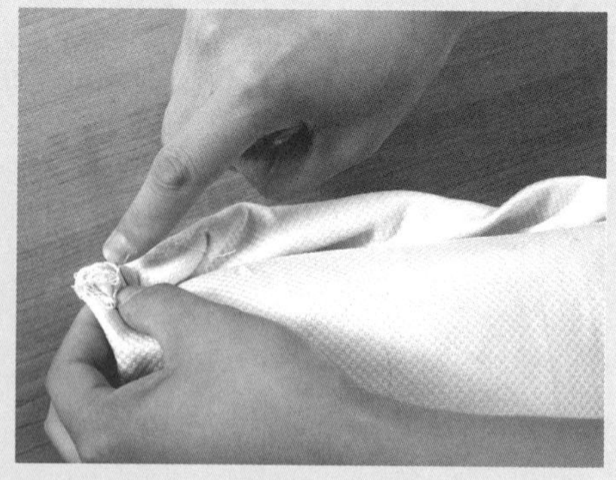

⑥ 将旧童枕用淡蓝色布料包好，翻卷并用大头针固定布的边缘，做出花式枕边

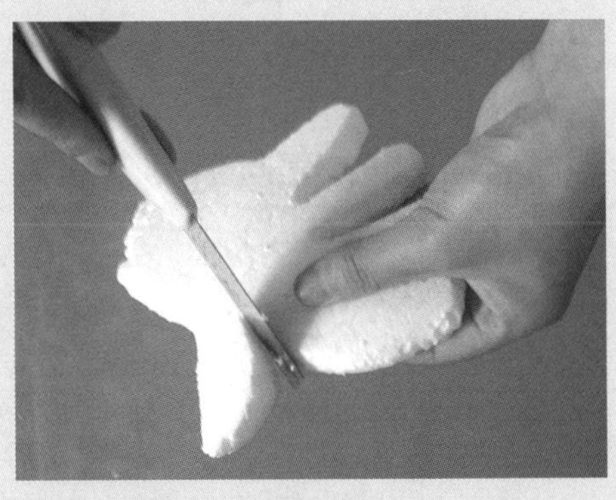

⑦ 在泡沫板上用刀切割出手形，并修出造型，蒙上肉色丝袜，用水彩补充细节，完成手的制作

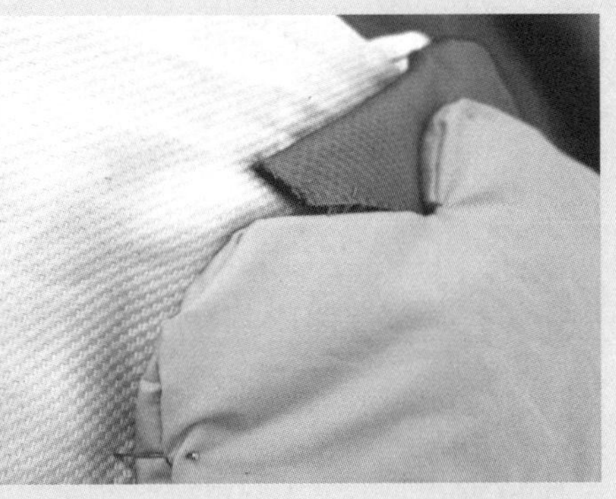

⑧ 根据设计稿用大头针将做好的每个部件按图固定好位置

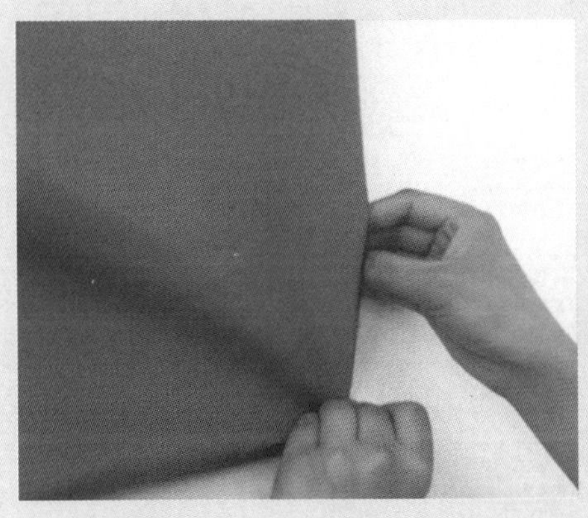

⑨ 制作完成后，开始上墙，床头直接用布卷出造型固定

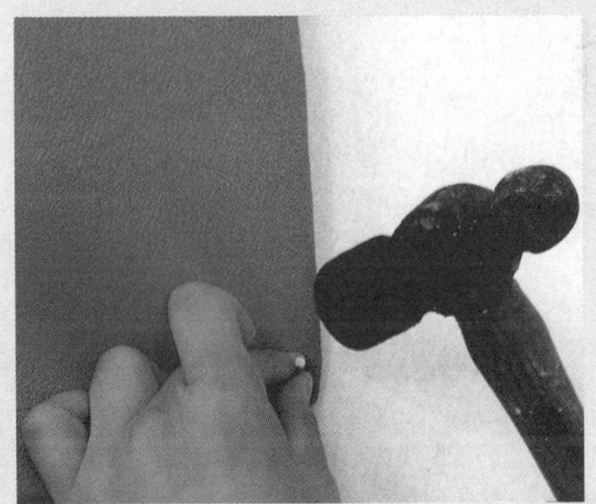

⑩ 关键处钉上钉子，加固布形的位置

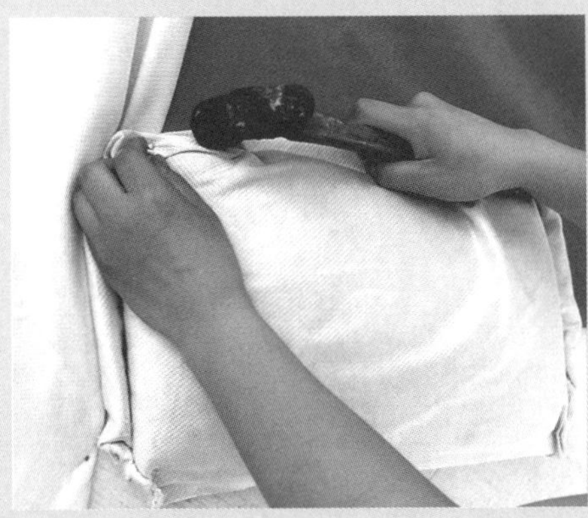

⑪ 叠加窗帘和枕头时注意它们之间的前后关系

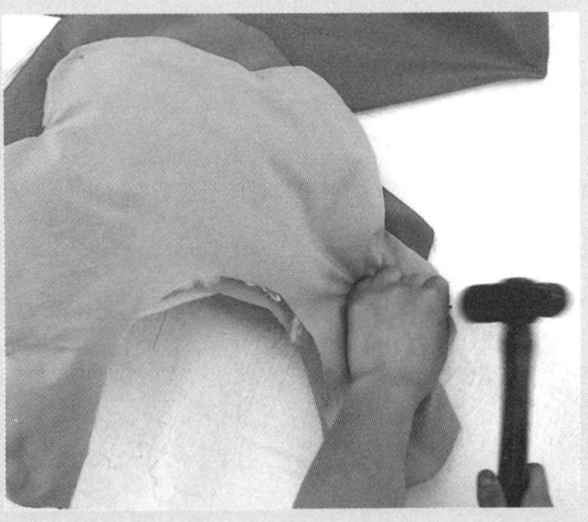

⑫ 每个有厚度的部件都必须用钉子加以固定

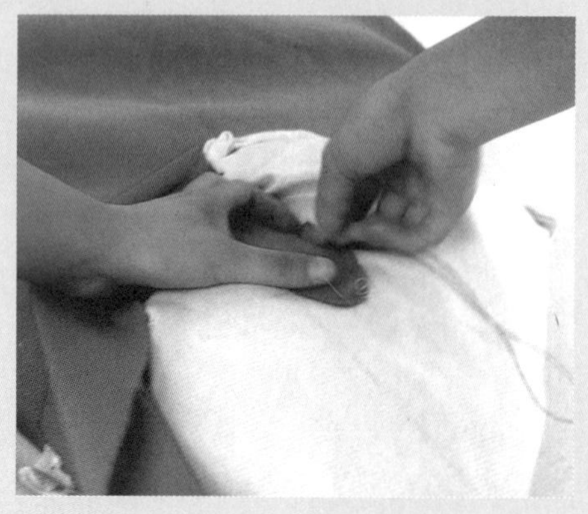

⑬ 制作时钉子起到承重和固定点的作用，造型的准确位置和边缘须通过针线穿连

⑭ 固定好娃娃后，用钉子将葵花造型固定在画面的中央

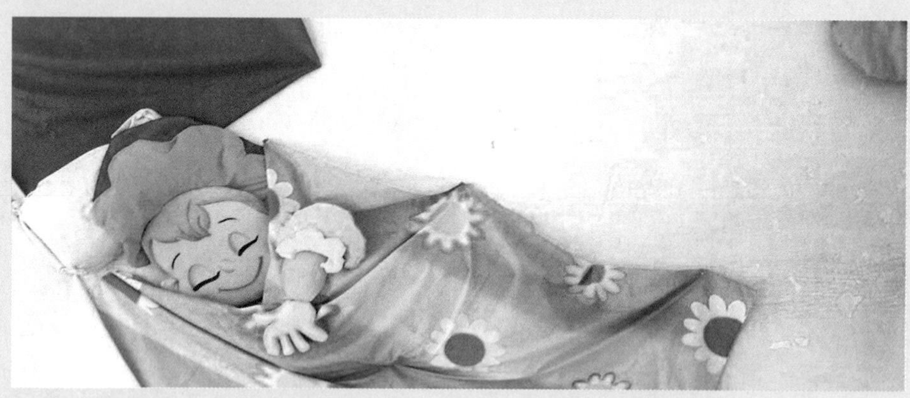

⑮ 此时，娃娃头、葵花、床和窗帘几块大面都出现了，根据整体视觉关系选择床单和被子的具体角度，同时注意利用牵拉使画面呈现生动自然的布纹，表现出材质的舒适感

⑯ 用植绒纸做花茎，在叶尖和叶身的两端用钉子固定三个点

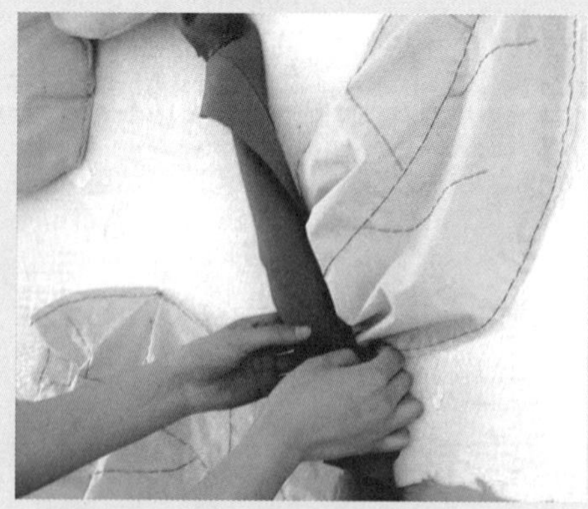

⑰ 摆出起伏造型再固定，增加画面层次感

⑱ 完成大件制作后，将小草等小件缝到适当的位置进行局部的调整

⑲ 将碎布头上的花分别缝在需要装饰的地方，以调整单色布间的疏密对比，达到画面的协调

⑳ 看似散乱的零头布，经过色彩设计，成为一幅墙饰作品，柔软的布材使睡眠室更温馨

彩图2-68

图 2-68 中班睡眠室主墙饰制作步骤

## 【实践与训练】

### 综合材料装饰画

【实训目标】

1. 选择废旧材料设计制作单个装饰造型，训练学生对材料的运用能力。
2. 了解材质的性能，学习利用材质进行设计，巧加运用。
3. 在选材和设计中培养学生的想象力和创造力。

【内容与要求】

1. 设计绘制葡萄班（大班）综合材料墙饰方案，从身边的废旧物中选材。

2. 举一反三，尝试利用收集的碎布纹理设计制作单个造型。
3. 制作一幅完整的综合材料装饰画。

## 项目五　互动墙饰的设计与教学技能

通过前面的学习，我们已经知道互动墙饰设计的实质是一种以环境创设为主体，寓教于乐的综合教育活动设计。幼儿教育活动方案设计，是学前教育专业师范生必须学习和掌握的一项重要的教学技能。

在互动墙饰的设计要点中，强调要针对不同年龄班幼儿的特点和阶段性的教学目标来选择恰当的内容引导幼儿参与其中，并且，在方案设计中应把握幼儿在墙饰制作活动中的难点，充分考虑怎样对教师制作部分色、形进行控制，以及对幼儿制作部分色彩进行控制。

### 1. 对互动墙饰中教师制作部分色、形的控制

小班：教师制作部分“色”和“形”都比较完整，可以单独作为一幅完整的墙饰（见图 2-69）。

彩图2-69

图 2-69　教师制作的半成品墙饰（小班）

彩图 2-71

中班：介于小班和大班之间，可以根据具体情况有所偏向（见图 2-70）。

大班：教师制作部分“形”简单，“色”统一。将精彩的部分留给幼儿制作（见图 2-71）。

图 2-70　教师制作的半成品墙饰（中班）　图 2-71　教师制作的半成品墙饰（大班）

**2. 对互动墙饰幼儿制作部分色彩的控制**

教师主要通过提供给幼儿的材料来控制幼儿制作部分的色彩。如果墙饰需要同类色，那么提供给幼儿的就是同类色的材料；如果墙饰需要用对比色，那么提供给幼儿的就是对比色的材料。例如，要制作小班互动墙饰中灰色的鹅卵石路，提供给幼儿的材料就是不同深浅的灰色的报纸（见图 2-72）。

图 2-72　小班互动墙饰的完成效果

彩图2-72、彩图2-73

另一种做法是通过对教师制作的半成品墙饰色彩的有效控制，放开对幼儿作品色彩的控制，也即教师已经将半成品墙饰控制在一个主色调中，可以放开对幼儿的控制，任由幼儿选择自己喜欢的颜色，这些颜色将成为墙饰主色调的互补。例如，在大班的纸雕互动墙饰中，教师将主色调定为绿色，幼儿的作品可以是五颜六色的（见图 2-73）。

图 2-73 大班互动墙饰的完成效果

**3. 互动墙饰教学方案设计**

（1）教学目标的设计

设计教学目标应包括三个方面。

① 认识目标：引导幼儿学习美术知识及美术工具和材料的使用方法，发展幼儿的观察力、想象力、创造力等各种能力。

② 动作技能目标：发展幼儿的手眼协调能力，使他们掌握美术活动的基本技能并能运用自如，养成良好的美术活动习惯。

③ 情感目标：引导幼儿体验美术活动的乐趣，培养幼儿对美术活动的兴趣、爱好。

（2）教学过程的设计

设计教学过程应分析幼儿制作中可能出现的难点，对难点进行提前教学。幼儿掌握难点后，要对幼儿制作互动墙饰的情绪进行“培养”和“调动”。在写出详细的教学过程以后，还应有对互动墙饰延展活动的相关建议。

**【范例】**

### 小班互动墙饰教案①

一、活动名称

撕贴报纸——看望好朋友的路

二、活动目标

1. 通过引导幼儿观察、触摸、讨论鹅卵石，引起幼儿对鹅卵石的兴趣。

① 互动墙饰方案由南京市南化九村幼儿园张彦璟老师设计制作。

2. 通过学习“撕”的技能，促进幼儿小肌肉群的发展。

3. 通过与教师合作制作墙饰，激发幼儿参与美术活动的兴趣。

三、活动材料

1. 5 cm×8 cm报纸若干、5 cm×8 cm画直线的报纸若干、大大小小长方形报纸若干、画有椭圆形的报纸若干。

2. 每组塑料小筐一个，以便盛放幼儿撕下的废纸。

3. 每组胶棒三支、抹布一块。

四、活动过程

1. 分析幼儿互动墙饰制作中可能出现的难点。

幼儿学习“撕”的难点：用双手的食指和拇指对捏，一只手向前、另一只手向后，撕一点，移一点。

2. 提前对难点进行分步教学。

幼儿练习任意撕：给幼儿一张5 cm×8 cm的报纸，让幼儿练习用双手的食指和拇指对捏，一只手向前、另一只手向后撕。

幼儿练习按线撕：教师在5 cm×8 cm的报纸上画一条直线，让幼儿练习撕一点、移一点。

3. 幼儿掌握难点后，对幼儿制作互动墙饰的情绪进行“培养”和“调动”。

利用散步时间，带幼儿走一走幼儿园的鹅卵石小路。

引导幼儿观察鹅卵石小路，观察鹅卵石的形状、颜色。触摸鹅卵石，感受鹅卵石的质地。

让幼儿相互交流观察的结果，利用语言的刺激再次调动幼儿对鹅卵石的兴趣。

教师可以利用讲故事的形式来引导幼儿参与互动墙饰的讨论与制作。

4. 具体教学过程的制定。

（1）引导过程。

欣赏根据和幼儿讨论的结果制作的半成品墙饰。

提问：

- “看望好朋友的路”这幅画中，缺少了什么？
- 鹅卵石是什么形状的？什么颜色的？
- 可以怎样做呢？（这时小朋友会讲出许多方法，每种方法的提出，都要给予肯定。在众多的方法中，慢慢将幼儿引到事先设计好的用报纸撕的方法上来。）

（2）幼儿制作过程。

教师将事先裁好的大大小小的长方形报纸发给幼儿，让幼儿根据自己对鹅卵石的了解，制作“鹅卵石”（见图2-74）。

教师指导：

- 引导幼儿用正确的方法撕。
- 尽可能撕成椭圆形。
- 对能力弱的幼儿，可以提供画好椭圆形的报纸进行撕。

幼儿将自己的作品布置到墙饰中，完成互动墙饰的制作（见图 2–75）。

图 2–74　幼儿练习“撕”

图 2–75　幼儿粘贴作品

提问：

- 撕好的“鹅卵石”应该贴在什么地方呢？（贴在小路上。）
- 小草上能不能贴，为什么？（不能，因为会压死小草的。）
- 鹅卵石在小路上是怎样排列的？（一个挨一个，紧紧地靠在一起。）

幼儿根据自己的回答去粘贴鹅卵石，直到贴满小路为止。

欣赏整幅互动墙饰，激发幼儿的自豪感，增强幼儿参加美术活动的兴趣（见图 2–76）。

图 2–76　小班互动墙饰制作成员

（3）延伸活动。

幼儿可以在这条路上反复粘贴（只要不贴到草上就行），直至掌握撕贴技能为止。

## 【实践与训练】

### 互动墙饰设计

【实训目标】

1. 培养学生制作适合与幼儿互动的半成品墙饰的能力。

2. 培养学生设计互动墙饰的教学全过程的能力。

【内容与要求】

1. 制作以小班幼儿绘画为主的互动墙饰半成品的设计小样图。

2. 设计以中班幼儿手工为主的互动墙饰的教学全过程。

3. 完成以大班幼儿美术活动为主的互动墙饰半成品设计小样图及教学全过程的设计。

【实训考核】

根据以下评判标准为学生的互动墙饰设计方案评分。

1. 半成品小样图中，对“形”“色”的控制是否符合小班幼儿的审美情趣。

2. 在教学过程的设计中，教学难点分析得是否准确，教学过程是否便于幼儿学习。

3. 半成品小样图是否符合该班幼儿的年龄特点，教学过程的设计是否能解决目标中提出的要求。

## 国考模拟

**一、单项选择题（共 10 小题，每小题 3 分。每小题列出的四个备选项中，只有一个是符合题目要求的，错选、多选或未选均无分）**

1. 设计幼儿园墙饰时，首先应该考虑从（　　）的兴趣、爱好出发。

A. 家长　　B. 教师　　C. 园长　　D. 幼儿

2. 主题墙饰主要是在幼儿园各班级教室中，以各学期相关（　　）为主题的各类墙饰设计。

A. 教育内容　　B. 亲子活动　　C. 教师活动　　D. 游戏内容

3. 以壁面装饰为主要目的的墙饰是（　　）。

A. 主题性墙饰　　B. 功能性墙饰　　C. 装饰性墙饰　　D. 互动性墙饰

4. 墙饰设计应符合幼儿的（　　）特点。

A. 心理　　B. 游戏　　C. 生理　　D. 爱好

5. 幼儿园墙饰的位置，应根据各年龄班幼儿的（　　）特点来决定。

A. 认知　　B. 审美　　C. 心理　　D. 身高

6. 幼儿园墙饰装饰手法与材料运用应（　　）。

A. 简单化　　B. 单一性　　C. 复杂化　　D. 多样性

7. 在幼儿园墙饰设计中，大部分的物象都是用（　　）的面表现其生动造型效果的。

A. 抽象形　　B. 自然形　　C. 立体形　　D. 变形

8.（　　）是将两种形态的物象巧妙地结合在一个图形里的变形手法。

A. 添加求全法　　B. 工艺变形法　　C. 巧合法　　D. 影像变形法

9. 互动墙饰的制作是一个师幼（　　）的教学过程。

A. 配合　　B. 分工　　C. 互动　　D. 合作

10. 下列选项中，属于生活废旧材料的是（　　）。

A. 胶合板　　B. 饮料瓶　　C. 刨花　　D. 金属片

**二、简答题（共 4 题，国考此类题目每题 15 分）**

1. 简述幼儿园墙饰如何落实立德树人理念。

2. 简述墙饰造型设计常用的装饰变形方法。

3. 简述幼儿园墙饰中主要的平面剪贴工艺技法。

4. 简述互动墙饰活动方案的设计要点。

**三、论述题（共 4 题，国考此类题目每题 20 分）**

1. 试论幼儿园墙饰设计如何体现以幼儿为中心。

2. 请结合实例阐述如何提升幼儿园墙饰设计意境。

3. 为什么幼儿园墙饰制作多采用综合材料？如何做到善用和巧用？

4. 请结合小、中、大班幼儿的特点，分析如何设计并引导各年龄班幼儿参与互动墙饰制作。

**四、材料分析题（20 分）**

阅读下面材料，回答问题。

为了迎接教育评估，幼儿园在暑期对整个环境进行了全新的打造。幼儿园邀请专业设计师为幼儿园的门厅、走廊、楼道及各年龄班教室进行了整体设计，购买了名人名言、名画和一些高档材料来布置环境，幼儿园的环境创设一下子提高了档次，整体面貌发生了很大变化，布置好以后一年都没有什么大变化。

国考模拟
参考答案

问题：请结合幼儿园墙饰设计应遵循的原则，分析上述现象中的是与非。

第三单元

# 幼儿园区域环境的创设

## 学习目标

知识目标：

了解幼儿园区域环境创设的概念、目的和作用

掌握幼儿园活动区创设的基本原则

掌握幼儿园班级活动区的设计方法和要点

掌握活动区玩具材料的投放要点和管理方法

掌握各年龄班常规活动区环境创设的要点

能力目标：

能根据幼儿发展的特点设计各年龄班的区域环境

能对幼儿区域活动进行组织、指导和管理

活动区，也称为兴趣角或活动区角，是在幼儿园室内或室外设置的适宜的活动区域，为幼儿提供多样化的活动材料、情境化的游戏形式，让幼儿通过自身的活动，主动地练习、巩固原有的知识，并获取知识经验，获得自主发展的场所。

幼儿园活动区

创设区域环境是教师一项基本的工作内容，包括根据不同年龄班幼儿的发展水平和活动需要，合理安排适宜的活动区，设计独特的空间布局，投放相关的设施和材料。教师要能通过创设良好的区域环境支持幼儿的学习，鼓励幼儿的探索与实践，促使幼儿与周围环境互动，使幼儿充分发挥内在潜能，促进每个幼儿都能在原有基础上得到全面和谐的发展。

# 第一节　幼儿园活动区创设的意义与原则

## 一　幼儿园活动区创设的意义

活动区、活动中心等教育形式始创于欧洲的早期教育机构。20 世纪 70 年代，美国学界流行“开放教育”思潮，以游戏活动为主，创设支持儿童主动学习的环境成为早期儿童教育的主流。活动区更被看作一种“学习区”，其中具有代表性的是海伊斯科普（High/Scope）课程方案，集中体现了区域活动这种教育活动形式。

随着我国幼教改革的进一步推进和国外先进幼教经验的不断传入，区域活动已成为我国幼儿园普遍采用的一种教育活动形式。然而在实际工作中，一些教师对活动区的理解不够深入，区域环境创设的盲目性和随意性较大，如有的幼儿园设置活动区时机械照搬他人的做法，幼儿不感兴趣，活动区流于形式；有的则设置不当，相互干扰，未能充分发挥各活动区的功能；有的随意投放区域活动材料，活动材料品种单一，缺少变化；有的则一味追求装饰漂亮，教育价值不强，成为摆设等。幼儿活动区的创设，要从多个角度去思考，无论采用何种方法，都必须建立在教师对区域环境的教育作用有正确的认识这一基础上。

创设幼儿园活动区的意义

### 1. 幼儿园活动区创设的目的

作为活动区的创设者和组织者，教师首先应当明确，设置活动区的目的是什么？是单纯的环境装饰，还是一种教育形式？

心理学的理论与教育实践证明，幼儿的学习活动建立在与环境、材料直接互动的基础之上，幼儿需要利用各种感官，通过观察材料、感知材料、操作材料来获得各类经验和知识。幼儿的认知需要通过操作物体来获得，也需要在与他人互动的过程中学习。因此，幼儿需要一个自由的、可操作的、能激发其活动愿望的学习空间来开展属于自己的活动。在这个空间内，他们可以自由地选择、实验、创造或装扮、探索，可以开展个别活动或是和同伴合作开展集体活动（见图 3-1）。可见，区域活动的实质是幼儿自由选择、自我探索、自我发现、自我完善的发展过程。创设活动区的目的就在于提供一种开放的游戏环境，鼓励幼儿自由选择、自由探索，在和环境的互动中获得身体、认知、情感及社会性等各方面的发展。

图 3-1　自由的操作性活动区

由此可见，活动区绝不是简单的环境装饰，区域活动也不是简单的教师用于过渡环节及打发课余时间的一种手段，而是一种教育形式，是幼儿教育课程的一个部分，是实施个性教育、促进幼儿个性和谐发展的有效途径。

**直通国考**

**单项选择题**①

教师通常在班里设置许多活动区，提供多层次的活动材料，让幼儿自选。这遵循的心理发展原则是（　　）。

A. 阶段性原则　　B. 社会性原则

C. 操作性原则　　D. 差异性原则

答案：D

解析：差异性原则要求教师在教育活动中既要满足全体幼儿的一般需要，又要关注幼儿的个体差异，满足幼儿的特殊需要。“教师提供多层次的材料，让幼儿自选”符合幼儿认知游戏水平的个体差异，能够使每个幼儿在其原有水平上获得发展，因此教师遵循的心理发展原则是差异性原则。

① 选自 2019 年上半年中小学和幼儿园教师资格证考试科目二：保教知识与能力（幼儿园）考试真题。

**2. 对幼儿发展的意义**

活动区在促进幼儿身心发展方面有着特殊的教育价值，表现为以下几个方面。

（1）培养幼儿的学习兴趣和能力

活动区提供给幼儿的是一个没有压力的学习环境，每一个活动区都有其独特的材料让幼儿进行操作。面对丰富的区域活动内容，幼儿可以按照自己的兴趣和需要自由选择。同时，在区域活动中，幼儿有充分、自由的时间和空间去操作各种材料。例如，在建构区，幼儿可以学到操作积木的方法，会运用排列与组合、插接与镶嵌、串套与编织、黏合等构造方法构成物体，并发展手眼协调的能力；语言区的活动能发展幼儿的阅读能力，提高他们与他人交流、交往的技巧。在每一个区域活动中，幼儿还可以用多种形式学习操作材料的方法。通过丰富多样的区域活动，幼儿不仅能够学到各种知识，培养各种技能和技巧，而且更重要的是培养了学习的兴趣和主动学习的能力。

（2）促进幼儿的潜能发挥

活动区能为不同发展速度、不同认知风格、不同个性的幼儿，提供适合其个性发展的教育环境。相对于集体活动而言，区域活动为幼儿提供了更大的活动空间，也给每个幼儿的潜能发挥提供了充分的机会。在区域活动中，幼儿按照自己的兴趣、能力和需要选择特定的活动，在自由、宽松、愉快的环境中，他们不断地尝试，找到适合自己学习的最佳方式；在或独立自主或协同合作的活动中，他们体验成功和快乐，自信心也不断增强。即便那些平时沉默寡言、在别人眼里被视为“有点笨”的幼儿，也会在区域活动中显露出长于他人的某些才能。例如在集体教学中表现消极、回答教师提问结结巴巴的幼儿，在积木区的建构活动中却可能表现得极为出色，搭出极具创造力的作品。

（3）促进幼儿主动性的发展

首先，区域活动为幼儿提供各种选择机会，幼儿可以主动地选择自己感兴趣的区域开展活动，自主选择操作材料、决定操作次数和操作时间，也可以自主地更换活动区。在自主选择的区域内活动时，幼儿能主动地使用各种物品开展各种活动，进行各种操作。主动的选择和主动的操作，往往可以使幼儿更持久地进行一项活动，坚持完成自己设定的任务，从而培养幼儿的主动性和专注力。

其次，区域活动促使幼儿主动地思索和表达。在独立自主的活动中，在对材料的操作过程中，如果要使活动、操作顺利进行，幼儿必须主动地进行感知和思考，他们要主动发现问题、提出问题、思索问题及尝试解决问题（见图 3–2）。他们必须知道有哪些材料，思索不同材料的不同质地、特性和用途，思索对这些材料可以进行何种类型的操作，用这些材料可开展哪些活动，取得什么样的结果。对于大一些的幼儿来说，他们的主动思索还包括在活动之前怎样设定自己的活动目标，如何围绕活动目标设计活动计划，并依照计划来实施，以取得自己想要的成果。同时，宽松自由的区域活动能满足幼儿自主表达的愿望，他们可以通过语言、动作、图画、音乐等多种形式主动地表达自己的思想、情感及对世界的认识。通过主动的选择和操作，以及主动的思索与表达，幼儿的自主性和主动性得到了全面的培养。

图 3–2　活动区的探究、思索与表达

（4）促进幼儿社会性的发展

大量研究表明，教师与幼儿之间、幼儿与幼儿之间的多向交往对于幼儿的社会化过程具有重要意义。区域活动中多向交往及对物质材料的探索和交互作用处于大量、重复发生的状态，这对幼儿社会性的发展具有极大的促进作用。区域活动对幼儿社会性发展的作用主要体现在以下两个方面。

首先，区域活动促进了幼儿交往与合作能力的发展。在积极的区域活动交往中，幼儿的交往范围扩大，交往技能提升，交往需要和信心加强，交往能力最终得到了提高（见图 3–3）。同时，通过区域活动中的同伴交往，幼儿逐渐学会了如何与同伴相处，学会了如何帮助他人，学会了如何与他人协调，学会了如何控制自己的冲动，学会了谦让、分享与等待，学会了与人交流、接触的技巧，学会了尊重和宽容，学会了自尊自爱。这些都会使幼儿的合作能力得到较大发展和提升。

图 3–3　活动区的合作建构游戏

区域活动还有利于幼儿和教师的交往。在活动中教师有针对性地对幼儿进行适当指导，使幼儿更多地感受到教师的关注和爱，满足了幼儿情感的渴望，也使幼儿知道了该如何听从指导，这对于融洽师幼关系，培养幼儿与教师的交往和合作能力也很有帮助。

其次，区域活动促进幼儿纪律性和责任感的发展。区域活动是一种有规则的学习活动，它要求幼儿进区活动时遵守一定的纪律。例如，在每一个区域内，要遵守进区人数的限制规则；遵守使用、取放材料的规则；爱护区域环境的布局和材料的规则。如果这些规则得不到遵守，区域活动就不可能正常有序进行，也就不可能持续进行。所以，任何一项正常运行的区域活动都是对幼儿纪律性的一种很好的培养。区域活动对培养幼儿的责任感大有裨益。保证纪律得到很好遵守的条件之一是对违反纪律者的惩罚，是追究违反纪律者的责任。没有对责任的追究，就没有对纪律的遵守。因此，经常参加区域活动必然有利于幼儿责任感的提升。显然，幼儿在这方面的发展，是需要教育者有意识地加以培养的。

学前期是幼儿社会性发展的关键时期，幼儿的许多社会认知、社会情感、社会行为都在这一时期形成并发展，幼儿与成人及同伴交往机会的多少，以及交往的性质都对其终身的社会性发展产生重要影响。因此，区域活动对幼儿社会性发展的影响应当受到足够的重视。

### 3. 对教师发展的意义

区域活动不仅对幼儿发展具有重要意义，对教师发展也具有重要意义。区域环境创设对教师发展的意义主要表现在两个方面。

（1）区域环境创设能力是评价教师素质的标准之一

营造良好的学习环境是每一位教师的责任。美国国家幼儿教育协会（NAECY）所主持的一项研究认为，环境是最能预测幼儿园教学品质的一项因素。教师若能洞悉幼儿行为与环境规划的关系，具备活动空间安排的知识与技巧，那对幼儿秩序的维持及互动中的学习，将能发挥巨大的影响力。一位专业的幼儿教师，除了需具备课程规划能力及教学技巧外，更需洞悉环境这个潜在课程与幼儿行为之间的互动关系，使环境发挥潜移默化的力量，让环境中的每一个人都能获得良好的学习与成长。因此，考察区域环境的创设水平可以从侧面来评价一位教师的综合素质。

（2）区域环境创设是促进教师成长的手段之一

活动区能否使幼儿在主动活动方面、在获得整体的发展方面与区域设置的预定目标相一致，取决于区域环境创设是否符合幼儿的审美情趣；区域的主题和内容是否符合幼儿的兴趣和需要，是否涵盖幼儿身心发展的各个方面；材料是否具有可操作性；以及每一活动区能否满足幼儿开展相应活动的需求等。

教师对自己所创设的活动区的目标、空间布局、内容和材料是否符合教育的基本原理应该做到心中有数；在区域活动开展过程中，教师应有计划地观察了解幼儿，了解他们的发展水平，了解他们的兴趣爱好，了解他们的需求，并能通过观察不断提高指导幼儿活动的质量。同时，在组织区域活动的过程中，教师必须以合作者、参与者、引导者的身份与幼儿互动，必须有针对性地、创造性地开展教育，使幼儿在活动区的探索和发现、操作和体验中获得快乐和成功。教师需要不断对自己的活动区教育实践进行反思，从中发现问题、分析问题、解决问题，使自己在反思中成长。因此，创设科学合理的活动区，提高教师的区域环境创设水平也就成为促进教师成长的重要手段之一。

## 二　幼儿园活动区创设的原则

创设科学合理的活动区须遵循以下原则。

### 1. 教育性原则

活动区的创设应遵循教育性原则，要根据幼儿园的教育目标来设计区域环境。教师要以教育目标和本班幼儿的实际发展水平为依据，有目的、有计划地选择合适的内容和主题，创设合适的活动区环境。这一原则在以《纲要》规定的五大领域划分的活动区内体现得尤为明显。

创设幼儿园活动区的原则

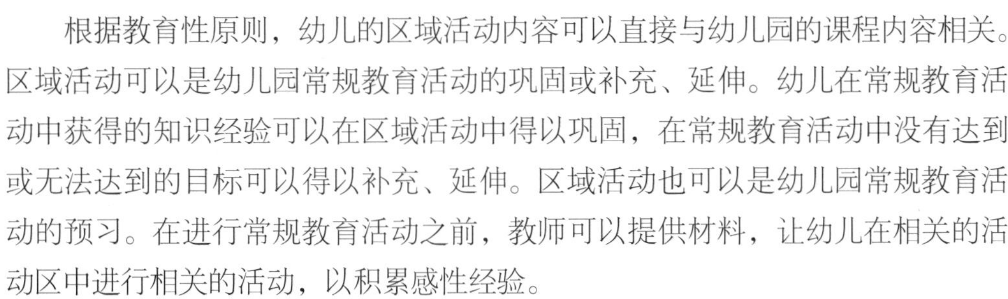

根据教育性原则，幼儿的区域活动内容可以直接与幼儿园的课程内容相关。区域活动可以是幼儿园常规教育活动的巩固或补充、延伸。幼儿在常规教育活动中获得的知识经验可以在区域活动中得以巩固，在常规教育活动中没有达到或无法达到的目标可以得以补充、延伸。区域活动也可以是幼儿园常规教育活动的预习。在进行常规教育活动之前，教师可以提供材料，让幼儿在相关的活动区中进行相关的活动，以积累感性经验。

幼儿的区域活动内容也可以与幼儿园的课程内容不直接相关，而是幼儿的兴之所至、自由发挥，只要是能够促进幼儿发展的内容，都可以引入区域活动之中。这样创设的区域环境也是符合教育性原则的。

### 2. 整体性原则

整体性原则包含两个方面的内容。其一，整个活动室的空间布置应是一个整体。活动室是一个整体，我们应考虑的是整个活动室的布局、摆设与装饰，而不仅仅是某一个区域内环境的创设。因此活动区内的墙面设计、家具摆设，在色彩和造型上要统一、协调，形成整体感，既充满童趣又整洁有序。其二，幼儿的发展是一个整体，活动区的设计应涵盖幼儿发展的每一个方面。无论以什么样的角度来设置，活动区都应包含健康、语言、社会、科学、艺术五个领域的内容，从不同的角度促进幼儿情感、态度、能力、知识、技能等方面的发展。同时，各活动区的内容应相互渗透。例如，烹饪区的活动属于健康领域的内容，但在烹饪活动中，同时会涉及艺术、社会、语言、科学领域的内容。以发展语言方面的能力为例，在准备和制作食物过程中，幼儿能学习和使用涉及食物及餐具名称的词汇，较好地理解度量、融化、揉捏、碾碎、筛、剥、削、切、煮等比较抽象的词语，并且对相关词汇有更为感性的理解。

### 3. 共同发展原则

共同发展原则要求在活动区的设置及活动的开展上，应促进全体幼儿的共同发展。首先，要符合幼儿的年龄特点。活动区的设置应关注幼儿年龄特点，在小、中、大班的区域环境创设中，要以幼儿的年龄特点为出发点，建构适合不同年龄幼儿发展的区域环境。其次，要注重个别差异。由于遗传和环境的影响，每个幼儿的情况各不相同，我们必须承认并尊重幼儿的个体差异。在此基础上，区域活动内容及材料的呈现要体现出分层、递进、多样的特点，使不同能力水平的幼儿在区域活动中，都能获得自信与成功。

只有在把握幼儿发展的共性、尊重幼儿发展存在的个别差异的基础上，才能科学、合理、有效地制定区域活动的目标，设置多样化的区域活动内容，投放合适的材料。区域设置也才能既符合现阶段幼儿的年龄特点，又满足学习与发展中的个体的差异性需求。

### 4. 动态性原则

区域环境设置应体现动态性原则。动态性原则包含两个方面的内容。首先，活动区的种类和数量应该是动态的。室内活动区的创设并非一成不变，其种类和数量应体现出动态性。其次，材料的提供应该是动态的。幼儿是在与物质材料的互动中不断学习和发展的，固定的、一成不变的材料会影响幼儿的发展。

因此，教师应做的是，要随着活动的进展和幼儿的发展，不断给予大量生动、形象的刺激物，不断更新材料，有计划地向幼儿介绍新材料，给予幼儿多次尝试的机会从而保持幼儿的兴趣，促使幼儿获得持久的发展。材料的更新和新材料的投放，可以以教育活动和教育目标的推进作为依据，也可以以幼儿的兴趣和需要的变化作为依据。

## 第二节　班级活动区的设计与材料投放

对活动区教育价值与创设原则的理解，为活动区环境创设奠定了基础。在幼儿园教育工作中，各班级活动区的设计与布置、活动材料的投放与管理等具体工作都是由带班教师负责完成的。这些工作很琐碎，周期又长，但却直接影响着幼儿园的教育教学效果。

### 一　班级活动区的设计

活动区的设计包括选择与确定活动区的内容与数量、对活动室进行区域规划与布置、制定区域活动规则及设计进区卡等项内容。

#### 1. 活动区的内容与数量

幼儿园班级活动区的内容与数量

设计班级活动区种类的时候，我们首先应该依据活动区创设的原则，根据幼儿园的教育目标来设置活动区的范围。根据新版《幼儿园工作规程》，幼儿园教育应提供给幼儿在身体、语言、认知、社会和品德及美感发展方面的经验（见表 3–1）。

表 3–1　幼儿园教育培养目标与活动区设置

| 目标 | 活动内容 | 活动区 |
|---|---|---|
| 身体发展 | 幼儿有机会借助诸如拼图、粘贴等手工活动、建筑和玩沙玩水活动等发展小肌肉和大肌肉技巧 | 建构区、美工区、玩沙玩水区 |
| 语言发展 | 为幼儿提供与同伴、成人交流的机会，包括倾听、交谈等；聆听和阅读故事、诗歌的机会 | 角色游戏区、表演区、图书区 |

续表

| 目标 | 活动内容 | 活动区 |
|---|---|---|
| 认知发展 | 为幼儿提供了解周围世界的有关知识，包括动植物、天气、数、形状等 | 建构区、益智区、科学区 |
| 社会和品德发展 | 提供机会让幼儿认识社会，发展社会交往技巧，养成良好品德习惯 | 角色游戏区、表演区、建构区 |
| 美感发展 | 提供机会让幼儿用各种形式体验、欣赏、表达美，如绘画、音乐、舞蹈等 | 美工区、音乐区、表演区 |

其次，选择活动区时还应考虑班级本阶段的教育重点。例如，9 月份是小班幼儿入园的第一个月，教育重点是帮助幼儿尽快适应幼儿园的生活，与此相适应，教师可选择娃娃家等与家庭氛围相似的区域，让新入园的幼儿在像“家”一样的活动区内自由活动，使他们感觉到温暖熟悉，并逐渐喜爱幼儿园。总之，区域的设置要有一定的目的性，要结合教育目标及各领域教学活动的目标来设置区域内容。

活动区的数量应根据活动室大小来确定，一般以 4~5 个为宜。幼儿园班级活动室的空间大多有限，区域设置多了，会造成室内活动空间的拥挤，这样反而会影响一些必要的区域活动的顺利开展。一般来说，大多数班级活动室会建立几个固定的常规活动区，如建构区、图书区、角色游戏区等，同时再配上一些可供随时调整的活动区。

活动区的实用性应该是设计时需要重点思考的内容。也就是说，每设置一个活动区都应最大程度地体现其实用价值。一些好看不实用，或者幼儿操作性不强，或者比较难以组织幼儿开展活动的区域，完全没有必要设置。

选定了活动区内容以后，还需要精心为每个活动区命名。幼儿有好听的名字，活动区也不例外。一个好听的活动区名字能激发幼儿的兴趣，让幼儿一听就喜欢。活动区的名字既要朗朗上口，又要有一定的意义，需要教师多下一番心思。当然，活动区的设置与命名也可以和幼儿一起讨论，征求他们的意见，从而创设“儿童化”的活动区。

**2. 活动区的布局与布置**

活动区的内容选好以后，就要考虑怎样利用活动室空间进行合理分割、布局与布置。教师在具体规划和合理布置众多的区域时需要考虑以下几点。

（1）活动区要合理布局

合理布局即根据各个活动区的性质和特点来确定其空间的大小和位置，防止因安排不当而影响其他活动区幼儿的活动。要点如下。

- 大小有别　大小有别即安排各区域空间大小时要区别对待，如对于人数多、活动量大的积木区和“娃娃家”，应划出较宽敞的空间，而益智区以安静活动为主，可安排小一些的空间。
- 动静分开　动静分开即把热闹的活动区与安静的活动区分开，如将安静的图书区与热闹的表演区分开。
- 有机组合　有机组合即把便于结合起来的活动区相邻组合，如把图书区和数学区放在一起，把积木区和“娃娃家”放在一起等。
- 综合考虑采光取水因素　综合考虑采光取水因素即活动区的设置要综合考虑活动室的采光照明、用水便利等因素，如图书区和美术区应设置在光线充足的地方，以便于幼儿阅读、观察和创作；科学探索区、美工活动区应离水源近些，以便于幼儿取水用作操作材料或清洗。

还应注意的是，区域布局应能让教师从不同的角度看见活动室内的所有区域，布置区域环境时不能产生教师看不见的死角，这样才能使教师随时了解活动室内的情况，观察与指导幼儿的游戏，及时处理发生的问题。

（2）活动区之间要界限明确

界限明确即活动室中各活动区之间应有明显的界限，区域分隔清楚。这样可以让幼儿明确各活动区的位置，知道每个区域进行活动的类型，以便于幼儿开展活动和教师进行管理。活动区的界限划分有平面和立体两种。

图 3-4　活动区的平面界限

- 平面界限　通过地面不同的颜色、图案或质地来划分不同的区域（见图 3-4）。如在娃娃家的地面刷上温暖的红色，在积木区的地面铺上地毯等，幼儿一目了然，很快就会记住不同的区域。
- 立体界限　运用架子、柜子或其他物体隔离的方式划分出不同的区域，形成半封闭的空间（见图 3-5）。有的幼儿园活动室的周边设计有 15 cm 高的地台，加上低柜便能形成更加立体化的活动区（见图 3-6）。要注意的是，所运用的隔离物不可太高，最好适合幼儿视线和身高，以使幼儿能够清楚地辨认区域，也便于教师及时观察、指导幼儿在各个活动区中的活动。

幼儿园班级活动区的布局与布置

图 3-5　活动区的立体界限

图 3-6　地台和家具组成的固定式半封闭活动区

（3）活动区布置要半封闭式

家具隔断在活动区布置中起着重要的作用。如果没有用家具将各活动区分隔成若干小块，就会使活动室一览无余，到处充满游戏的诱惑和机会，令幼儿无所适从。太多的选择机会不仅无助于鼓励幼儿自由选择、大胆探索，反而会让一些幼儿游荡在活动室内。特别是年龄较小或是犹豫不决、退缩的幼儿在这样的环境中，更是不知所措。

而用家具将活动区分隔开来使之呈半封闭状态时，会减少幼儿四处闲逛行为出现的可能，并且能够使幼儿选择自己感兴趣的区域进行活动，因为这样的布局会令幼儿觉得在其中活动很舒适、很安全，而且在活动时，这样的布局也能使幼儿较少受到外界的干扰，更为专心、持久地从事一项活动。

教师可以利用架子、柜子或屏风作为隔断，使每个区域成为半封闭的活动空间（见图 3-7）。摆放家具时，某些家具可以靠墙放置，而另外一些可以与墙壁垂直排列，还有一些家具则可以与墙壁平行排列。同时这些家具的摆放应方便移动，以便根据需要适时调整。

图 3-7　家具隔成的可调节型半封闭活动区

活动区的家具高度应与幼儿的身高相宜。如图 3-8 这样的布置，幼儿可以轻易地取放架子或柜子里存放的活动材料；柜面又可以成为幼儿操作的场所，幼儿可以站着在柜面上操作，这样能够充分利用空间，扩大幼儿的操作空间和活动空间。

图 3–8　国外某幼儿园活动室一角

活动区的标识应清晰并易于幼儿识别，教师可以在相关活动区通过文字、图片或装饰物（见图 3–9）等来帮助幼儿识别各区域。各区域中还可以张贴部分材料的操作指南，让幼儿通过简单的图示步骤学习、探索操作方法。操作指南可以贴在各个活动区的柜壁、墙壁的下半部、柜面等处。

图 3–9　活动区图标

此外，在半封闭的各个活动区之间应有相互连接的通道，便于幼儿往来行走，选择或更换活动区。

### 3. 活动区的规则制定

幼儿园班级活动室的规划与设计

规则是保证区域活动顺利开展的重要因素。一方面教师要善于用环境来暗示规则，如整齐有序的材料摆放、清楚明显的标识都会潜移默化地鼓励幼儿活动后把原物放回，收拾整齐。另一方面，教师也要明确制定一些规则，如每个活动区的人数、进入活动区的标识、在每个活动区应当如何开展活动、活动后如何收拾整理等，以保证活动的顺利进行。

活动区制定的相关规则必须简单、少量、明确、切实所需，并且适合于幼儿的年龄。对于 4 岁以上的幼儿，教师可以和他们一起讨论应该有哪些规则，如“娃娃家里每次只能容纳 5 个人，小朋友们应该怎么办？”“科学区里只有一个放大镜，可是却有两个小朋友想用，应该怎么办？”“用什么办法让小朋友们离开积木区后保持玩具整齐？”启发幼儿自己想办法制定规则，这种平等的方式能够使幼儿自愿遵守规则，因为这是由他们自己提出来的，不会产生对教师单方面制定规则的抵触情绪，同时也会增强幼儿的自主意识，帮助他们了解与小朋友相处的技巧，如轮流、等候等。

人数限制规则是活动区规则中一项不可缺少的内容。它关系到活动区的空间密度，会影响幼儿的行为与社交互动，因此，教师要制定规则对每个活动区的进区人数有所限制。一般来说，每个活动区里容纳的人数不要超过 7 人，以美术活动区为例，容纳人数最好为 6 人。同时，在制定进区人数限制规则时，教师还应根据幼儿的年龄特点，采用直观形象、生动有趣的方式来表达，从而帮助幼儿理解和接纳规则，较好地遵守规则。

幼儿园班级活动区的规则

**4. 进区卡的设计**

进区卡是活动区人数限制规则的具体体现，主要起控制各活动区人数的作用。通过观察进区卡，幼儿在活动区外就可以了解某一活动区里还有没有空位，知道自己能不能进入该区域活动，从而减少区域内活动的幼儿受到不必要的干扰。通过观察进区卡，教师不仅能及时了解各区域的人数，还能了解幼儿已进了哪些区域，还有哪些区域未进，从而掌握幼儿的兴趣指向，有目的地引导幼儿进入他们不太感兴趣的区域活动。

进区卡由区域人数标识牌、选区标记牌和个人标识卡三个部分组成。区域人数标识牌主要贴于各活动区入口处，起标明区域活动内容和人员限定数目的作用。选区标记牌主要是记录进入区域活动的人数情况，有时选区标记牌可以与区域人数标识牌合为一体进行设计。个人标识卡是活动者的个体标识，可以设计为一般性的公用个体标识，也可设计为个性化的个人身份标识。

进区卡的设计

应根据不同年龄班幼儿的特点设计进区卡。例如，对于小班幼儿的进区卡，选用“小蜜蜂采蜜”的构思进行设计：将区域人数标识牌和选区标记牌设计为花朵形挂钩，在每个活动区入口处贴上若干这种花朵形挂钩。个人标识卡则采用公用个体标识形式，设计成小蜜蜂挂牌。活动时请幼儿做“小蜜蜂”，每个人取一张小蜜蜂挂牌。进区活动时，幼儿要将自己的挂牌挂在相应活动区门口的花朵形挂钩上。规定一只蜜蜂采一朵花，一朵花上只能有一只小蜜蜂。如果某一活动区入口处的每一朵花上都有小蜜蜂，就表示这里人满了，幼儿就应该离开该区域，去别的区域活动。

## 二　活动区材料选择与投放要点

材料对于区域活动起着重要的作用。幼儿正是在与材料的互动中不断发展的。因此，给幼儿提供丰富的、适宜的材料，就是给幼儿创设适宜的学习情境，能促进幼儿的学习和发展。运用什么样的材料，决定了幼儿将进行什么样的学习，当然也在一定程度上决定了幼儿的发展。那么到底什么是适宜的材料呢？适宜的材料是指那些符合幼儿年龄特点、有利于幼儿主动游戏的玩具和材料，其实质就是能促进幼儿各方面发展的游戏材料。

**相关资料**

**《幼儿园保育教育质量评估指南》中对幼儿园“玩具材料”的要求①**

玩具材料种类丰富，数量充足，以低结构材料为主，能够保证多名幼儿同时游戏的需要。尽可能减少幼儿使用电子设备。

幼儿园配备的图画书应符合幼儿年龄特点和认知水平，注重体现中华优秀传统文化和现代生活特色，富有教育意义。人均数量不少于10册，每班复本量不超过5册，并根据需要及时调整更新。幼儿园不得使用幼儿教材和境外课程，防止存在意识形态和宗教等渗透的图画书进入幼儿园。

在活动区中，材料的选择与投放是一项复杂的工作。其复杂性体现在材料的投放要符合幼儿的兴趣爱好、需要，以保持幼儿有探索材料的兴趣，还要在材料中隐含着教育性原则，要保证幼儿取得与教育目标一致的探索结果。因而，材料的选择与投放是关系到活动区教学成败的一个关键因素。

选择活动区材料的时候，要同时关注材料的品质和数量，并根据幼儿的兴趣、发展需要及活动的内容进行投放，使材料的投放具有操作性、启发性、丰富性、针对性和安全性。

### 1. 材料应具有操作性

皮亚杰认为，幼儿是在对材料的操作过程中建构自己的认知结构的。材料是幼儿活动的对象，材料是否具有直接操作性对幼儿能否主动参与活动有很大影响。如果教师能给幼儿提供具有操作性的材料，会激发幼儿产生操作的愿望，引起幼儿活动的兴趣。

活动区材料的选择与投放

材料应该具有操作性是指材料不仅能让幼儿直接动手操作，而且能引发幼

① 引自《幼儿园保育教育质量评估指南》，中华人民共和国教育部，2022年颁发。

图 3–10　编辫子

儿手、眼、脑协调活动的操作（见图 3–10）。也就是说，动手操作必须建立在动脑思考的基础之上。幼儿是在与材料的“对话”中获得发展的，材料必须能够引发幼儿动手动脑的活动，能够引发、支持幼儿的游戏和各种探索活动及幼儿与周围环境的积极互动。因此，教师应在活动区内提供具有操作性的材料，并保证幼儿与材料之间充分地互动。那些华丽、好看但不能让幼儿触摸、操作的材料，只是一种摆设，无法满足幼儿心底的活动愿望，对幼儿的发展也不可能起到促进作用。

图 3–11　拼摆材料

**2. 材料应有启发性，投放要有目的性**

只有具有启发性的材料才能够保证教育目标的充分实现。材料的启发性是指材料内部应该有一定的结构，隐含着一些线索，这些线索对幼儿顺利地操作材料、进行活动有所启示和帮助（见图 3–11）。同时，材料和材料之间也应该有一定的关联。也就是说，材料应隐含着一定的教育目标和教育内容，同时也规定了材料的操作范围和操作性质，保证了将探索活动取得的结果控制在预期范围内。

具有启发性的材料应该是教师经过精心选择和安排的。投放材料时，教师要考虑幼儿的实际能力，考虑通过对材料的操作，幼儿获得什么样的发展，达成哪一项或哪几项目标。幼儿只有在与符合自己认知特点、实际能力和实际需要并具有启发性的材料的互动中，才能积极主动地向前发展。

例如，在科学角，可以为幼儿提供车子及粗糙的和光滑的木板。可以将木板平放或斜放，通过实际操作，使幼儿发现，在推动力相同的情况下，车子在光滑的木板上阻力小一些，走得更远，而在粗糙的木板上阻力大一些，车子停止较早。还可以利用积木或其他材料来建构坡度不同的斜坡，使幼儿通过实际操作发现，车子在不同坡度的斜面上滑动得有快有慢。

区域活动的教育功能主要是通过活动材料实现的，投放的材料不同，幼儿在活动中所获得的经验也不同。因此，活动区材料的投放应根据幼儿的年龄特点，围绕阶段教育目标，有计划、有目的地投放，从而最大程度地发挥活动区的教育作用。

例如，班级现阶段的教育目标之一是培养幼儿的合作意识，增强游戏的合作性。针对这一教育目标，教师可以有目的地在各活动区投放各种诱发幼儿合作意识的材料：在角色扮演区，可以多提供一些半成品的材料，让幼儿在以物代物的过程中享受更多的协商与合作的机会；在积木建构区，除了投放积木、积塑等常规玩具之外，还可以提供各种小动物、汽车及自制的大树、路标等多种辅助材料，促使幼儿在建构活动中去协商、分工与合作。

**3. 材料应丰富多样，新旧材料比例要适度**

幼儿主要依靠感官来认识外部世界，不同的材料发展不同的感官，提供不同的经验。幼儿正是在与丰富的材料的互动中不断发展的。给幼儿提供丰富的材料，就是给幼儿创设丰富适宜的学习情境，能促进幼儿的学习和发展。因此每一个活动区内都应提供丰富多样的材料，既可以是成品，也可以是半成品，以激发幼儿的创造力；既提供幼儿单独玩的游戏材料，如拼图，也提供幼儿合作玩的游戏材料，如玩水、玩沙用具（见图 3–12）等，满足幼儿独自探索和与人交往时的不同要求。

图 3–12　多样化的玩沙材料

各活动区的材料丰富、多样、有趣，能有效地吸引幼儿的注意力，使他们不易被其他活动所吸引而频繁地更换活动，同时，还能减少幼儿之间的争吵和矛盾，减少攻击性行为的发生，并保障活动的顺利开展。然而，值得注意的是，材料丰富多样并不是说材料越多越好。当活动区材料过于丰富时，幼儿反而容易分心，一会儿想玩这个，一会儿又想玩那个，游戏时间会大为缩短。

此外，材料的新旧对幼儿的活动也有很大的影响。新奇、新颖、新鲜的事物总能引起人们的注意，对于幼儿更是如此，新材料的投放会立即引起他们的关注。这里所说的“新材料”，不仅指新添置的材料，对幼儿来说，只要是他们没有玩过的材料，都应该视为“新材料”，即使是已经用过几年的玩具或其他废旧材料。

有研究者对在角色区投放不同比例的新旧材料与幼儿的游戏表现进行了研

究，结果发现如果新材料比旧材料多一倍，幼儿就会忽视旧材料，而将注意力集中在新材料的操作上；如果新旧材料的数量相等，幼儿互相商量交换材料的现象就会较多，但创造性行为不多；当新旧材料的比例在 1∶2 到 1∶3 时，幼儿容易创造性地使用新旧材料；而若新旧材料的比例在 1∶15 到 1∶20 时，幼儿容易产生争抢或忽视新材料的极端现象（见表 3–2）。因此，活动区材料的投放既要丰富多样，也要适度，要控制好新旧材料的比例。

表 3–2　活动区新旧材料投放比例对幼儿的影响

| 新旧材料比例 | 对新材料的关注程度 | 幼儿游戏的表现 |
|---|---|---|
| 2∶1 | 非常关注 | 重视新材料，使用新材料频率较高 |
| 1∶1 | 很关注 | 能交替使用新旧材料 |
| 1∶2~1∶3 | 较关注 | 在摆弄新材料的同时，会创造性地使用新旧材料 |
| 1∶7~1∶10 | 关注 | 较关注新材料的玩法，但与旧材料配合使用较少 |
| 1∶15~1∶20 | 一般 | 争抢或忽视新材料，只有能力强的幼儿会发现并使用新材料 |

### 4. 投放材料要有针对性

有针对性地投放材料，首先是要求针对不同年龄班的幼儿投放不同的材料。幼儿园三个年龄班的幼儿具有不同的年龄特点。随着幼儿年龄的增长，其需求和兴趣也不断变化，相应地，每个年龄班投放的材料也应各具特点、不断调整。

图 3–13　轮廓剪纸

小班幼儿在区域活动中，更多地体现出动手操作的特点，因为该阶段的幼儿与环境的互动及思维多借助于动作进行，动作是其思维和发展的媒介。因此，小班活动区材料更应充分体现操作性这一特性，让幼儿在与材料的充分互动中，获得发展。由于身心发展水平的局限，小班活动区材料应具备通过简单的直接操作就可达到预定目标的特点。而在中大班，教师可提供比较多的半成品材料，同时提高操作的复杂程度，选择一些需要反复探索的、操作复杂的材料。以剪纸为例，中班幼儿基本会用剪刀，教师可为他们提供剪直线（如剪斑马线）、剪轮廓（如剪各种水果）（见图 3–13）等内容的材料，使幼儿通过活动获得更高层次的发展。

**直通国考**

**单项选择题**①

教师在区角中投放了多种发声玩具，小班幼儿在摆弄这些玩具时（　　）。

A. 能概括不同声音产生的条件　　B. 对声音产生兴趣，感受不同的声音

C. 能描述出玩具是怎么发声的　　D. 能描述出不同玩具发声的特点

答案：B

解析：《3—6岁儿童学习与发展指南》指出，小班幼儿对感兴趣的事物能仔细观察，发现其明显特征。教师在区角中投放了多种发声玩具，小班幼儿在摆弄这些玩具的过程中，会对不同声音产生兴趣，感受不同玩具声音的特征。A、C、D三个选项所描述的，都需要幼儿有一定的分析、概括、判断、推理的能力，小班幼儿尚未达到这一水平。

有针对性地投放材料。要根据同一个班级中幼儿的不同发展水平，提供不同层次的材料。幼儿之间存在着比较大的个体差异，这种差异性要求教师为幼儿提供不同层次的材料，以真正适合每个幼儿的发展特点和不同需要。教师应认真观察分析幼儿在各个领域的发展水平，根据他们的个体差异，为他们设计、提供多层次不同要求的材料，由易到难，不断吸引幼儿主动参与活动的兴趣，使他们总有新鲜感。例如，在阶段教育目标的身体发展中有一个目标是使用筷子，教师分层次投放材料时，对于能力弱不会用筷子的幼儿，可投放皱纹纸剪成的纸条；对于能力中等能用筷子的幼儿，可投放海绵块、大木珠等；对于能力较强会用筷子的幼儿，则可投放玻璃珠。又如，提供益智区中拼图玩具时，可安排多种难度层次的；针对操作区的串珠活动，可提供材质不同、大小不等的各种珠子等，让每个幼儿都能够在其中找到适合其能力和经验的材料。

活动材料欣赏

**5. 注意材料的安全性**

幼儿在操作材料的过程中与材料有着直接的接触，因此，安全性是教师选择材料时必须考虑的重要问题。只有确保材料的无毒、无害、无污染、清洁卫生，无安全隐患，才能保证幼儿身心健康成长。

① 选自2018年上半年中小学和幼儿园教师资格证考试科目二：保教知识与能力（幼儿园）考试真题。

在投放小班活动区材料时，应注意尽量少使用小颗粒的纽扣、珠子、黄豆等物品，以免幼儿误食或塞入耳中，发生意外。在中大班幼儿的活动材料中，各种半成品及废旧材料增多，选择废旧材料时应关注其材质，在投放前应做好清洗、消毒工作。

## 三　活动区玩具材料的管理

活动区内玩具材料品种多、数量大、来源广。对这些玩具材料如果不加管理的话，不仅会影响玩具材料的使用，而且也会给教师增添额外的负担，影响活动的顺利开展。

### 1. 材料的收集准备

活动区材料的来源主要有两种，一种是幼儿园购置的，另一种则是教师收集自制的。

幼儿园购置的材料，主要是大件或成套的材料用品，如活动区里的柜子、玩具架、桌子、椅子、画架、积木等。一般来说，购置的材料中成品或半成品居多。幼儿园在购置区域活动材料时，需要综合考虑诸如是否经济，是否耐用，是否安全，是否具有多种功能，是否符合幼儿的年龄特点，对幼儿是否具有吸引力，操作的难易程度是否符合幼儿的发展水平等因素。

除了购置的材料之外，活动区材料中还有一部分是教师收集、准备和制作的，也有一些是由教师发动幼儿及幼儿家长共同收集准备的。在收集材料的过程中，教师要关注材料中隐含的教育价值，让幼儿积极参与材料的选择和构建过程，将活动区环境创设和材料收集的过程作为幼儿的学习过程。

活动区玩具材料的管理

活动区里的许多材料与生活密切相关，可以直接来自生活。例如，可乐罐、薯片筒、香水瓶、牙膏盒等，可以直接用作角色游戏“超市”活动区里的商品（见图 3-14）；各种空药瓶、药盒就可以用作“医院”游戏中的药房物品（见图 3-15）。生活中还有许多不起眼的废旧材料，如各种纸盒、瓶盖、纸盘、小夹子、杯子、纽扣、鞋带等，经过加工，可以成为有价值的活动材料。

教师可以启发幼儿，和他们一起讨论怎样布置活动区，需要哪些材料，讨论完以后，再和幼儿一起收集、制作材料。教师制作的各种造型逼真的玩具如娃娃、小动物、小床、包子、饺子、人造飞船等都是深受幼儿喜爱的活动材料。但是对幼儿来说，亲手将自己收集来的半成品材料或废旧材料制作成活动区的

图 3-14　小超市活动区

图 3-15　小医院活动区

玩具材料，更有意义。幼儿制作的玩具虽然简陋，但是他们却特别珍惜，而且可以发挥想象力来弥补这些玩具的不足。通过这种途径，不仅丰富了活动区材料的种类和数量，也让幼儿学会了勤俭，学会了珍惜和利用资源；同时，还让幼儿在变废为宝的过程中，感受到探索和创造的意义和价值。

**2. 玩具材料的整理、存放和保管**

活动区内的玩具材料品种多、数量大，应该有条理地进行归类和整理。存放与保管是为玩具材料的使用服务的，同时其本身也有一定的教育作用。活动区玩具材料的整理、存放、保管有以下几条措施。

① 活动区玩具材料的摆放应是开放式的，能供幼儿自由选择和取放（见图 3-16）。

② 玩具材料应当分类放在开放性的、低矮的架子上，或者用透明的容器分类摆放，如筐、篮子、盘子等（见图 3-17）。

图 3-16　开放式玩具架

图 3-17　果蔬类玩具材料架

③ 玩具材料应摆放整齐，分类清楚，并贴上标签，用文字或图案来表示物品存放的位置，且存放位置应该是相对固定的。

图示标记可以帮助幼儿将材料更好地归类。例如，在即时贴或彩色纸上画出彩笔的形状，剪下来，贴在放置彩笔的柜门上，表示这是彩笔的“家”；再如，建构区中积木的摆放，可以按形状分门别类，每一种形状放置在一个筐子中，筐子外面贴上相应的图形标记，如放置正方形的筐子外贴上正方形的图形。标记可以用透明胶带纸固定，以保持清洁与牢固。

音乐玩具最好放到带玻璃的橱柜中，以保护其良好音质。教学玩具则要保存在专设的柜子里。

玩具材料的保管应是师幼共同的任务。幼儿是玩具的主人，也应是玩具的保管者。学前期正是养成良好习惯的关键期，让幼儿参加一定的保管工作，可以培养他们爱护玩具材料的好习惯。制定活动区玩具材料的使用与保管规则，对幼儿从小养成良好的行为习惯有积极的意义。

**3. 玩具材料的清洗、消毒和维护**

幼儿活动时，常喜欢把玩具材料放在地上，玩具材料很容易受到细菌、病毒和寄生虫的污染，成为传播疾病的帮凶。有细菌学家把消过毒的玩具给幼儿玩，10 天后检测玩具上的细菌集落情况，数据如图 3−18 所示。

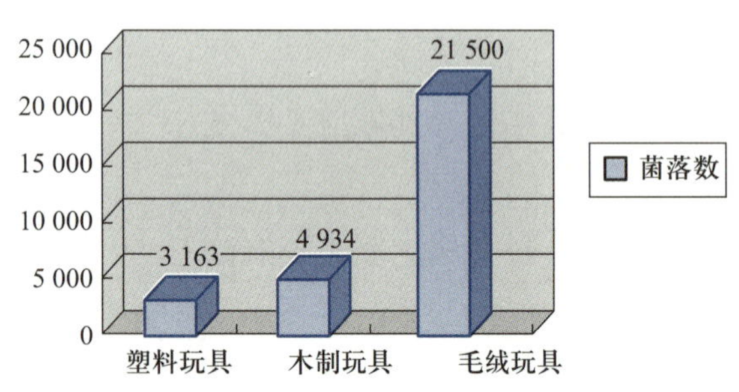

图 3−18　消毒玩具 10 天后菌落检测数据

可见，教师要重视玩具材料的卫生，一方面要教育幼儿不要随便乱丢玩具，也不要把玩具放在嘴里，玩毕应洗手。用嘴吹的玩具最好各人单独玩，以防传染病交叉感染。另一方面还要定期对玩具材料进行清洗和消毒。每周或每月都应有 1~2 次这类工作，并应列入劳动教育计划，动员幼儿一起参加。清洗、消毒时要根据玩具材料的不同材质选用不同的消毒方法。

① 皮毛、棉布制作的玩具，可放在日光下曝晒几小时。

② 木制玩具，可用煮沸的肥皂水烫洗。

③ 铁皮制作的玩具，可先用肥皂水擦洗，再放在日光下曝晒。

④ 塑料和橡胶玩具，可用配制的消毒水浸泡 1 h，然后用水冲洗、晒干。

**相关资料**

**玩具消毒水的配制与使用**

塑胶玩具可用 0.2% 过氧乙酸和 0.5% 消毒灵液浸泡消毒。0.2% 过氧乙酸的配制方法是：取过氧乙酸原液 2 mL，加入 998 mL 水混匀即可。0.5% 消毒灵液的配制方法是：取消毒灵 5 g，加入 995 mL 水混匀即可。在使用消毒液时还应注意，过氧乙酸原液有腐蚀性，不能直接与皮肤、衣物等接触；过氧乙酸原液须用塑料瓶盛放，瓶盖上留有 1~2 个透气孔，禁用玻璃瓶盛放，以防爆裂。

此外，玩具材料还要定期检查和维修。损坏的玩具材料会传达一些不好的信息，幼儿可能会因此认为教师不关心他们，或者认为玩具材料根本就不需要爱惜。同时破损的材料也难以吸引幼儿的注意力，难以激发他们活动的兴趣。因此，教师应随时检查玩具材料的使用状况，悉心维护，随时修补。当然，这不仅需要教师的努力，也需要幼儿在平时的活动中加以配合。

## 第三节　常规活动区环境的创设

幼儿园根据教育教学目标和幼儿身心发展的特点开展区域活动，让幼儿通过自身的活动，主动地练习、巩固原有的知识，不断获取新的知识经验，得到自主发展。教师应为幼儿创设适宜的活动区，提供多样化的活动材料及情境化的游戏形式，实现区域活动教育功能的最大化。

对于教师来说，规划设计好本班级各个活动区，并在现有条件的基础上充分利用一切可利用的资源，设计布置好本班级各个活动区，保证区域活动正常开展，是每个学期伊始首要的工作。每个班级的活动区设置情况有所不同，但大多数教师会在几个常规活动区的基础上，针对本班的实际情况增设其他活动区。

### 一　角色游戏区环境设计

角色游戏是幼儿根据自己的兴趣和愿望，以模仿和想象，通过角色扮演，创造性地反映其生活体验的一种游戏，是 3—5 岁幼儿最典型的游戏。

角色游戏区是幼儿开展角色游戏的场所，幼儿可以在各种模拟的情境中，按照他们对周围世界的认识和理解来扮演各种角色，诠释各种行为。它给幼儿提供了一个与他人相处、表达情感和思想、用语言交流对角色的认识及对他人的需要和要求做出反应的机会。角色游戏区的活动对幼儿语言、智力及社会性的发展均起到良好的促进作用，而且也是幼儿宣泄和表达各种情绪情感不可或缺的一种途径。因此，角色游戏是幼儿园各年龄班幼儿游戏活动的重点，各班活动室中也将角色游戏区作为常设的必备活动区之一。

**1. 区域布局**

角色游戏区在活动室的区域布局中应该占据一个较大的范围。幼儿进行角色游戏时，常会走来走去、大声交谈，发出的声响较大，因而角色游戏区应远离比较安静的益智区和图书区。由于角色游戏和建构游戏之间经常发生联系，建构区的声音也比较嘈杂，因此，角色游戏区应尽量靠近建构区。

图 3-19　多功能的活动区隔断

可以专门设计制作一些多功能的趣味化家具（见图 3-19）作为角色游戏区的区域隔断，也可用一些普通家具、低隔板、矮架子，以及各种纸箱、积木等围起来以确定本区的活动范围。

**2. 主题环境设计**

角色游戏涉及的主题有很多，如娃娃家、小吃店、理发店、医院、超市等都是深受幼儿喜爱的游戏主题。此外，还有根据幼儿生活经验随机产生的若干主题，如花店、宠物店、美食街、邮局、书店、银行、健身中心等。不同的主题所要求的区域环境也不一样。

由于幼儿角色游戏的主题种类多，教师很难在角色游戏区内同时设置很多主题区，因此，教师可以根据本班活动室的空间情况，一段时间内，在角色游戏区内选择性地安排 1~4 个主题区供幼儿活动。若是安排的主题在两个以上，可以把娃娃家作为基本主题区，然后再选设 1~3 个幼儿感兴趣的主题区；若是只在角色游戏区里安排 1 个主题，就需要经常更换主题内容，并变换主题环境。

虽然很多幼儿园班级活动室的空间有限，但是许多教师在实践中也摸索出不少好方法，如利用楼道、走廊、阳台等空间，为幼儿设置固定的主题游戏区（见图 3-20）。

图 3-20　阳台上的小医院和小超市

设计区域环境时，应尽量设计一个仿真的环境。如图 3-21 所示的仿真环境能极大地激发幼儿的兴趣，使幼儿游戏时如同身临其境一般，能满足他们操作的欲望和体验现实生活中各种角色的需要。同时，微缩型的仿真环境，加上使用的各种小道具，非常符合幼儿的思维特点，有助于游戏情节的顺利开展和推进，幼儿也能从中获得真实体验和一定的生活经验。创设仿真的环境，还要营造出仿真的环境氛围。例如，娃娃家主题区不仅要布置得像家一样，而且要有家的温馨和安逸（见图 3-21），这样才能使幼儿在一种亲切、祥和、自然而愉快的环境中更好地进入游戏。

图 3-21　娃娃家的仿真环境

### 3. 材料准备

不同年龄阶段的幼儿，游戏发展水平各有不同。如小班幼儿的角色游戏以模仿为主，大班幼儿的角色游戏则以创造居多。教师应针对不同年龄班幼儿游戏的特点，根据实际需要准备和投放不同的玩具材料，以促进游戏的发展。

小班幼儿的角色游戏直接依赖玩具材料，通常是有什么玩具就玩什么游戏，离开了玩具，游戏也就停止了。小班幼儿喜欢摆弄那些有真实感的东西（如用小刀切菜），他们选择玩具材料通常依据玩具的刺激性，而不是根据自身的喜好。他们喜好模仿，往往看到别人玩什么，就扔掉自己手上的去玩别人的玩具。因此，教师给小班幼儿准备的材料，应该主要是形状相似的成品玩具，而且要种类少、数量多，以保证每个幼儿都能拿到玩具，避免幼儿为玩具发生争吵，从而影响游戏的进行。

中大班幼儿想象力更加丰富，游戏主题更加多样化，简单的几种成品玩具已不能满足他们的要求，这就需要提供一些半成品及废旧材料，以促进他们的想象力和创造力的发展。教师要多与幼儿共同收集与主题相关的废旧材料，这对中大班幼儿来讲更有意义。同时，还要根据游戏主题的发展需要及时更换游戏材料。而且不管是否为成品玩具，在种类上都要多样化，并且尽量做到经常更换，让幼儿有新鲜感，从而激发幼儿进行主题更丰富的游戏。

下面就介绍几个角色游戏区里常设主题的材料准备要求。

（1）娃娃家

- 玩具娃娃　娃娃这种玩具在角色游戏中起着重要的角色作用，因为玩具娃娃能丰富角色游戏的情节，增强幼儿的角色意识，体现不同的人际关系。教师应提供不同性别的、有着不同面部特征的玩具娃娃（见图 3–22）。

图 3–22　玩具娃娃

- 玩具娃娃的服饰　提供多套玩具娃娃衣服。不同装束的玩具娃娃可以表现不同职业、不同性别、不同民族、不同国家的人物形象。可提供一些突出民族特征的服装，如新疆地区的马甲背心、西藏地区的彩条围裙等。玩具娃娃的衣服最好能穿脱，便于清洗、消毒，同时也能在活动中锻炼幼儿的自理能力。还可以提供太阳镜、手套、钱包及头饰、鞋子等材料，但应注意材料不宜过小，以免幼儿误食或塞入耳中，发生意外。
- 娃娃床　提供小床（可以提供成品的玩具床，也可以用纸箱、泡沫等材料自制）、摇篮、枕头、小毯子或小被子。
- 家具　提供与幼儿身高相适应的木制家具或者是塑料家具，包括桌子、椅子、摇椅、架子等。
- 餐具、炊具　提供各类空的食品容器，如碗、盘子、碟子、汤匙、茶杯及煤气灶、锅、冰箱、各种瓶和罐等烹调用具（见图 3–23），提供篮子、塑胶水果或蔬菜，以及桌布、餐巾纸、餐具、围裙等。
- 其他　如大镜子、电话、电视机、冰箱、洗衣机等各种家用电器（见图 3–24，可用纸箱、泡沫等材料自制）等。

应注意的是，娃娃家通常被认为是女孩的游戏场所，男孩较少进入该区活

图 3-23　餐具、炊具

图 3-24　娃娃家

动。教师应多为男孩提供一些材料，如男式衬衫、领带、公文包、太阳镜、办公用品等，以吸引男孩到角色游戏区活动。

（2）理发店、美容厅

如图 3-25 所示，可提供镜子、梳子、塑料剪刀、发卷、空的洗发水瓶、空的发胶瓶、橡皮筋、丝带、吹风机、假发（包括男式的和女式的）、毛巾、围布、发型图片等。

图 3-25　美容厅

（3）食品店

水果、糖果、饮料等实物或玩具、图片和其他一些食品包装盒、秤、钱币等。

（4）小吃店、快餐店

各种食物图片或模型玩具、小筐、篮子、小围裙、小帽子、餐具、托盘、收款机、钱币，以及一些快餐店的食品包装盒等（见图 3-26）。

图 3-26　小吃店

（5）服装店

四季婴儿或幼儿服装、包装袋、价目签、钱币等。

（6）超市

购物架、各类商品如空的食品盒、仿真的蔬菜水果等、价格标签、购物筐、手推车、仿真钞票（或者是幼儿自己制作的钞票）、计算器、玩具收银机等。

（7）医院、诊所

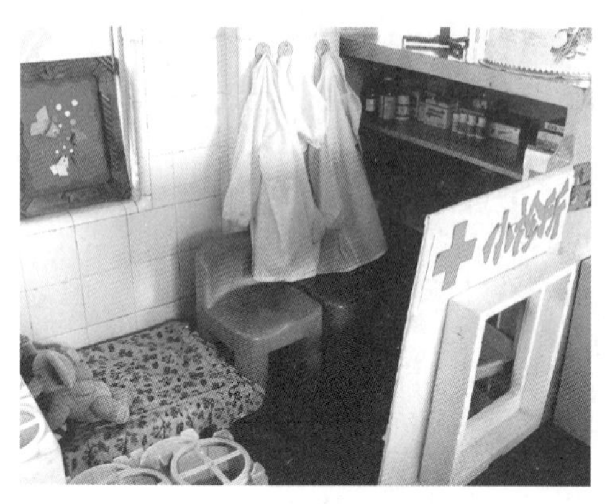

图 3–27　小诊所

白大褂、护士帽、听诊器、体温表、压舌板、医药箱、药瓶、注射器、纱布、胶布、处方、病历卡等（见图 3–27）。

（8）蛋糕房

各种糕点的纸盒、蛋糕、模具、过生日的饰物、餐具、蜡烛等。

（9）菜市场

各种蔬菜水果的实物或图片、秤、小筐、篮子、塑料包装袋等。

### 4. 活动区管理

角色游戏区的主题种类较多，相应地，每一主题区域的环境布置，教师都应积极地按照相应的角色对环境的不同需求去设计、布置，准备丰富的玩具材料，因而角色游戏区材料的品种数量很多。如何将这些材料整理与归类是一项费心劳神的工作。

较为有效的方法之一是将每样材料归类摆放在一起，并贴上标签，做上图示标记。例如，教师可先将碗、盘子、碟子，汤匙、茶杯等图形画在即时贴或彩色纸上，剪下来以后再用透明胶带将图画固定在要摆放的位置，表示这里存放物品的种类。

使用道具箱也是将材料整理、归类的一个较为有效的方法。道具箱可以是塑料收纳箱，也可以是纸箱，在箱子外面应贴上标记说明箱子里存放的是哪类材料。教师可以按照角色游戏的主题来将玩具材料进行归类，把与某个具体的角色游戏主题有关的玩具材料都放进一个道具箱内，这样将便于取用和整理。

## 二　建构区环境设计

建构游戏是幼儿利用各种不同的结构玩具或结构材料（如积木、积塑、金属片、泥、沙、雪等），通过与建构活动有关的各种动作构造物体形象，反映现实活动的一种游戏。在建构区，幼儿可以自由自主地开展游戏，他们能用积木搭出高低不同的、长长的或圆形的建筑物。在搭建的过程中，他们会遇到平衡、围合等空间和结构的难题，还会遇到其他相同和不同的问题，并建构出不同风格和类型的建筑物。通过建构区的活动，幼儿的基本动作，特别是手的动作获得协调发展；幼儿创造性思维得以发展；幼儿的知识、经验得以充实；幼儿细心、耐心、坚持克服困难等优良的个性品质获得发展。

### 1. 区域布局

在规划活动室空间的时候，教师应为建构区安排较大的活动空间，以保证幼儿有充足的空间进行自己的创造。为避免建构区的声音干扰其他区域幼儿的活动，教师应本着动静分隔的原则，将该区与图书区、益智区等较安静的区域分隔开来，而与角色游戏区等比较吵闹的区域相邻。

建构区最好只有一个入口，且不宜设置在通道上，教师可以将该区设置在活动室的某个角落，用放积木的矮柜子围在没有墙的一边，也可用大积木、木板或纸板、塑料箱、纸盒等来做隔墙，使区域呈半封闭状（见图 3-28）。这样幼儿可以专心致志地进行建构活动，而不必担心自己的作品被来回行走的同伴碰倒；同时在该区活动的幼儿也不会因为受到其他活动的干扰而分心。

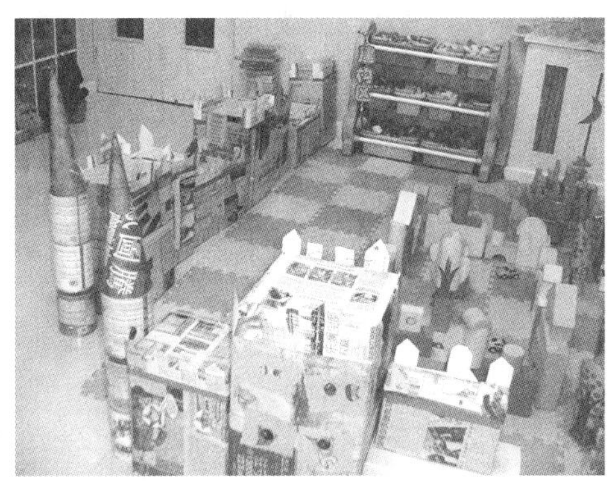

图 3-28 半封闭的建构区

### 2. 区域环境设计

建构区不需要放置桌椅，这样不仅可以使空间更宽敞、活动起来更加舒适，还可以避免幼儿将积木搭到桌椅下面去。

建构区的地面可以铺上各式地毯或地垫，这样幼儿就可以随意坐在地上进行游戏。地毯还能吸收噪声，减少幼儿在该区活动时发出的声响干扰其他孩子。

取放积木时，幼儿必须来回穿梭于自己的作品和放置积木的架子之间，为避免幼儿的积木作品被自己或同伴碰倒，教师应将架子与搭积木的区域分隔，并做出明显的标记。教师可以在架子前 40~50 cm 处用白色或红色、黄色的油漆漆出明显的界限，提醒幼儿游戏时应与架子保持一定距离。如果担心油漆的印记不容易清洗，教师可以用即时贴或胶布代替。

建构区内墙面或架子上可以张贴各种建筑物、交通工具、高速公路、桥梁、交通标志等的图片（见图 3-29），以开阔幼儿眼界，丰富建构题材，

图 3-29 建构区的城堡

便于幼儿学习和再创造。

### 3. 材料准备

小班幼儿的建构游戏没有一定的目的，只是无计划地摆弄结构元件，喜欢把结构元件垒高，然后推倒。为小班幼儿准备材料时，要准备足够数量的玩具材料，开始时可以分配每人一份玩具材料，自己玩自己的，然后逐步引导他们合作游戏。

对于中大班幼儿，在活动区中既要提供个人单独操作的材料，也要提供一些能把幼儿聚集在一起的材料，也就是适合两个人或两个人以上合作操作的材料，使他们在活动时能分工合作。

此外，还应给中大班幼儿提供不同性质的活动材料，包括成品玩具及一些半成品材料和一些原始材料如废旧材料等，并不断更新、补充各种材料。成品材料有助于推进活动的顺利开展，而半成品材料和原始材料可以引发幼儿对材料做出充分的假想，也可以使游戏活动更为生动和丰富。

建构区里进行的主要是一些中大型的建构游戏，主要有积木和积塑两大类，其他小型桌面建构游戏如金属建构游戏、拼图游戏、串珠、穿线、编织游戏主要在益智区里进行，而玩沙、玩水、玩雪等游戏主要在户外进行。教师可以根据幼儿园的玩具配置情况有选择地提供结构材料，供幼儿操作和创造。

图 3-30　单位积木

（1）积木

• 单位积木　这是一套精心设计的由各种方块、弧形、圆柱等形状组成的积木（见图 3-30）。整套积木中一个基本单位积木的尺寸是 3.6 cm × 7 cm × 14 cm，其他的积木是在该尺寸的基础上增大或缩小比例而成的，呈现出多样性。

**相关资料**

**单位积木**

单位积木的设计者是美国著名教育学家卡罗琳·普拉特（Carolyn Pratt）。这套设计于1924年以原木为素材的单位积木，其先进的教育理念和精巧的设计构思，至今仍被幼儿教育界推崇。卡罗琳之所以没有把积木涂色，是因为她认为积木本身就隐含着很大的教育价值，不需要在上面涂色或印上各种图案，而且儿童在运用原木做成的材料时能充分发挥他们的想象力。此外，卡罗琳还设计了木头人，这些木头人以家庭成员或社区工作者的形象呈现，高 15 cm，可以与单位积木配合使用。

- 普通积木　积木表面为彩色或素色（见图 3–31），积木体积有小型、中型和大型不等，大型的多为空心木结构。此外还有为婴儿和学步儿准备的用泡沫材料制成的色彩鲜艳的、大而轻的积木。
- 主题建筑积木　主题建筑积木有两种形式：一种是积木的表面印有主题纹样，用以构成反映主题内容的建筑；另一种是将积木做成主题所需要的各种形状，用以构成主题的建筑。

（2）积塑

由塑胶材料制成的各种结构玩具称为积塑，分为主题类积塑和素材类积塑两大类。主题类积塑按照主题需要做成各种形状。如房屋建筑主题类积塑就有门、窗、柱、屋顶、围栏等部件，可随意组合成各种房舍（见图 3–32）。

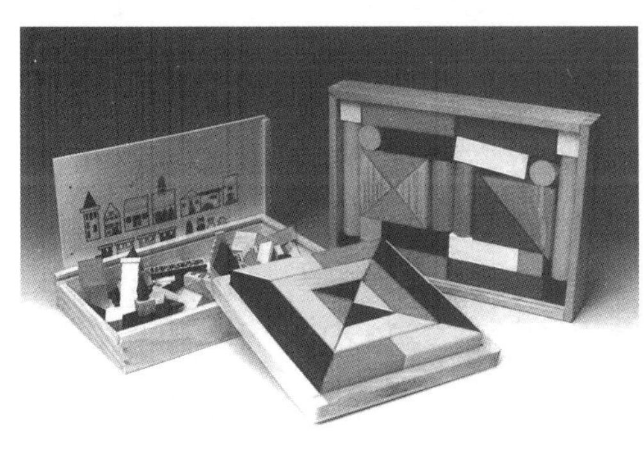

图 3–31　普通积木

图 3–32　主题类积塑

素材类积塑则是由一些简单元件构成的，可以根据想象建构成各种造型，具有更大的创造性空间，分为软硬不同的塑胶制成的凸点型积塑（见图 3–33）、花型片型积塑（又称“雪花积木”）、块型积塑、齿型积塑和插图型积塑等几种。幼儿园购置的结构玩具中以此类积塑居多（见图 3–34）。

（3）辅助玩具材料

在建构区游戏，如果幼儿能将其他玩具与积木配合使用，将建构游戏与角色游戏按一定的方式组合，那么建构游戏将更加活泼生动。常用的辅助玩具主要包括：各种木制或塑料制成的人物玩偶，如爸爸、妈妈、爷爷、奶奶、警察、

图 3–33　素材类积塑

图 3–34　建构区的积塑游戏

售货员、司机、邮差等；各种动物模型，如小兔子、小狗、小猫、小鸡、小鸭、大灰狼等；各种交通工具如小汽车、卡车、火车、公共汽车、小轿车、自行车、马车等。

教师还应提供各种废旧材料如纸盒、泡沫、纸片等，以激发幼儿和教师一起制作各种辅助玩具的愿望，满足幼儿建构各种形象的需要。应注意的是，所有的成品辅助玩具都应使用微缩模型，自制的辅助玩具体积也应小一些。

#### 4. 活动区管理

建构区的各种材料都应存放于柜子中或架子上，柜子或架子的高度应以方便幼儿取放为准。用图示标记的方式，将每一种类型、大小的积木分别存放于不同的柜子中或架子上，并贴上标签。标签应与积木的实际形状和大小完全一致。教师可以将标签贴在柜子的内壁或架子中每个格子的最外部，而将积木放于格子的里面。

图 3–35　结构玩具材料的整理

积塑及辅助玩具材料可以分类存放在各种大盒子、篮子、盆子或塑料收纳箱里（见图 3–35），同时也应贴有标签。存放各类玩具的容器应靠近存放积木的柜子或架子，以方便幼儿将辅助玩具与积木一起使用。

### 三　美工区环境设计

美工区也是幼儿园各班级常设的一个活动区，旨在为幼儿提供一个自由欣赏和创作的场所，是幼儿园美工教学重要的补充形式。在这个区域内，幼儿可以操作各种材料，按照自己的意愿和兴趣用绘画或手工这些外在的符号形式来表达自己的体验和情感（见图3-36），施展自己的才能，并享受创作活动的快乐，获得精神上的满足。

图3-36　自由的绘画表达

### 1. 区域布局

美工活动比较安静，布局时美工区可与图书区、益智区等毗邻。美工区应设置在光线充足，靠近水源的地方。光线充足，有利于幼儿观察和创作，保护视力；靠近水源则是出于方便幼儿洗手、清洗画笔、清洁桌面和地板的考虑。

在安排美工区空间大小时，可根据本班幼儿对美工活动的兴趣及活动材料等情况来综合考虑。如果幼儿园能提供的美工活动材料较丰富，幼儿对美工活动感兴趣，参加活动的人次较多，就要安排一个较大的活动空间。一些美术特色幼儿园和条件较好的幼儿园还设置了专门的美工活动室，并在其中设置诸如色彩区、国画区、泥工区等多个活动区。

### 2. 区域环境设计

美工区环境创设的时候，教师应周密地考虑区域内颜色、形状、结构、线条和图案的空间安排，要突出艺术性，做到陈设简洁美观，色彩鲜明和谐，富有吸引力，并符合幼儿的审美情趣，使幼儿通过对区域环境美的感受，获得审美感知、审美情感和审美创造力等。当教师对自己设计的艺术性没有把握的时候，不妨多看看其他幼儿园的做法（见图3-37），从中吸取有益的经验。

美工区可以悬挂各类美术作品如绘画、雕塑、剪纸作品，还可以放置有插图的书。教师应定期更换区域中的各类美术作品，让幼儿了解更多的艺术作品及艺术作品的不同风格。

展示栏或作品角是美工区必不可少的设置项目（见图3-38），用以展示幼儿的美工作品，能提高幼儿对美工活动的兴趣。将幼儿的美工作品平贴在展示栏或作品角里是教师常用的一种展示方式。除此之外，还可以用即时贴、彩色纸或丝带做一个大的框架，框架的形状可以是正方形、长方形、心形、圆形、伞形、蘑菇形及其他形状，然后将幼儿的美工作品框起来进行展示，这样看上去更醒目、更吸引人。应注意张贴作品的高度要与幼儿的水平视线高度一致，而不是与成人的水平视线高度一致。

将部分幼儿美工作品摆在桌子、架子上展示也是一种较好的选择。如果某一次美工活动的作品过多，教师还可以在教室高处拴一根绳子，将幼儿的美工作品悬挂在上面，这样会节省活动区的空间，同时也不会影响幼儿的活动。幼儿随时可以抬头欣赏自己的作品，还能带给他们满足感和自豪感。如图 3-39 所示将幼儿画好的纸盘作品悬挂在草帘上进行展示就非常富有创意。

图 3-37 国外活动室美工区环境布置

图 3-38 幼儿美术作品展示

图 3-39 幼儿美术作品创意展示

环境创设不仅要在空间环境上做文章，更需要在软环境上下功夫，努力创设一个积极、民主、宽松的心理环境，促进幼儿创造潜能的开发，培养他们的创造力。

## 直通国考

**材料分析题**①：（20分）

材料：

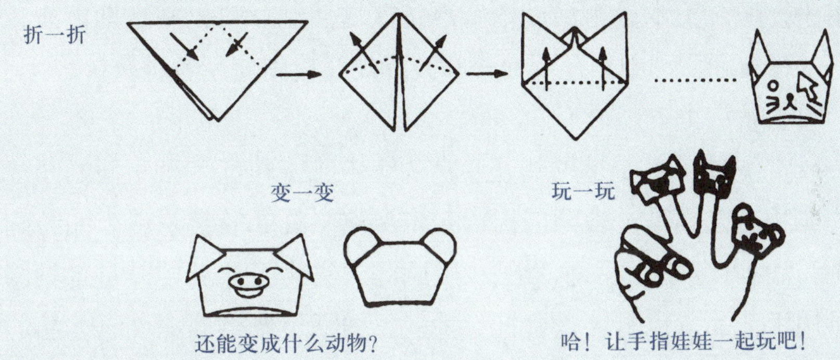


问题：上图是大班美工区的一个墙面环境设计，请分析它对促进幼儿学习的积极作用。

### 答题范例

幼儿园教育环境是教师根据幼儿园教育目标和幼儿发展的特点有目的、有计划、有组织地精心创设的。教师把教育意图隐含在环境中，让环境去引发幼儿应有的行为。活动区是为幼儿创设的各种自主游戏区，每个活动区都有独特的活动材料和活动机会，幼儿可以根据自己的兴趣和需要，自由选择和自主操作，是一个没有压力的学习环境。在班级创设美工区旨在为幼儿提供一个可以自由创作和欣赏的区域，是幼儿园美工教学重要的补充形式。

折纸是适合大班幼儿开展的游戏活动。材料中美工区的墙面环境设计，首先吸引幼儿的是幼儿都喜欢的“玩一玩”游戏。为了能自己做个小动物套在手指上玩，幼儿会根据“折一折”的提示，自己学着完成折纸和描绘。而“变一变”的设计更是启发幼儿通过这个基础折纸，变出更多的动物，进一步激发幼儿的想象力和创造力。因此，材料中美工区的墙面环境设计对幼儿的学习有非常积极的促进作用。

① 选自2013年上半年中小学和幼儿园教师资格证考试科目二：保教知识与能力（幼儿园）考试真题。

### 3. 材料准备

幼儿的美工活动是一种操作活动，离不开对工具和材料的使用。幼儿通过操作探索和尝试使用各种材料，表现自己的情感、思想及对客观世界的认识，同时，丰富的物质材料也可以激发幼儿动手创造的欲望。因此，教师应在美工区为幼儿提供丰富多样、充足的材料，以促进幼儿的活动。

教师要为美工区准备的材料主要有欣赏类、绘画类和手工类三类。一般而言，一个美工区同时提供所有种类的材料是不现实的，教师可以根据幼儿的实际水平，配合美术教育活动内容准备区域活动材料，并定期更换、定期增添新材料。在实际活动中，还要允许和鼓励幼儿自由使用各种材料。

（1）欣赏类

欣赏类材料主要是供幼儿欣赏的美术品，包括各种平面的图片、画册和立体的实物工艺品等。教师应提供艺术风格多样的欣赏材料。如绘画，可以有水墨画、油画、水粉画、水彩画、版画等。实物工艺品可以是餐具、玩具、服饰等日用工艺品，也可以是壁挂、地毯、剪纸、风筝等陈设工艺品。一些现代工艺品如商品包装、广告、招牌、卡通图等也可以布置在美工区中。当然，前提是这些作品是幼儿能够理解并容易接受的。

（2）绘画类

绘画类材料包括各种纸、笔及其他用于绘画的工具和材料。

• 纸　包括不同大小、类别、形状、颜色、质地的纸，如铅画纸、宣纸、卡纸、瓦楞纸、棉纸、皱纹纸、包装纸、吹塑纸及纸箱、纸盒等。需要注意的是，每次不要提供太多品种的纸，以免幼儿面对太多选择无所适从，造成浪费。摆放不同颜色图画纸时，要将各种颜色的纸分开，不要将所有的图画纸堆叠在一起，这样幼儿才不至于将所有的纸都翻一遍才能找到自己所需要的。

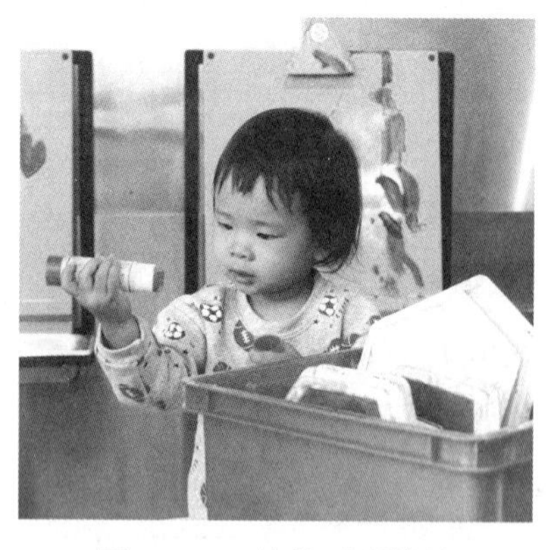

图 3-40　幼儿对彩笔的颜色非常关注

• 笔　包括各种类型的笔，有油画棒、蜡笔、水彩笔、毛笔、油画笔；各种不同长度、形状、粗细的画笔；铅笔、圆珠笔等。幼儿对能画出各种颜色的彩色笔非常关注（见图 3-40），他们绘画初期的兴趣往往就来自对彩色笔的兴趣，这也是他们发展颜色视觉的重要途径。因此，对于水彩笔、蜡笔、油画棒这些彩色笔，教师要注意选用那些色彩均匀、稳定、鲜艳的品种，尽量避免使用那些颜色暗淡、质量较差的彩色笔。选择水彩笔及其墨水的时候，应选用水溶性品种，且彩色笔的套子能盖紧，这样易于清洗，也不至于出现笔套丢失的情况。

- 颜料 包括水粉颜料、水彩、广告颜料、国画颜料、墨汁、油漆等。

- 容器 各种用于放置颜料的容器，如调色盘、托盘、空罐头瓶或空饮料瓶，都可以用来放置颜料。选择容器时要注意器皿的高度必须比画笔矮才行。如果饮料瓶较长，可以把上半部分截去，并将剪切面磨光滑。最好在每个容器里都放一支画笔，并教会幼儿在绘画时分别使用不同的画笔来绘不同的颜色（见图 3-41）。

图 3-41 幼儿美术活动

- 画架 如果有足够的空间摆放几个画架最为理想。如果条件不允许，可以在桌面上绘画或是进行其他美工活动。教师还可以把纸张钉在墙上适宜的位置，让幼儿在上面作画，幼儿可以个别或以小组的形式一起创作。如果在一面瓷砖墙上作画则更为理想。

- 围护 围护是幼儿美工尤其是绘画活动中必备的工作服。它能使幼儿在与颜料充分接触的时候，不必担心弄脏了衣服。围护的式样有两种，一种为有袖的护衣式，另一种是无袖的围裙式。护衣式围护适合较小年龄的幼儿及各年龄幼儿在冬季使用。教师可以为幼儿缝制专用的围护，也可以用围兜、旧衬衫、围裙等来代替。

- 用于绘画的其他工具和材料 如做版画的油墨、滚筒，做喷洒画的牙刷、雪糕棒、刷子、纸巾、额外的纸张与颜料等。

- 清洁用具 包括抹布、拖把、海绵、水桶、纸巾、扫帚等。

（3）手工类

- 裁剪工具 如剪刀及美工刀、小竹刀等，要求剪刀口应是钝头的，大小适宜。

- 黏合剂 如乳胶、透明胶水、糨糊等。使用该类材料时教师应将材料分散摆放（见图 3-42），要多放几个小瓶糨糊，而不要放一大瓶让幼儿传来传去。

图 3-42 幼儿手工活动

● 材料　包括各类点状材料、线状材料、面状材料及块状材料，如瓜子壳、贝壳、树叶、玉米皮、彩纸、牙膏盒等。

#### 4. 活动区管理

美工区的各类材料对幼儿来说应该是开放的，这就需要教师将材料合理地整理、归类，便于幼儿自由取放。美工区内的家具高度要适合幼儿的身高，同时放置某类材料的地方应相对集中、固定，使幼儿能够容易地取放需要的任何材料。各类材料均应贴上不同的标签，用图片标示，让幼儿一目了然。在一些平面手工活动的材料容器外，可以用一些幼儿制作的材料成品作为标记，以标示其中所装的东西，如贴上粘沙画、贴树叶画、剪纸作品、染纸作品等。区内的柜子或架子、橱柜应是敞开式的，里面所摆放的材料应让幼儿随手可得（见图 3-43）。当然，不能让幼儿自行取用的材料，不要放在他们能拿到的地方。这样活动的秩序得以保证，也有利于幼儿良好行为习惯的养成。

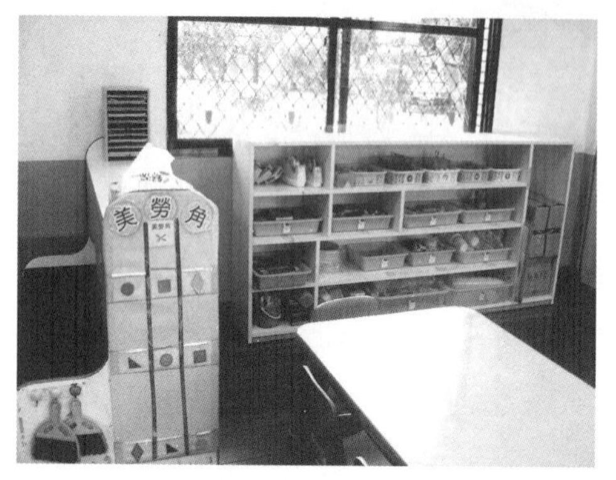

图 3-43　美工区材料的整理（中国台湾）

存放教师物品的工作柜应和幼儿的分开，以免幼儿混淆。如果教师没有专用的工作柜，可以把物品存放在柜子较高的地方，也可以在架子上订一个小帘子加以区分。

美工区的材料非常多，以至于有时现有的家具无法容纳。教师可以充分利用美工区的空间来放置部分材料，例如，在墙上钉上挂钩，将某些材料挂在墙上，而不占用柜子；在墙上适宜的位置钉一些袋子，可以买成品，也可以教师自制。用一块大的长方形布和几块小一些的长方形布作材料，将小块布分 2～4 层分别缝制在大块布上，做成袋子，就可以分门别类地存放美工材料。空的饼干盒和鞋盒也是较好的储存器具，可用来放置一些零碎的美工材料，用起来较坚固，看上去美观、整齐。

## 四　自然角区域环境设计

自然角是幼儿园活动室中专门辟作饲养小动物、栽培植物、陈列实验用品之用的角落。它是对幼儿进行自然教育、培养科学素质的一个重要途径，也是幼儿园自然课程教学的一种重要补充形式。

自然角所陈列的物品都是生活中常见的自然物，但经过教师的精心选取及有指导的分层次集中展示，为幼儿提供了参与种植和饲养活动的机会，使幼儿能自由地对动植物进行观察、探索和操作，从中发现平时不易引起注意的一些特征和变化，从而培养幼儿的观察力，激发幼儿对大自然的兴趣及探索大自然奥秘的欲望，使幼儿的认识更深刻、更全面，掌握的知识更丰富、更牢固。同时，自然角也是美化环境的一种重要手段，绿意盎然、鲜花盛开、硕果累累的植物，活泼可爱、伸手可及、形态各异的小动物，可以使活动室更加温馨美观、富有生气（见图 3-44），使幼儿的生活更加丰富多彩。

图 3-44 生机盎然的自然角

**1. 区域布局与环境设计**

自然角在活动室内所占面积小，所需材料简单、易备，效果直观、易懂，适合于各年龄班的幼儿，尤其对于活动面积比较窄小的教室更为合适。教师可根据活动室场地的实际情况，利用教室窗台、墙角、柜面等空间在一角或多处设置，还可以如图 3-45、图 3-46 所示，设在过道边、楼梯口等处。

图 3-45 走廊窗边的植物秀

图 3-46 楼梯口的百草园

自然角陈列的物品应高度适宜，便于幼儿随时观察、接触、取用。

自然角是大自然的缩影，是人工设计的室内微缩景观。教师作为引导者，不能仅仅满足于把花花草草、小鱼小虫漂亮地摆设出来，而是要通过相关的教育设计，指导幼儿通过多种途径、多种感官去感知动植物的形态构造、生活习性及生长发育过程等，了解物与物、人与物之间的密切关系，满足幼儿的好奇心和求知欲，并培养他们热爱大自然、探索大自然的科学素养，使自然角真正成为幼儿与环境互动、与大自然对话的平台。

### 2. 材料准备

自然角的活动有观赏观察、实践实验等多种形式，提供的材料可以是图片、模型、实物等，内容则必须根据教育目标、教学计划、季节特征、当地实际和各年龄班的具体要求进行增减取舍，具体可包括以下几类。

（1）观赏类

观赏类材料主要用于观赏，起美化环境的作用。图片、模型可选择一些色彩鲜艳、造型生动的稀有动植物品种，突出其知识性和观赏性；实物则宜选择一些常见的、易于生长、易于照料的动植物品种，这样能方便区域的日常管理。植物一般为盆栽花卉，如多肉植物、文竹、凤仙花、秋海棠、三色堇等，动物主要是金鱼、热带鱼等观赏鱼品种。

图 3-47　自然角陈设的精心设计

观赏类材料的陈设也应讲究观赏性，如图 3-47 这样按照类别精心设计布置的角落，真可谓是教室里一道赏心悦目的风景线。

（2）观察类

观察类材料主要用于幼儿观察，其目的是引导幼儿近距离地观察各类事物，在观察中全面了解和深入认识事物。因此，图片、模型类的观察材料最好是选用那些放大型、分解型或仿真型的物品，以便幼儿更好地了解它们的名称和用途，例如，放大的苹果、梨、香蕉、橘子、杏、李子、柿子、椰子等水果图片；仿真的恐龙、鲸鱼、海龟、美洲狮、眼镜蛇等动物模型。

实物观察材料可选用日常生活中常见的，但不易引起幼儿观察注意的物品，例如，一些植物种子或果实的标本。如小麦、玉米、花生、大豆、水稻、绿豆、红豆、大枣、银杏、核桃、桂圆等，就是适宜的实物观察材料。摆放这些材料的器皿可以用透明的玻璃小瓶，贴上标签，摆放在墙角或窗台上。在提供观察类材料的同时，最好再提供一些观察工具，如放大镜、显微镜等。

为了激发幼儿的观察兴趣，提高观察效果，教师应让幼儿积极参与到自然角材料的准备工作中来。教师可以带幼儿走出教室，到自然的环境中去采集各种树叶和树种等，然后再利用这些材料进一步开展活动。如让幼儿将树种盛放在透明小瓶内贴上标签陈列，或制成树叶画册、树种画册；将树叶拼粘成动物或其他图案贴在植物标本册上等。此外，我们还可以把一些植物观察材料稍加修饰拟人化，当作工艺品摆放（见图 3-48）。

图 3-48　水果娃娃秀

**直通国考**

**单项选择题**①

小班幼儿观察植物时，下列哪条目标最符合他们的发展水平？（　　）

A. 能感知周围的植物是多种多样的

B. 会观察记录植物生长变化的过程

C. 能察觉植物的外形特征与生存环境的适应关系

D. 能发现不同种类植物之间的差异

答案：A

解析：《3—6 岁儿童学习与发展指南》对科学领域中关于科学探究的目标指出，3—4 岁幼儿能够认识常见的动植物，能注意并发现周围的动植物是多种多样的。

**单项选择题**②

户外活动时，小明在草地上发现了几只瓢虫，他开心极了。旁边的小朋友围了过来，一起数瓢虫背上有多少个点，还把瓢虫放在手心里让它慢慢地爬。这时老师走过来对他们说："脏死了，快扔掉。"小明立即扔掉了瓢虫。该老师的做法违背了（　　）。

A. 幼儿发展的渐进性　　B. 幼儿发展的阶段性

C. 幼儿发展的差异性　　D. 幼儿发展的可塑性

答案：B

解析：幼儿发展的阶段性是指在幼儿发展的连续过程中，幼儿在不同年龄阶段会表现出某些稳定的、共同的典型特点。幼儿有着强烈的好奇心和求知欲，主要表现为探索行为和好奇好问。题干中小朋友表现出对瓢虫的好奇，教师让他们扔掉，违背了幼儿发展的阶段性。

① 选自 2019 年上半年中小学和幼儿园教师资格证考试科目二：保教知识与能力（幼儿园）考试真题。

② 选自 2020 年下半年中小学和幼儿园教师资格证考试科目一：综合素质（幼儿园）考试真题。

（3）实践类

在自然角陈放实践类材料主要是让幼儿有机会亲手栽培植物或喂养小动物，在实践中观察动植物的生长变化，培养耐心和责任心。可提供废旧的罐头盒、易拉罐、小碗、小盘、塑料点心盒、冰激凌盒、方便面盒、半截饮料瓶等种植容器和小铲、喷壶等。选择的植物品种应多样化，包括小麦、黄豆、蚕豆、花生、玉米、芝麻、草籽等用种子萌发生长的植物（见图 3-49），以及萝卜头、土豆块、白菜心、芹菜根、柳树枝等扦插在水里即可成活的植物（见图 3-50）。

图 3-49　我们种的小苗苗

图 3-50　萝卜娃的头发能长多长

种植植物的实践活动最好安排在冬春两季，用幼儿亲手培育的绿色来装点室内环境，可以有效地调节冬春季节的单调色彩。种植的植物宜摆放在阳光能照射到的地方及便于幼儿观察的地方，教师要提醒、鼓励幼儿每天观察植物发芽生长的过程及变化。

用于幼儿自然实践的动物应是体形小、无危害和便于饲养的品种，可选择幼儿感兴趣或者可以抚摸的，如小兔、荷兰鼠、小乌龟、小鸟、小鱼、小虾、河蚌、螺蛳、蝌蚪、蚕、蚯蚓等。

### 3. 区域管理

管理自然角并不只是教师的事情，教师可以针对不同年龄班幼儿的特点，提出不同的管理要求，让幼儿参与力所能及的管理劳动，从而培养幼儿爱劳动的好习惯。

小班幼儿主要是观察和协助教师做一些简单的工作，如可以在教师示范的基础上，给植物浇水，给小动物增添食物等。中班幼儿可以在教师的帮助下，用值日的方法，分工轮流照顾自然角的动植物，也可以集体清扫自然角。这样可以培养幼儿分工合作、互相帮助的好品质。大班幼儿可以独立地做好自然角的管理工作，自己分工，建立值日交班制，头天值日的幼儿与第二天值日的幼儿交班时，应告知动植物的生长情况及需要注意的问题；集体清扫自然角时，应自己准备工具，结束时要收拾整理好工具，教师在幼儿劳动过程中只是起督导检查的作用。

幼儿通过亲自管理自然角中的动植物，可体验到劳动的辛苦和快乐，会更加关心、爱护自然角。需要注意的是，幼儿好奇心强，对新鲜的事物比较感兴趣，对于管理自然角中的动植物、记录动植物的生长，刚开始时一般会兴趣较浓，但时间久了，他们的兴趣便会转移。这时，教师要善于从自然角里动植物的变化中不断挖掘新的观察主题和知识点，巩固幼儿的兴趣，培养幼儿对动植物的责任感。

区域陈设案例欣赏

# 第四节　区域环境设计技能实训

## 项目一　班级活动室区域环境规划与设计

根据幼儿园教育目标及阶段教学计划，结合本班幼儿的特点，对班级活动区的内容、数量、空间布局方案进行规划和设计，是教师基本的职业技能。通过前面的学习，我们对幼儿园开展区域活动的意义已有认识，并学习了活动区环境设计的基本程序和设计要点。通过本部分的针对性训练，我们将在实践中进一步提高自己创设区域环境的能力。

下面的实训案例展示了中班活动室的区域环境规划与设计。

### 【范例】

#### 中班活动室区域环境规划与设计

活动区内容：根据中班幼儿的特点，将活动室分为角色游戏区、建构区、美工区和益智区 4 个区域，为了加强中班幼儿游戏的合作性，增加角色间的交往，在角色游戏区安排娃娃家、超市和美发店 3 个主题。

根据活动室的空间、设施与设备等条件，按照活动区规划要合理布局、各区域之间要界限明确及活动区布置要半封闭式的设计要点，活动区设计如图 3-51 所示。

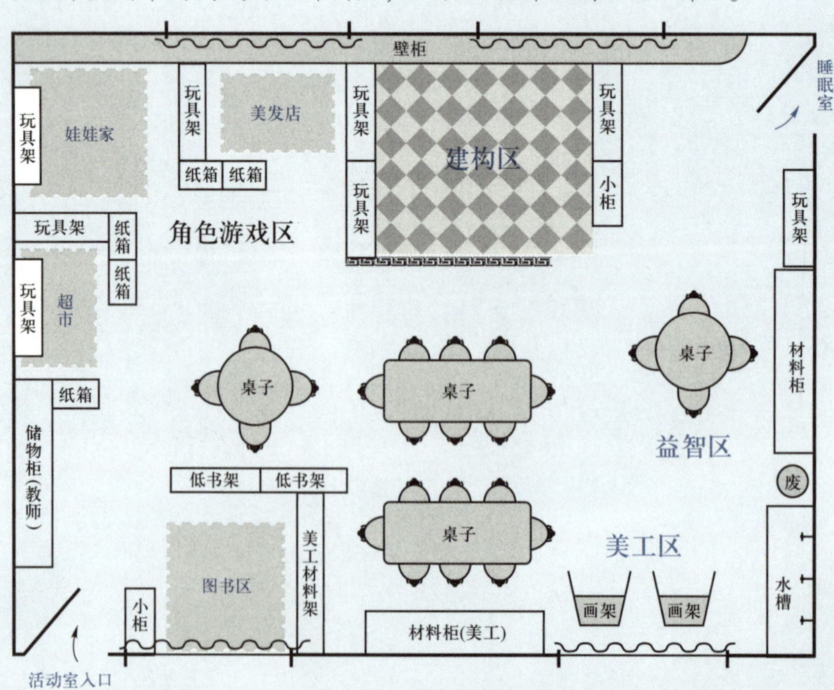


图 3-51　中班活动室区域规划设计图

## 【实践与训练】

### 小班活动室区域环境规划与设计

【实训目标】

1. 培养学生根据幼儿特点选设区域活动内容的能力。

2. 培养学生对活动室空间进行合理规划、合理布局、合理设计的能力。

3. 培养学生根据现有条件，合理利用资源进行环境创设的能力。

【内容与要求】

1. 根据小班幼儿的身心发展特点及游戏发展水平，规划与设计小班幼儿的区域活动内容。

2. 根据图 3-52 给定的条件，对小班幼儿的活动室进行区域环境规划与设计，写出设计方案，说明自己的设计思想。

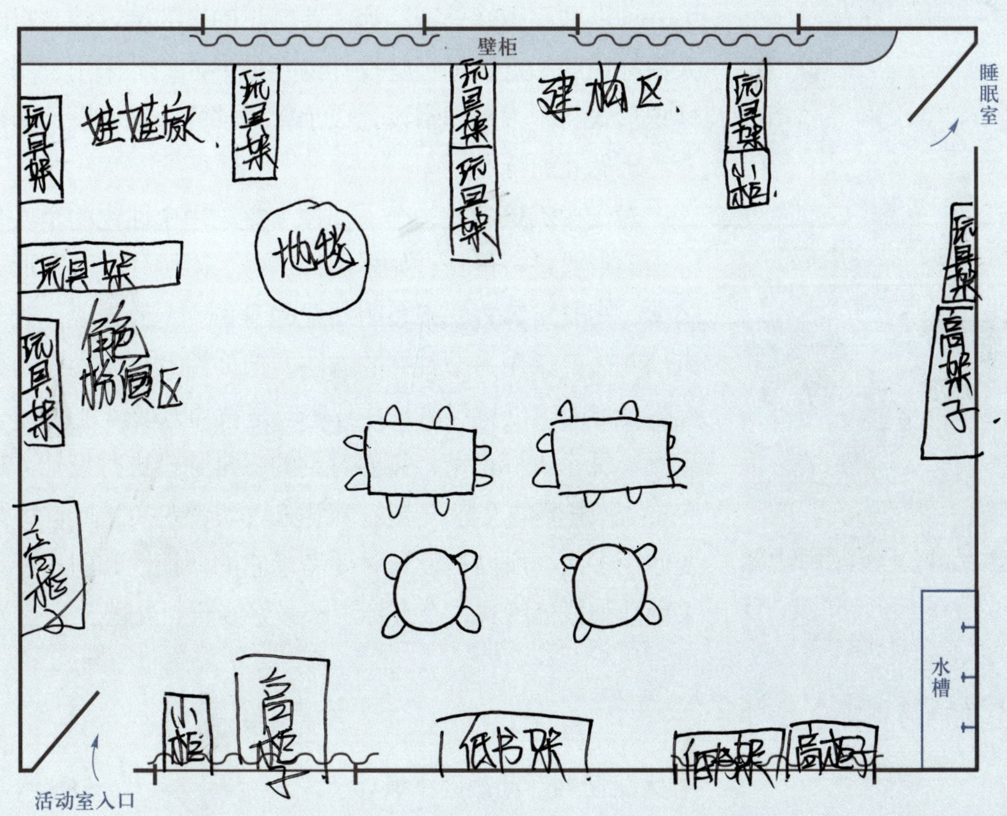


图 3-52　小班活动室平面图

3. 仿照范例，画出设计图。要求合理运用以下设备：高柜子 3 个，高架子 1 个，玩具架 8 个，低书架 2 个，小柜 2 个，6 人长方桌椅 2 套，4 人圆桌椅 2 套，地毯 1 块，鼓励学生创造性地利用其他资源。

【实训考核】

1. 根据活动区规划设计的科学性和设计思想阐述的准确性为学生的设计方案评分。

2. 根据设计的合理性、创造性及绘制的规范性为学生的设计图评分。

## 项目二　活动区进区卡设计

进区卡是控制活动区密度、保证区域活动顺利开展的一项重要措施。进区卡设计从形式上看是对区域人数标识牌、选区标记牌和个人标识卡进行设计，但若是加上与区域活动相关的各项要求及规定，其实质就是设计班级区域活动的一个管理系统。

图 3-53　个人标识卡陈设设计

应该根据不同年龄班幼儿的特点设计进区卡。前面介绍了一项以“小蜜蜂采蜜”为主要构思的进区卡设计，将区域人数标识牌和选区标记牌设计为花朵形挂钩，采用公用个体标识形式将个人标识卡设计成小蜜蜂挂牌。这一设计非常符合小班幼儿的特点。

对于中大班幼儿，个人标识卡宜采用个性化的个人身份标识的形式进行设计，如采用标编号、附照片、画图形、贴图案、写文字等方法来表明幼儿的身份。一般来说，对于全班幼儿最好采用一个统一的方法，但要注意每个幼儿的标记应是独特的，以免混淆，并且还应是教师方便辨别的。

设计个人标识卡，还要对它的日常陈设进行设计（见图 3-53）。由于个人标识卡必须跟随活动者变换区域，每天都要使用多次，所以在设计时要考虑它的便捷性和耐用性。若采用挂牌或插牌式，个人标识卡最好经塑封处理。

### 【实践与训练】

### 大班区域活动进区卡设计

【实训目标】

1. 培养学生根据幼儿特点进行区域管理的能力。

2. 培养学生的创意构思及运用美术设计原理进行实用美术设计的能力。

【内容与要求】

1. 为大班幼儿的区域活动设计进区卡方案。

2. 画出个人标识卡日常陈设的设计图，或做出设计小样。

3. 结合大班幼儿常设的活动区，进行区域人数标识牌及选区标记牌的设计，画出设计图，或做出设计小样。要求所设计的区域不少于两个。

## 项目三　角色游戏主题环境设计

微缩的仿真环境，有助于幼儿模拟和再现各种现实生活场景，发展和拓展游戏情节，对幼儿游戏水平的提高有很大作用。教师在设计与布置角色游戏区环境的时候，应尽量利用各种材料，通过精心设计、巧手制作，为幼儿创设一个仿真的环境，让幼儿在温馨愉快的游戏环境中更好地游戏。

### 【范例一】

#### 中班医院主题环境设计

设计说明：医院主题多见于中大班幼儿的角色游戏。中班幼儿角色游戏的特点是游戏主题不稳定、游戏情节比较简单。中班幼儿有较强的角色意识，但缺乏角色间的联系与交往。因此，在设计环境的时候，宜将护士职能区和医生职能区用一个橱柜式隔断隔开（见图3–54），这样有助于幼儿加深对角色的理解，做到护士和医生各司其职，一个负责接待病人、收费取药，另一个负责看病、听诊、开药。而通过病人来看病这个基本情节，又使得医生、病人、护士这三个角色之间的关系很自然地联系在一起，由此促进游戏情节的发展，增加角色间的联系和交往。

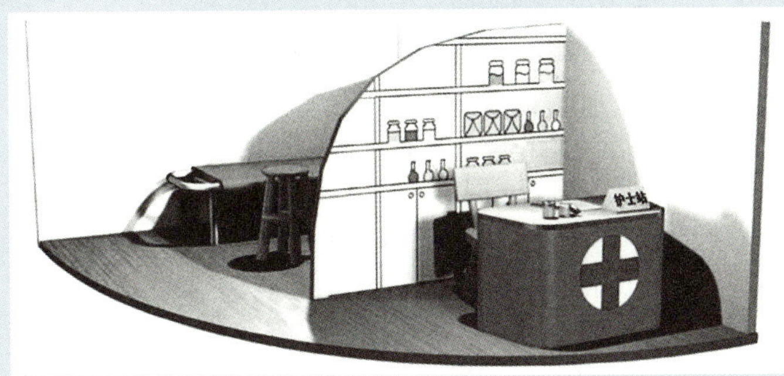

图 3–54　中班医院主题环境设计图

护士、医生用的桌椅，可用现成的小桌椅或用大纸箱盖上块布代替桌子。橱柜式隔断若没有合适的家具，可用若干纸盒粘贴组合而成，纸盒形成的空格里放上各种空药瓶、药盒当药。病床可用小椅子拼摆组合而成。

【范例二】

### 大班邮局主题环境设计

邮局主题环境设计如图 3-55 所示，设计说明略。

图 3-55 大班邮局主题环境设计图

【实践与训练】

### 角色游戏主题环境设计

【实训目标】

1. 培养学生根据幼儿特点构思设计角色游戏主题仿真环境的能力。
2. 培养学生利用简易材料为幼儿创设游戏情境的能力。

【内容与要求】

1. 以公共汽车为主题，分别为小、中、大班幼儿设计适合其游戏特点的游戏环境。
2. 写出设计方案，说明自己的设计思想及实施方法。
3. 利用废旧材料，设计制作其中的一两件道具，并注明其使用方法。

## 项目四 表演游戏区环境设计

表演游戏是幼儿根据故事或童话等文学作品的内容和情节，通过扮演角色，运用语言、动作和表情进行表演的一种游戏形式，如幼儿演出的童话剧、歌舞剧、木偶剧、皮影戏等。表演游戏在幼儿园教育教学中运用很广，对幼儿语言的发展、想象力的提高十分有益，同时还能使幼儿得到艺术美的享受，发展审美能力，提高艺术素质。

教师应为幼儿积极创设游戏环境，投放合适的材料，以激发和调动幼儿参与表演游戏的愿望和积极性。

## 【实践与训练】

### 表演游戏区环境设计

【实训目标】

1. 培养学生从教育教学目标出发设计活动区环境的能力。
2. 培养学生根据区域活动特点准备与投放材料的能力。
3. 培养学生对活动区进行管理的能力。

【内容与要求】

1. 参照第三节区域环境的设计模式，对幼儿表演游戏的区域环境进行设计。
2. 针对一个年龄班幼儿的特点，写出设计方案，方案应包括区域布局、区域环境设计、材料准备及区域管理 4 项内容。

【实训考核】

根据设计方案的合理性和设计思想阐述的准确性为学生的设计方案评分。

## 国考模拟

**一、单项选择题（共 10 小题，每小题 3 分。每小题列出的四个备选项中，只有一个是符合题目要求的，错选、多选或未选均无分）**

1. 幼儿园活动区是一种（　　）。

A. 环境装饰　B. 游戏功能　C. 教育形式　D. 美化手段

2. 下列选项中，（　　）不属于幼儿园活动区的活动方式。

A. 个别活动　B. 合作活动　C. 自由活动　D. 全班教学

3. 考虑的是整个活动室的布局、摆设与装饰，属于活动区创设的（　　）原则。

A. 教育性　B. 整体性　C. 艺术性　D. 安全性

4. 语言区的活动能发展幼儿（　　）的能力，提高他们与他人交流、交往的技巧。

A. 阅读　B. 表达　C. 提问　D. 游戏

5. 活动区的数量一般根据活动室大小来确定，一般在（　　）为宜。

A. 2~3 个　B. 3~4 个　C. 4~5 个　D. 5~6 个

6. 幼儿园活动区的家具高度应与幼儿的（　　）相宜。

A. 身高　B. 体重　C. 年龄　D. 性别

7. 活动区的（　　）应该是设计时需要重点思考的内容。

A. 安全性　B. 多变性　C. 艺术性　D. 实用性

8. 幼儿离开建构区后，仍然能保持玩具整齐的办法是（　　）。

A. 延长时间　B. 定期检查　C. 语言督促　D. 制定规则

9. 在自然角的日常管理中，（　　）的幼儿可以在教师的帮助下，用值日的方法，分工轮流照顾自然角的动植物，也可以集体共同清扫自然角。

A. 托班　B. 小班　C. 中班　D. 大班

10. 小型桌面建构游戏如金属建构游戏、拼图游戏、串珠、穿线、编织游戏主要在（　　）里进行。

A. 益智区　B. 角色区　C. 建构区　D. 美工区

**二、简答题（共 4 题，国考此类题目每题 15 分）**

1. 简述幼儿园活动区环境创设的目的。
2. 简述幼儿园活动区创设如何体现动态性。
3. 简述幼儿园活动区合理布局的基本要点。
4. 简述制定幼儿园活动区规则的必要性。

**三、论述题（共 4 题，国考此类题目每题 20 分）**

1. 试论幼儿园活动区对幼儿发展的意义。
2. 请结合小班幼儿的特点，阐述如何创设小班活动区。
3. 以大班为例，论述幼儿园班级活动区怎样进行布局与布置。
4. 论述幼儿园班级活动区材料的选择与投放要点。

**四、材料分析题（20 分）**

阅读下面材料，回答问题。

自然角是幼儿非常关注的一个区域。为了引导幼儿观察植物生长的兴趣，王老师精心设计了一个小实验：在一根木棍的两端和中间共绑上三颗蚕豆，一颗全泡在水里，一颗一半泡在水里，一颗未泡在水里。王老师让幼儿来猜，谁会发芽，谁不会发芽。幼儿都很感兴趣，但观察两个星期后，三颗蚕豆都没有发芽，水却发浑变臭，幼儿在等待中也失去了兴趣。

问题：请从幼儿园活动区创设及活动设计的角度，分析实验失败的原因及活动改进的建议。

国考模拟
参考答案

# 第四单元

# 幼儿园玩教具的设计与制作

## 学习目标

知识目标：

了解玩教具的相关概念

掌握自制玩教具的设计原则和构思方法

掌握幼儿园常见的玩教具种类及其设计构思要点

掌握幼儿园常见的各种玩教具的基本制作方法

能力目标：

能根据幼儿特点和教学活动要求设计玩教具

能合理利用废旧材料制作各种玩教具

能熟练操作各种自制玩教具

玩教具在幼儿园的各项教育活动中都不可或缺。教师在教学活动、游戏活动或户外活动的组织中恰当地运用玩教具，能够激发幼儿的求知欲，提高幼儿的活动兴趣，鼓励幼儿自觉参与到活动中，实现预定的活动目标，达到良好的活动效果。对幼儿而言，玩教具对他们的身心发展也起着非常重要的作用，能促进幼儿感知觉、语言、动作技能和技巧的发展，培养幼儿的观察力、注意力、想象力和思维能力，开阔其视野，激发其欢乐情绪，培养其良好品德。

目前幼儿园使用的玩教具，一部分是购置的，另一部分是自制的。前者以大型活动玩具和塑胶、机械类玩教具为主，这类玩教具有一定生产工艺要求，使用周期较长；后者则是教师根据教育教学需要自行设计制作的，这类玩教具制作工艺简单，使用周期短，但更贴近教学，更贴近幼儿，是幼儿园购置玩教具不可或缺的重要补充。幼儿园玩教具的设计与制作，是教师的一项基本教学技能，也是学前教育专业师范生必须掌握的一项重要的职业技能。

## 第一节　幼儿园玩教具设计概述

### 一　玩具、教具与学具

玩具是一个大概念，有狭义和广义两种理解。狭义的玩具是生产（制作）意义上的，也即一切以游戏活动为制作目的的用具。无论是厂家生产的，还是人们手工制作的，也无论是非游戏者制作的，还是游戏者自己制作的，都可归于此类。狭义玩具的本质意义是，在生产（制作）之前，生产（制作）成品的功能已经基本确定，尽管玩具在实际的游戏活动中会发生功能迁移，例如，突破了生产、制作者的设计意图而发生各种替代，然而至少在“它（们）是玩具，而不是生活用品或装饰品”这一点上是确定的。狭义玩具的功能是由生产者（制作者）的设计意图、材料性质、工艺过程共同决定的。

玩具、教具与学具

广义的玩具可以是任何一件物品，无论它是自然物，还是人工物，也无论它是生活用品，还是别的非游戏用品，只要能够引发人们去玩、去游戏，便实际地进入了玩乐、游戏活动，那么，它就成了玩具。广义玩具的本质意义是实际进入游戏活动的存在物，甚至人也可以被当作玩具（如父母被孩子当作马或别的什么）。广义玩具的本质意义只取决于一点，即游戏主体的游戏对待。精神、言语不能成为玩具，而包括文字在内的一切实在物，从理论上讲，都可能成为玩具。当然，物品能否成为玩具还要受限于游戏主体的能力范围，太阳、高山、大海、火车、飞机等都不可能成为实际的玩具。

幼儿虽然没有成人的活动能量大，但成人所面对的玩具世界基本上限于狭义玩具，而幼儿所面对的玩具则要比成人丰富、广泛得多，也即幼儿所面对的玩具世界首先是广义的。本书所讨论的是广义的玩具。

与玩具相比，教具和学具的概念就小多了。教具和学具是指各种在教学过程中使用的用具。有时，教具、学具可以是同一件物品，而不同的称谓主要视两种情况而定，一种是根据使用者的身份来判断，即教师用者称“教具”，学生用者称“学具”；另一种情况则以使用功能的不同来区分，即助教者为“教具”，助学者为“学具”。

广义的玩具概念包含教具和学具，其对象是幼儿的教学用具，为了吸引幼儿的兴趣必然会带有浓郁的游戏色彩，因此，从游戏者的角度来看，这些东西当然就是玩具。而狭义的玩具与教学用具这两个概念则是二者相交的集合，对于成人来说，重叠部分很小甚至没有，而对于幼儿来说，重叠部分却很大甚至有时完全重合。例如，任何一件婴儿玩具，我们都可以把它称为教具或学具。

学前教育主要是启蒙教育，其教学形式主要采用游戏形式，因此，玩具应该是学前教育中最理想也最普通的一种教具。同样，学前教育所使用的教具和学具也应该是幼儿的一种玩具。然而，必须指出的是，学前教育中用以进行启蒙教育的玩具与一般对幼儿起自发作用的玩具并不完全相同。这种玩具是教育者根据一定的教育目的，有计划地选择或自行制作的，是专门为教育特定年龄阶段的幼儿而设计和设置的。

人们更愿意把这种具有特殊意义的玩具称为“教育性玩具”，并简称为“教具”。与普通玩具相比，这些玩具具有三个显著特性：其一，这种玩具的一切因素，不仅要求是生动的，而且要求是有思想性的，就是说，这种玩具形象应该是具有特定教育意义的“典型形象”；其二，这种玩具是教育者根据一定的教育目的，从幼儿的实际接受能力出发设计的，是教育者自觉控制下的玩具，而不是随意买来的，它是作为自觉用以进行启蒙教育的特定教育因素而存在并被预先纳入一定的教育计划之中的；其三，这种玩具绝不像普通玩具那样是零散的、杂乱无章的，而是按既定教育目的设计和组织起来的，具有相对的系统性和完整性。这样，在这种玩具对幼儿发生教育作用时，既可以充分发挥普通玩具所具有的一切优点，又能防止和克服普通玩具所存在的自发性、盲目性等缺点，使启蒙教育的进程更富于自觉性，教育效果也更为显著。

19 世纪德国教育家福禄贝尔就曾亲自为幼儿设计制作了几十种名为“恩物”的玩教具。如一个大立方体，可以分割成大小和数目不等的小立方体、长方体、长方板及小的三角形板。幼儿在镶拼中，可以认识各种图形、颜色、数目，搭建各种建筑模型，以发展语言、想象力和创造力。这些玩教具有的一直沿用至今，积木便是其中之一。

图 4-1　蒙台梭利教具

为了帮助儿童学习，意大利教育家蒙台梭利设计了许多教具，如粉红塔（大小不同）、棕色梯（粗细不同）、红棒（长短不同）和圆柱体组（高低、大小、粗细不同，见图 4-1），以及各种几何图形嵌板（三角形、圆形、多边形、梯形等），糙滑轻重不同的材料、发声盒、铃和音响玩具、数学及书写材料等。儿童通过操作这些玩具，进行自我校正而获得感知觉和智力发展。其中的插板、嵌板，经过不断改进，已成为幼儿园的常用玩具。

**直通国考**

**单项选择题**①

下列说法中属于蒙台梭利教育观点的是（　　）。

A. 注重感官教育　　B. 注重集体教学的作用

C. 重视恩物的使用　　D. 通过游戏使自由与纪律相协调

答案：A

解析：在蒙台梭利教育体系中，感官教育占有特别重要的地位，蒙台梭利认为：感觉的参与可以使抽象的东西具体化、精确化，有利于发展幼儿对事物的观察力和辨别能力。

## 二　玩具的种类

玩具的世界是一个种类繁多的大千世界。据统计，目前国际市场上的玩具品种多达 2 万余种。我们可以依据不同的角度对玩具进行分类：如根据玩具的原材料可分为布绒玩具、塑胶玩具、金属玩具、竹木玩具等；以玩具的动力和

① 选自 2018 年下半年中小学和幼儿园教师资格证考试科目二：保教知识与能力（幼儿园）考试真题。

运动机制来分，有惯性玩具、发条玩具、电动玩具、电子遥控玩具、声控玩具等；以玩具的适用年龄看，可分为婴幼儿玩具、儿童玩具、成人玩具等；根据玩具的时代与地域特性，可分成传统玩具、现代玩具、民间玩具、地方玩具；等等。

依据玩具的特性和游戏功能，可以将玩具分成以下几种类型。

### 1. 形象玩具

形象玩具包括各种形式的娃娃、动物、禽鸟，以及各种交通工具、日常用具等。形象玩具具有具体的形象，这些形象大多数是对实物原形的模拟，也有的并无原形，而只是原形的组合、变形，甚至纯属发明的形象。形象玩具的特点是生动、可爱、有趣，对幼儿有直接的吸引力，能引发幼儿的直接联想，发展幼儿的认知能力，刺激幼儿的游戏欲。形象玩具中尤以娃娃玩具和各种可爱的动物玩具为优（见图 4–2），在游戏中，它们会被幼儿当作真正的生命体。

图 4–2　形象玩具

### 2. 音响玩具

音响玩具是指能发出悦耳声音的和模拟乐器的玩具，如哗铃棒、小铃铛（见图 4–3）、铃鼓、小喇叭、小钢琴及能捏响的塑胶玩具等。音响玩具对幼儿的美育具有很大的意义。这些玩具能满足幼儿对声音和旋律的兴趣，能帮助他们再现一些歌曲（如进行曲）的旋律。

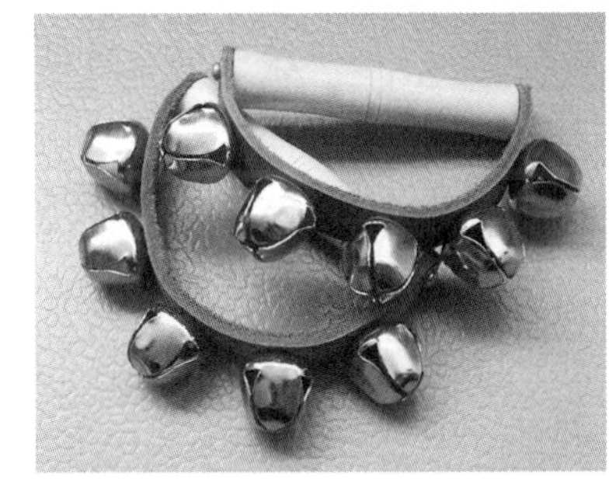

图 4–3　音响玩具

### 3. 体育玩具

体育玩具是比较特殊的一类玩具，特指可供幼儿做体育运动游戏的玩具，也称为运动性玩具，其首要作用在于完成体育任务。其中，大型的体育玩具有秋千、滑梯、平衡木等，小型的体育玩具有皮球、毽子、乒乓球等。这类玩具有助于提高幼儿的运动积极性，发展各种动作的协调性、空间定向能力、灵敏性和勇敢精神。大型体育玩具是幼儿园必备的活动设施，根据其放置的场地有户外（见图 4–4）和室内（见图 4–5）之分。

玩具的种类

图 4-4　幼儿园户外体育玩具

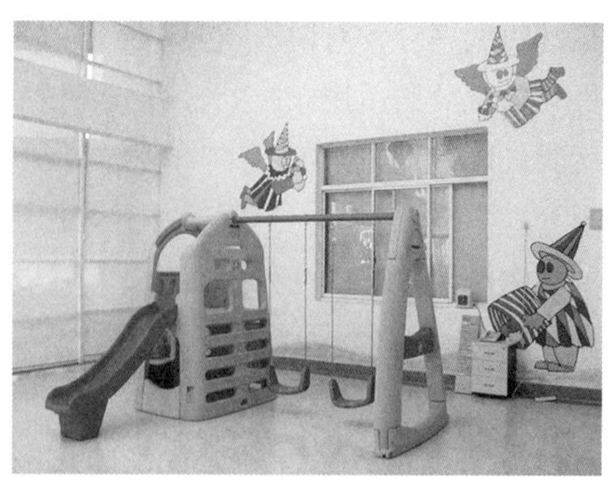
图 4-5　幼儿园室内体育玩具

按照体育玩具的功能还可进一步做以下区分。

第一种玩具用来发展幼儿感觉运动器官，增强小肌肉动作，帮助发展手和手指活动的协调性，发展灵活性和目测能力，增进动作的目的性及机敏性，如陀螺、珠粒、圆片等。

第二种玩具用于增强上臂和肩部肌肉，发展手臂和躯体的力量、灵活性和各种动作的协调性，如套环游戏中的环、棍、球、投掷飞镖和飞盘等。

第三种玩具是帮助幼儿发展跑、跳能力和增强腿部及躯干肌肉的，如跳绳、旱冰鞋、当“马”的木棍、自行车、手推车等。

第四种玩具是用于分组游戏的，幼儿可在这类游戏中比赛动作的准确性、速度和灵活性，如篮球、乒乓球等。这些玩具有助于发展幼儿在集体中的相互关系，发展动作的灵活性，发展控制击球力量大小的能力和使自己的动作与同伴的动作相配合的能力。

### 4. 结构玩具

幼儿在构造、装拆、建筑、拼搭各种物体时所使用的各种构件，称为结构玩具或建构玩具（见图 4-6）。结构玩具通常由立方体、棱柱体、圆锥体、圆柱体等几何形体组成，有各自独特的排列组合的方法，如各种积木、积竹、由塑料和金属制成的各种建造材料及装饰物、结构拼板等。结构玩具的作用在于发展幼儿的注意力、灵巧性和建构能力。

图 4-6　结构玩具

### 5. 智力玩具

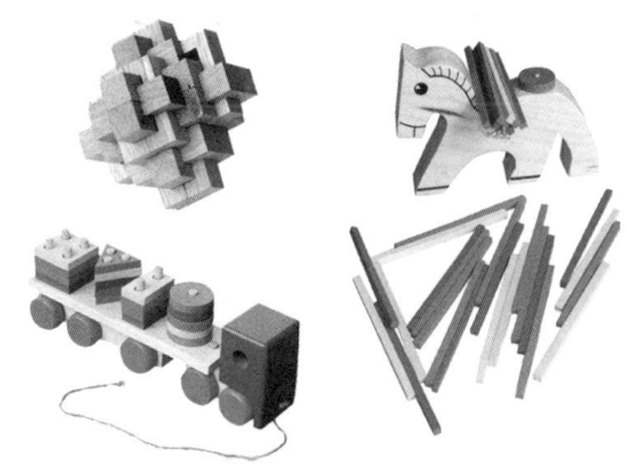

图 4-7　智力玩具

智力玩具又称益智玩具，这种玩具可以让幼儿在玩的过程中受到教育、获得知识、发展智力。智力玩具的种类很多，既包括民间玩具（如彩色塔、套叠玩具、筹码游戏玩具等），也包括各种可做建构游戏的玩具（如锁套玩具、镶嵌玩具、小木棒等，见图 4-7），还有各种机械玩具、棋牌玩具、识字卡、拼音盘等。七巧板、六面体拼图等结构类玩具也是智力玩具。

### 6. 娱乐玩具

娱乐玩具如一些野兽、家畜、家禽及人物的滑稽造型。它们起源于民间玩具，部分取自民间戏剧演出的场面。这些玩具以活动性、意外性和突然性为主要表现手法，其用意在于使幼儿得到娱乐和产生某种对喜悦与忧虑的共同感受，培养他们的幽默感等，如“不倒翁”“母鸡生蛋”“骆驼走路”等。

### 7. 木偶戏玩具

图 4-8　木偶戏玩具

木偶戏玩具包括各种偶人、表演台、装扮道具等（见图 4-8）。这些玩具就其内容来说是形象玩具，然而它们有自己的教育功能，可以用来对幼儿进行美育，发展幼儿的言语和思维能力、想象力和再现能力。这种玩具的样式很多，有杖头木偶、布袋木偶和提线木偶。操纵木偶需要一定的技巧，幼儿经过训练能通过操纵木偶的表演发展手和手指活动的协调性和灵活性。

### 8. 科教玩具

科教玩具是各种运用科学原理和现代科技成果制成的较高级的玩具。其品种繁多，包括各种小工具、模型及有关电、光、热、天文、气象、生物等方面的玩具，如航空航海模型、声控或无线电遥控玩具、光学玩具、小型电子游戏机、“会说话的书”等。科教玩具对培养幼儿学科学、爱科学的兴趣有着积极的意义。

### 9. 节庆玩具

根据幼儿园和小学庆祝节日活动的需要，必须准备一些玩具，如灯笼、彩色小旗、花篮，以及化装联欢会上表演用的表现动物形象的头饰、面具、尾巴等。节庆玩具还包括民间传统节庆活动中的一些玩具，如爆竹、兔儿爷、走马灯等。节庆玩具绚丽多彩，能带给幼儿欢乐和增强幼儿对美的感受。

### 10. 自制玩具

自制玩具即由幼儿自己或家长、教师制作的玩具。还没有出现玩具工业生产之前，这些玩具曾是许多代人童年时期的玩伴，现在仍然没有失去其意义。即便幼儿在制作最简单的玩具时，也要思索，要克服各种困难，并为获得成功而高兴。他们在制作活动中常寻求与小朋友的交往，如邀请小朋友一起来游戏。

制造玩具对幼儿来说是一种愉快的劳动。将材料变为玩具的过程伴随着种种体验：惊奇感、愉快的期待，以及由于努力并意识到自己的能力和独立性而产生的满足感。幼儿在自己制作玩具时，甚至在只是观看或参加成年人制作玩具时，都会感到愉快，会引起参与创造活动的愿望。这时形成的不仅为自己，而且也为他人制作玩具的意愿，在德育方面具有很重要的意义。自制玩具时，可以广泛利用天然材料和废弃物，如羽毛、黏土、火柴盒、线轴、小木块、塑料绳（见图 4-9）等。幼儿在自制玩具时大多需要成人指导，以取得预期的效果。

图 4-9　塑料绳小鸡

**直通国考**

**单项选择题**①

下列玩具中，不是从功能角度分类的是（　　）。

A. 运动性玩具　　B. 建构玩具

C. 益智玩具　　D. 传统玩具

① 选自 2016 年下半年中小学和幼儿园教师资格证考试科目二：保教知识与能力（幼儿园）考试真题。

答案：D

解析：从玩具功能的角度看，玩具可以分为形象玩具、音响玩具、体育玩具（运动性玩具）、结构玩具（建构玩具）、智力玩具（益智玩具）、娱乐玩具、木偶戏玩具、科教玩具、节庆玩具等。选项中的"传统玩具"是从玩具时代特性的角度对玩具进行分类的。

**单项选择题**①

郑老师收集矿泉水瓶、报纸、纸箱、塑料绳等材料，并改造成适合幼儿的教学材料。郑老师的行为表明其具有（　　）。

A. 环境创设的能力　　B. 随机教育的能力

C. 教学反思的能力　　D. 教学生成的能力

答案：A

解析：幼儿教师创设环境的能力包括创设物质环境的能力和创设精神环境的能力。创设物质环境的能力包括创设与利用室内外空间环境的能力、创设与利用墙饰的能力、设计与制作玩教具的能力。题干内容体现了郑老师设计与制作玩教具的能力。

## 三　自制玩教具的设计原则

设计与制作是玩教具生产的两个基本环节，自制玩教具也基本同此。所谓设计，即对拟制作的玩教具有一个总体形态构思，并用图纸表示出来；所谓制作，即根据设计图纸去选料、剪裁、加工，把纸上平面的设计图像变成立体的、可触摸的具体形象。自制玩教具虽然不需要画正规的设计图，但是却同样离不开我们头脑中充分的构思和设计。对自制玩教具的设计，应遵循如下原则。

自制玩教具的设计原则

### 1. 应符合幼儿的年龄特点

不同年龄阶段的幼儿在心理发展、动作发展等方面存在着差异，因此在设计制作玩教具的时候，应从不同年龄阶段幼儿的实际能力出发，设计制作难易程度合适、符合幼儿实际发展水平的玩教具，使幼儿园小、中、大各年龄班投放的玩教具能突出层次性和阶段性，按照由简到繁、由易到难并呈螺旋式上升的递进过渡关系，满足不同幼儿的需求。

① 选自 2017 年上半年中小学和幼儿园教师资格证考试科目一：综合素质（幼儿园）考试真题。

### 2. 能充分吸引幼儿的兴趣

幼儿所喜欢的玩教具，往往是形象生动、线条简练、特征明显和色彩鲜艳的。因此，设计制作时，应尽可能采用一些由简单几何线条组合起来的、通过整理或适度夸张的、有一定艺术性的形象来激发幼儿的兴趣，培养幼儿的美感。除了注意玩教具的形象和色彩外，还应尽可能制作一些能发声、发光或能活动、装拆和组合的玩教具。总之，为幼儿设计制作的玩教具，必须既适合他们的能力，又能启发他们的兴趣与爱好。

幼儿的玩教具，大多颜色较为鲜艳，这是因为高纯度和高明度的色彩比较容易引起幼儿的注意。但是，在色彩设计运用时，也要注意色彩的协调搭配，户外使用的体育玩教具颜色可以鲜艳一点，室内使用的操作型玩教具颜色则要柔和一些，避免刺激过度引起幼儿的视觉疲劳。

### 3. 注重玩教具的操作性和实用性

幼儿的思维非常形象具体，思维活动有赖于具体的物体和动作。因此，幼儿的玩教具最好是活动多变、可拆可拼的，让幼儿通过手的动作来带动思维，促进发展。例如，在设计幼儿玩“过家家”游戏用的小家具时，如果只是注重了形似，将沙发、床、柜等做成固定的形状，就很不利于幼儿动手操作；而若将这些小家具设计成能活动的，可以让幼儿自己装拆组合会更好。

自制的玩教具可以说既是艺术品又不是艺术品。说它们是艺术品，是因为它们经过精心设计和制作，讲求美观；说它们不是艺术品，是因为玩教具不是用来观赏的，只有提供给幼儿操作，才有实际意义，才能体现其真正价值。因此，在设计制作玩教具时，必须注重它们的可玩性，同时，还应考虑到玩教具的牢固度，一定要实用、耐用，便于拆装和保存。

### 4. 注重幼儿的参与性和互动性

为幼儿设计制作玩教具，其活动本身就具有很大的教育意义。应该注重幼儿的参与，为幼儿提供更多参与和互动的机会，有效地发挥活动的教育作用。在玩教具制作活动中，要注重以下三个环节。

首先，在材料准备环节，教师可以把设计意图提前告诉幼儿，并在教室一角设置一个收集箱，让幼儿参与材料的收集准备。这样可以使幼儿逐渐懂得废物利用的好处，有益于幼儿勤俭节约、艰苦朴素等良好品质的养成。

其次，在设计制作环节，教师可以启发幼儿参与玩教具设计，也可以让幼儿参与制作玩教具的某个环节或部分。这不仅能促进幼儿充分发挥他们的想象力和创造力，而且能让幼儿在参与的过程中明白只有劳动才有收获的道理，使他们自觉爱惜玩教具。

最后，在玩教具使用环节，教师可以请幼儿提出改进意见，并启发他们亲自动手加以完善。幼儿在参与互动的过程中，不仅享受着劳动的喜悦，也会对这些玩教具更加感兴趣。

#### 5. 体现经济环保原则

设计制作玩教具应就地取材，建议采用本地区较易取得的自然物、生活中的废旧材料和价格便宜的材料。这样，既可解决材料来源问题，又经济便利，体现节能环保原则。

在沿海地区可多选用贝壳类、甲壳类的材料；在山区可利用竹、木类和羽毛类的材料；在农村则可多选用秆类、叶类和植物壳类的材料；附近有工厂、百货商店的，可多收集一些废瓶、废盒和工厂的边角料，如塑料碎块、碎铁皮、线轴等。

日常生活中许多废旧材料都是制作玩教具的有用之材，如废旧的雪碧瓶、可乐罐、纸杯、纸碟、碎布、报纸、塑料袋、鞋盒、卡纸等；即使在幼儿园，也可以找到许多废旧材料，如铅笔头、蜡笔头、粉笔头、碎布片、废纸张、旧画报和纸盒、纸箱之类的东西。这些材料通过精心设计和巧手加工，都可以变废为宝，变旧为新，成为既好玩又好看的玩教具。同时还有助于培养幼儿勤俭、爱劳动、爱惜劳动成果的良好思想品德和习惯。

#### 6. 必须符合安全卫生的要求

保证幼儿的安全是教师的重要职责。设计制作玩教具也要遵循安全这一重要原则。如果自制玩教具不符合安全卫生的要求，就会使幼儿受到伤害，还可能成为传播疾病的媒介。因此，制作玩教具时必须注意以下几点。

（1）在材料选用上，应采用无毒、卫生的材料。在选取废旧材料时，应避免选取易霉烂发臭的材料，同时还要做好清洗和消毒工作。

（2）在制作过程中，要避免出现尖角等容易刺伤幼儿的不安全因素，如钉子、大头针、铁丝等材料。如必须使用，则要注意避免它们的尖锐部分暴露在玩教具的表面，必要时可以采用截断或裹扎的方式予以防护。

（3）玩教具的大小、轻重要适合幼儿。在玩教具的结构上，不论是粘接、榫接还是钉接，都应做到牢固可靠，即使经常洗晒也不易变形、不易松散、不易褪色。

## 四　自制玩教具的设计构思方法

玩教具的设计构思有两种情形：第一种是先设计后选材，即根据使用需要，先做初步的设计构思，然后根据构思去寻找合适的材料，在选材和制作中不断调整、改进设计构思，最终完成制作；第二种是先选材后设计，即根据收集到的材料，进行设计构思，看能用这些材料做出什么玩教具来。在实际制作中，也有两种情形相结合的。

在自制玩教具的设计制作中，根据材料的设计主要有以下几种构思方法。

### 1. 原形法

原形法就是充分利用材料的外形特点来设计制作玩教具。例如，圆筒状薯片包装盒，让人很容易地联想到喝水的杯子，使用大小不等的薯片包装盒，再加上一些吸管就可以设计制作成水壶和茶杯（见图 4-10）。又如，常见的冰棒和酒瓶塞，涂色后即可成为游戏棒和棋子；松果加上头和脚，就可以成为各种禽类的形象；在铅笔头后部粘上几片火柴盒的薄木片，即成为火箭和各种飞机的模型；在粉笔盒上贴上旧画报的图片，加上旋钮（可用酒瓶塞）和天线，即可成为电视机的模型；等等。

图 4-10　水壶和茶杯

### 2. 变形法

自制玩教具的设计构思方法

对所收集的材料，可从各方面去观察，看看它的外形像什么物体的局部（即可利用所收集材料的外形）。如果都不像，可以通过分解、剖切、变形、改装或利用其中的一部分来制作。例如，一个牙膏盒可以通过剪开、变形的手法制成一辆小汽车（见图 4-11）；一个坏的塑料羽毛球，平放着像禽类的尾部，竖放着像女孩的裙子，我们可以用它剪贴成女孩，还可以按球体后部摊开的形状，剪成金鱼尾巴的形象，接在松果后部，装饰成金鱼；废袜筒经过缝制、填充还可以制成娃娃和小动物；等等。这些就是根据材料的特点加以变形来制作玩教具的。

### 3. 分解法

对于一些难以直接利用外形的材料，可以根据材料的外形和性质特点，通过剖切或重新组合（如穿插、衔接或装订），变换成新的形象。如我国的竹编、麦秆画、贝雕等，就是运用这个方法制作出来的。在幼儿园的玩教具制作中，如用厚纸裁成纸条，穿插制成纸枪；用碎木块制成拼板（见图 4–12）、积木；用废弃的易拉罐、饮料瓶、化妆品包装等这些随手可得的材料，制成既实用又美观的生活用品等。

图 4–11　牙膏盒汽车

图 4–12　动物拼图

### 4. 组合法

在日常生活中，往往可以收集到一些零零碎碎、数量很多的废品，如火柴盒、植物的外壳、贝壳、羽毛、废纸等。将这些材料组合起来进行加工，可以制成玩教具模型。如生活用品中的扫把、鸡毛掸、草席等，就可用聚零为整的方法将相关材料组合起来制作而成。运用这一思路，我们可以用羽毛组合成花朵；用塑料包装绳组合成毽子（见图 4–13）；用玻璃条组合成万花筒；用火柴盒组合成各种家具；把废纸搅成纸浆，再捏成各类水果玩具；等等。

图 4–13　塑料绳毽子

### 5. 拼合法

对于一些立体造型玩具，我们可以根据立体展开图的原理设计出它的平面

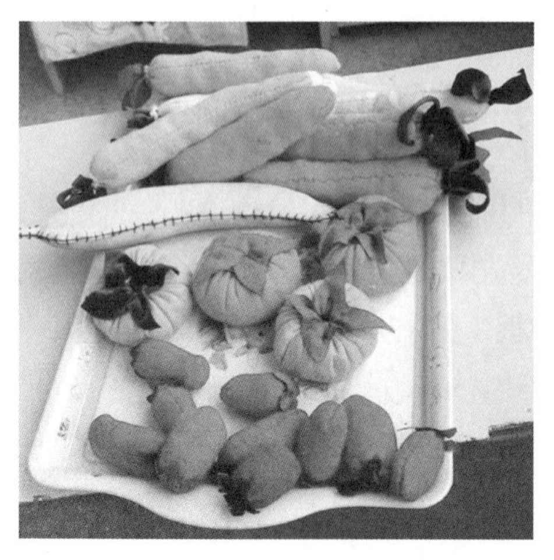
图 4-14　布制果蔬

展开图，先将平面材料按图裁剪，然后再通过粘贴、缝合或焊接等方法制成。例如，用厚纸板制成的小喇叭、交通工具模型等立体造型，以及用碎布制成的娃娃、动物、果蔬（见图 4-14）等。

上述五种方法仅仅是自制玩教具时常用的构思方法。在实际设计制作过程中，往往需要根据具体情况灵活选用。有时制作一件玩教具，需要综合应用多种构思方法，而对同一材料，也需要不断发挥自己的创意，设计制作出不同的玩教具来。

例如，可根据需要将塑料饮料瓶制成如下不同的玩教具。

（1）除底部外将瓶身平均剪成 2 cm 或 3 cm 宽的条状后，弯曲成花瓣形在底部固定，制成一个花篮，供幼儿观赏用。

（2）将饮料瓶平放，在两侧底部分别固定两个瓶盖，制成一辆小汽车；多做几辆串联起来，便是一列火车，可在幼儿游戏或进行计算活动时用。

（3）将饮料瓶平放，在上部剪开一个口子，里面放水可养金鱼，或放泥土种植小植物，供幼儿日常观察用，等等。

玩教具是幼儿游戏的道具，与游戏的关系密不可分。对于教师来说，玩教具的设计制作绝不能与幼儿的游戏割裂开来。甚至有时我们对玩教具的设计，其实就是在进行游戏设计。因此，为幼儿设计制作玩教具时，应重点考虑玩教具的可玩性。用身边一切可用之物，做出幼儿可玩的、好玩的玩教具，是设计制作玩教具永远不变的宗旨。

《纲要》将幼儿园的教育内容，按照幼儿学习活动的范畴分为健康、语言、科学、社会、艺术五个领域。下面就从这五个领域，结合《纲要》精神，对幼儿园教育活动中常用的玩教具进行设计构思分析和制作要点介绍。

## 第二节　健康活动玩教具的设计与制作

幼儿园的健康活动，除了通过组织体育活动锻炼幼儿身体，促进幼儿身体正常发育和机能的协调发展，逐步发展幼儿的体能，增强幼儿体质外，还要引导幼儿养成良好的生活习惯和卫生习惯，培养他们初步的生活自理能力及引导幼儿形成安全意识，培养他们初步的自我保护能力。

**相关资料**

**幼儿园健康教育的目标**①

1. 身体健康，在集体生活中情绪安定、愉快；
2. 生活、卫生习惯良好，有基本的生活自理能力；
3. 知道必要的安全保健常识，学习保护自己；
4. 喜欢参加体育活动，动作协调、灵活。

体育活动内容丰富，走跑、跳跃、投掷、钻爬、平衡等活动，都能较好地促进幼儿动作的协调发展，锻炼幼儿全身的机能。在小班阶段，幼儿的活动能力较差，教师需要制作一些色彩鲜艳、造型有趣的玩教具，吸引幼儿的注意，激发他们参加体育活动的兴趣，并让他们在活动中体会到体育活动的乐趣。对于中大班幼儿，教师要侧重发展他们各项动作的精细度和控制力，并且要培养他们在活动中的合作性和协调性，因此，在为这两个年龄阶段幼儿设计与制作体育活动玩教具时，要注重其功能性，适当地设置一些难度。另外教师还应引导幼儿主动探索掌握各种运动器材的玩法，鼓励幼儿创造性地进行身体运动。

## 一　走跑类体育玩教具的设计与制作

### 1. 拖拉玩具车

材料准备：饮料瓶、绳子、铁丝、瓶盖、乳胶、即时贴、剪刀、钳子等。

制作要点：

（1）横置饮料瓶，在瓶身后半部挖出一个椭圆形孔，孔口边缘可用剪刀修剪成花边状，并用即时贴粘贴边缘，以防割伤幼儿。

（2）在瓶身近瓶口部分下方打两个小孔，穿过铁丝作为车轴。

（3）在几个瓶盖中间打上孔，作为车轮分别装在瓶身两侧的铁丝上，将铁丝两头用钳子弯成圈状。为了增强车轮的牢固度，可将两个瓶盖粘贴为一个车轮。

（4）在瓶口的瓶盖上打孔，穿入绳子作为拖拉绳。

① 引自教育部 2001 年颁布的《幼儿园教育指导纲要（试行）》。

操作说明：幼儿拉着玩具车走、跑，或沿线走、绕障碍物走，能提高练习走的兴趣。

设计点评：生活中许多废旧材料都能做成幼儿喜欢的玩具车（见图 4-15）。对于自制玩教具来说，制作技法并不重要，关键还在于细致精巧的构思和与众不同的创意。

### 2. 推车和滚筒

材料准备：饮料瓶、易拉罐、铁丝、小竹竿、剪刀、钳子等。

制作要点：

（1）如图 4-16 所示，将两个饮料瓶截取瓶底至瓶身上方 10～15 cm。

图 4-15　用罐头盒做成的拖拉玩具车

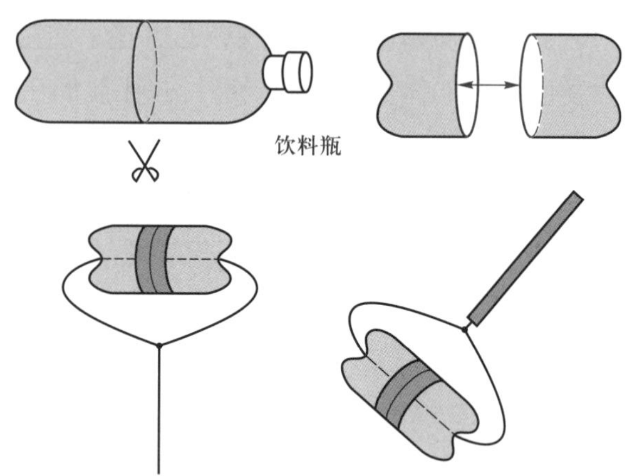


图 4-16　饮料瓶制作示意图

（2）在两个半截饮料瓶的瓶底处打孔，组合粘贴为一个圆柱体。

（3）将铁丝穿过瓶底的小孔后弯成椭圆形，铁丝汇合处用钳子拧成麻花状，再将拧好的铁丝插入竹竿固定即可。

操作说明：幼儿手持竹竿，像推小车一样使饮料瓶向前滚动，练习走、跑。

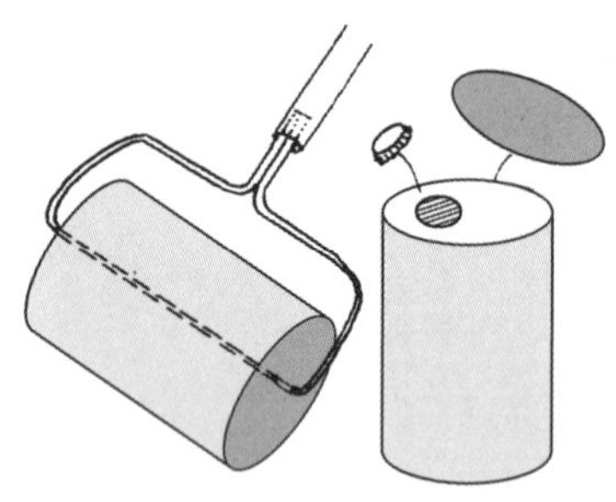

图 4-17　易拉罐制作法

设计点评：用罐头盒、易拉罐等各种圆柱形物品都能制作出类似的玩教具（见图 4-17）。若是玩教具能发出悦耳的声音，会更加吸引幼儿的兴趣，特别对 1—3 岁的幼儿学走路和跑步有帮助。因此，我们可以在塑料瓶体里面放入一些如彩色玻璃弹珠等小物品，在金属罐体内放入汽水瓶盖等，这样在玩教具滚动时就能发出声音，透明瓶体里彩色玻璃弹珠的滚动还能产生良好的视觉效果，使玩教具更具装饰性和趣味性。

### 3. 长尾巴与彩色蛇

材料准备：长布条、长毛绒布、填充棉、尼龙搭扣、毛线、细绳、松紧带、针线、大饮料瓶、皱纹纸、乳胶、剪刀等。

制作要点：

（1）根据幼儿的腰围裁剪出 1.5 倍长的布条，夹上松紧带对折、包缝、衍缝，作为腰带。

（2）将长布条裁剪成一头宽、另一头窄的长三角形，包上填充棉絮缝合成老鼠的长尾巴状；或者将长毛绒布裁剪成窄条，包上填充棉絮缝合成老虎、狮子等动物的尾巴；也可以用毛线、细绳等物品来制作。

（3）在尾巴和腰带上分别缝上尼龙搭扣。使用时穿戴在身上即可。

操作说明：一部分幼儿套上粘着尾巴的腰带奔跑躲闪，另一部分幼儿作为追逐者去抓尾巴，锻炼幼儿的敏捷性和奔跑的能力。

设计点评：玩教具外观造型固然重要，而其使用功能却更为重要。自制玩教具要多从玩教具的功能出发，使玩教具更有价值。例如，追逐、奔跑类的玩教具不仅可以系在身上，还可以让幼儿拿在手上作为追逐的目标。另外，在选用材料时，也要突破使用绳子、纸条、布带的思维定式，更灵活地利用材料。例如，可以将大饮料瓶按螺旋线剪成约 2 cm 宽的长条，用热水浸泡的方法使其变成需要的形状。这种材料结实耐用，能满足游戏中用脚踩踏的功能需要。若是再用各种颜色的皱纹纸裁成条，包在塑料长条外面（见图 4–18），就可达到既经济美观，又安全耐用的要求。

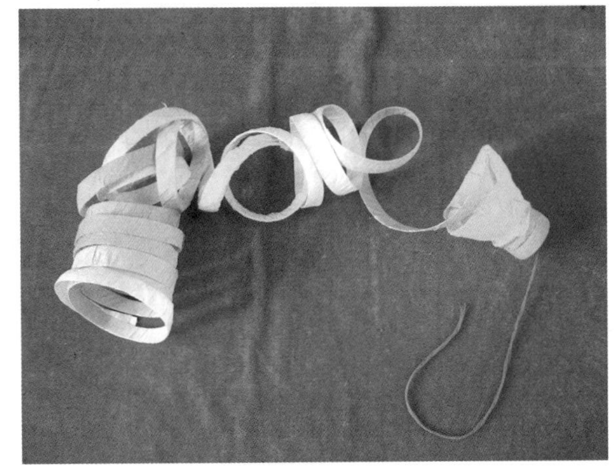

图 4–18　饮料瓶彩色蛇

### 4. 风车与飞机

材料准备：饮料瓶、彩色卡纸、小木棍。

制作要点：

（1）用彩色卡纸制作一个风车，将风车安装在饮料瓶的瓶盖上。

（2）用彩色卡纸（或另一饮料瓶瓶身）剪出两片机翼，用乳胶粘贴在平放的饮料瓶两侧。在饮料瓶瓶身下方的中间部位打孔，插入小木棍，用乳胶固定，做成飞机，也可做成如图 4–19 所示的无机翼飞机。

操作说明：幼儿手举着飞机下方的小木棍奔跑，风车随风旋转。

设计点评：利用风车模仿飞机的螺旋桨是个很好的构思，而且飞机风车在跑动时迎风旋转的趣味效果对提高幼儿积极跑动的兴趣很有帮助。此外，还可以利用其他材料来模拟飞机。如图 4–20 所示，使用一次性筷子和易拉罐的组合，就很有创意。

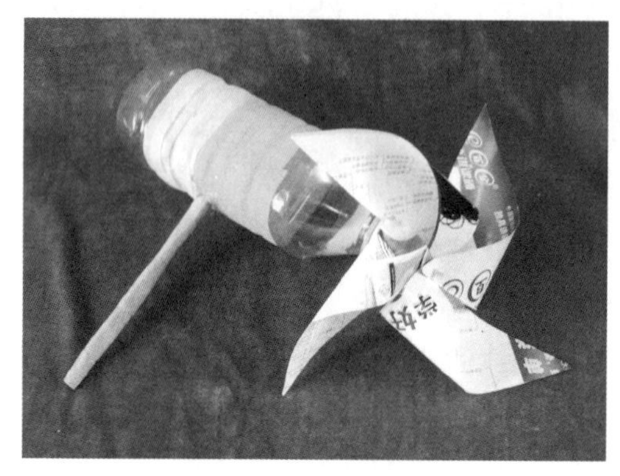

图 4–19 饮料瓶飞机

图 4–20 易拉罐飞机

## 二 跳跃类体育玩教具的设计与制作

### 1. 跳袋

材料准备：米袋、面粉袋或编织袋、即时贴、布带、针线。

制作要点：

（1）将米袋、面粉袋或编织袋裁剪至与幼儿胸部同高，卷边衍缝，在两侧装订布带。

（2）在裁剪好的袋子表面用即时贴装饰美化，可选用兔子、袋鼠等跳跃类动物图案。

操作说明：幼儿站在跳袋内，双手抓住布带，双脚向前跳跃。

设计点评：穿上袋子，像袋鼠一样跳跃，这样的活动非常具有趣味性。跳袋在游戏中起到了增加游戏难度、提高游戏趣味性的效果，是一件设计得很成功的游戏道具。游戏道具的装饰性处理，是玩教具设计制作的次要问题。然而，对于幼儿来说，玩教具本身是否具有吸引力很重要。因此，根据幼儿的特点，在跳袋上加入袋鼠、小兔等形象化的设计，有助于增强幼儿的角色意识，提高游戏的趣味性。

### 2. 摘星星、摘苹果

材料准备：厚卡纸、彩色涤纶纸、胶水、绳子、回形针或夹子、硬包装带、小铃铛等。

制作要点：

（1）将彩色涤纶纸粘贴在厚卡纸上，剪成大小不等的星星（或苹果等）形状。

（2）将绳子剪成 20～30 cm 长短不等的小段，一端系上回形针或夹子，另一端系在一根长绳上。把大小不等的星星、苹果夹在回形针或夹子上。

操作说明：将挂有星星、苹果的绳子系在一定高度，使幼儿能跳起够到这些摘取物，训练幼儿的跳跃动作。

设计点评：此类游戏主要是让幼儿跳起取物，游戏的名称往往依玩教具的不同而有所变化。而玩教具的功能主要是训练幼儿的跳跃动作。因此，设计的区别主要在于设计形象的不同。摘星星、摘苹果采用了幼儿可以理解和容易接受的模拟形式，符合幼儿的认知特点，是个不错的设计。结合前面在玩教具中加入声音元素的做法，可以把包装带剪成一定的长度，分别把它们卷成圆圈，用胶布固定好。如图 4-21 所示，把 3～4 个圆圈用细绳扎成球状。再在球的四周扎上毛线球和小铃铛，这样的设计也不失为一件佳作。

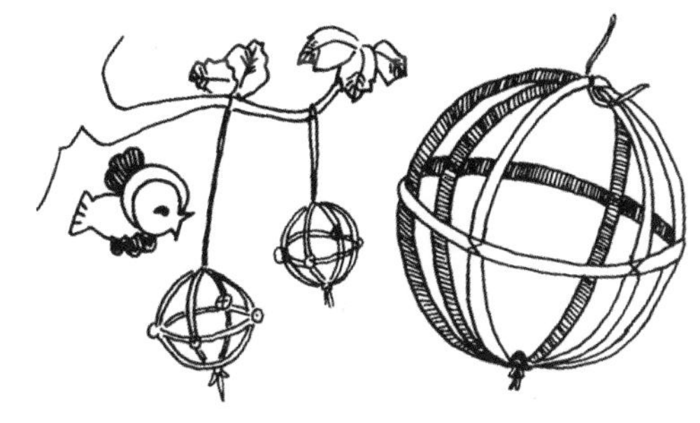

图 4-21　包装带响铃球

### 3. 跨栏与跳花丛

材料准备：纸盒或木块（高 20 cm、宽 10 cm 左右）、彩色卡纸、易拉罐、小竹竿、胶水、剪刀、彩色包装纸等。

制作要点：

（1）将纸盒或木块用彩色包装纸包好，或将两个易拉罐竖直粘贴在一起，用一张报纸卷紧加固，再用彩色包装纸进行装饰。

（2）用彩色卡纸剪出小草、花朵形状，粘贴在包装好的纸盒或木块上组合成花丛；或在两组装饰好的易拉罐上摆放一根竹竿成为栏架。

操作说明：制作多组花丛或栏架，按一定距离摆放，要求幼儿依次跳跃通过。

设计点评：设计时要控制好障碍物的高度，最好能够根据需要随时予以调整。

#### 4. 跳格子与踩石头

材料准备：厚纸板、废报纸、胶水、颜料、剪刀等。

制作要点：

（1）请幼儿将报纸卷成长条纸卷（长度可以不同），用胶水将边缝粘住成为圆棒，并根据个人喜好给纸棒涂上颜色。

（2）将厚纸板剪成略大于幼儿双脚大小的不规则鹅卵形，大小可不等。请幼儿一起参与，用赭石色在纸板上涂色，做成石头。

操作说明：用彩色纸棒在地面上任意组合摆出各种形状，让幼儿在其中跳跃。要求不能踩到纸卷或破坏纸卷组合成的形状。若是把纸板做成的石头放在地上，则要求幼儿必须踩在石头上行进。

设计点评：两种玩教具都能有效地提高幼儿跳跃活动的趣味性，一个设计为不能踩，另一个设计为必须踩，有异曲同工之妙。

### 三　抛掷类体育玩教具的设计与制作

#### 1. 小流星、小火箭

材料准备：酸奶瓶、大头针、彩色卡纸、彩色皱纹纸、塑料包装绳、乳胶。

制作要点：

（1）在彩色卡纸上剪出圆形，在圆形上剪下一小块扇形，将圆形的切口对齐，并把剪下的扇形粘贴在切口背面，做成圆锥形。

（2）将塑料包装绳剪成 30 cm 左右长度，扎成束，用大头针将包装绳拉成流苏状，或将彩色皱纹纸剪成细纸条。

（3）在酸奶瓶瓶底打孔，将塑料绳流苏穿入孔中固定，或将彩色纸条用乳胶粘贴在瓶底处（见图 4–22）。然后再将圆锥形粘贴在酸奶瓶口。

操作说明：可以让幼儿手持玩教具单人抛接，或双人抛接。

设计点评：此类玩教具设计的重点在穗尾，不同的材料对玩教具在空中形成的视觉效果有不同影响，应选用飘逸的材质。另外，穗尾的轻重长短还将对玩教具的飞行距离产生影响，因此，穗尾的长短和多少不能随意处置，要多试验几次以获得良好的设计效果。

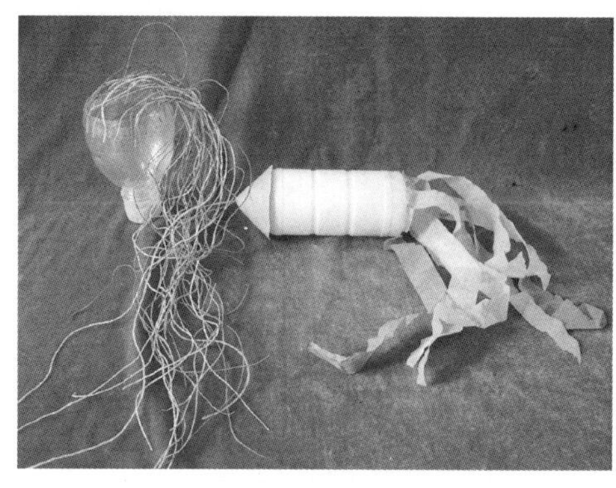

图 4-22　流星与火箭玩具

**2. 喂小熊**

材料准备：厚卡纸，厚纸板、乳胶、美工刀、红色和橙色塑料袋、报纸。

制作要点：

（1）用厚卡纸制作一个小熊头形，嘴巴部分夸大，掏空。

（2）将厚纸板卷成圆桶状，按图 4-23 所示将桶口切割成斜坡状；也可将塑料袋粘贴在小熊头上当作小熊的身体，并用相同的塑料袋包上报纸团做成小熊的四肢装在小熊身上。将做好的小熊头粘贴在倾斜的桶口上，成为一只吃不饱的大嘴巴小熊。

（3）将红色和橙色塑料袋包上报纸团，用绳子收口做成苹果和橙子等食物。

操作说明：将小熊放在指定位置，空出一段距离画起始线，幼儿分组用苹果或橙子进行投掷比赛。

设计点评：上述设计着重表现了小熊的形象，运用材料的构思很巧妙。此外，还可以将投掷对象设计成大小不等、难易不同的投掷孔（见图 4-24）。这样，不仅可以对不同能力的幼儿提出不同的要求，如能力强的幼儿必须投入指定的孔中才能得分，能力弱的幼儿只要投进孔中就能得分；而且还可以进而设

图 4-23　喂小熊制作示意图

图 4-24　海洋投投乐

定投入不同大小的孔中可得到的相应分值，通过累计幼儿每次投入孔中的不同分值来决定游戏的胜负，既可以提高幼儿识数与简单计算的能力，又增加了游戏的趣味性。

### 3. 套圈

材料准备：易拉罐、空罐头筒或饮料瓶、厚纸板、彩色卡纸、废电线、塑料包装带、剪刀、钳子、竹棍、沙子、水泥浆等。

制作要点：

（1）在易拉罐、空罐头筒或饮料瓶里灌满水、沙子或水泥浆，插上竹棍做墩。

（2）将卡纸对折，如图 4-25 所示剪贴成各种动物形象，粘贴在竹棍上面。损坏或用旧了的可以取下来换上新的继续使用。

图 4-25　套圈玩具

（3）将废电线双股拧成绞丝状并弯成圆形，做成直径约 10 cm 的套圈；或用胶带将塑料包装带粘贴成同样大小的圆圈。

操作说明：将套圈动物摆放在指定距离的位置上，让幼儿做套圈游戏或比赛。

设计点评：在设计套圈玩教具动物造型的时候，应选用如图 4-25 所示的细长形，特别是要控制好动物头的大小，并由此有效控制游戏的难易程度。

### 4. 飞碟

材料准备：一次性纸碟、即时贴、碎布、海绵、毛线、厚卡纸。

制作要点：

（1）请幼儿将即时贴剪成他们喜欢的各种图案，贴在一次性纸碟上进行装饰。

（2）如图 4-26 所示，将两只一次性纸碟对合粘贴在一起成为飞碟。

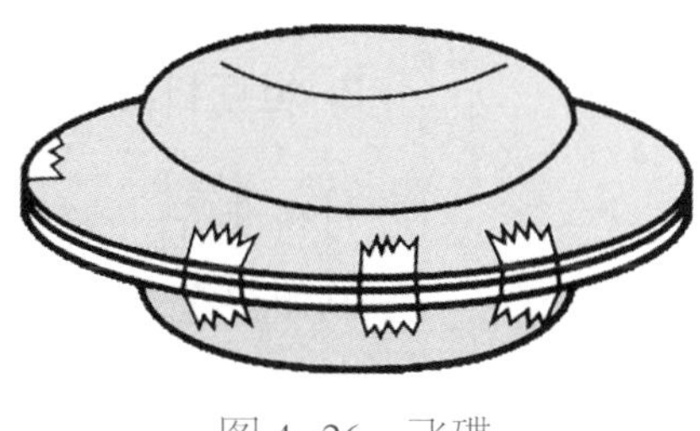

图 4-26　飞碟

操作说明：幼儿手拿飞碟自己抛接或两个幼儿相互抛接。

设计点评：飞碟玩教具的恰当质量是设计的重点，它将直接影响飞碟的飞行效果。若飞碟太轻，则可以在两个纸碟间加入一些零碎物品压重，如放入碎布、海绵、硬纸板等，并需要反复试验调节。另外，还可以预先在纸碟边缘等距离地均匀打上小孔，黏合后在小孔中穿入毛线、塑料绳丝等物作为流苏。

## 四　钻爬与平衡类体育玩教具的设计与制作

### 1. 爬爬小动物

材料准备：中号饮料瓶、彩色卡纸、各色碎布、剪刀、针线等。

制作要点：

（1）从饮料瓶瓶底向上截取 15 cm 左右，水平放置。

（2）如图 4-27 所示，在切口处向下挖出一个“U”形缺口，在两侧的中间位置打孔，穿入松紧带。

（3）用彩色卡纸剪贴出各种幼儿喜爱的小动物形象，对称粘贴在瓶的下部。

图 4-27　爬爬小动物

操作说明：做两个相同的爬罐，幼儿将手套进松紧带后伸入罐底，双掌着地，与腿配合模仿小动物爬行。

设计点评：爬行玩教具除了其生动造型可吸引幼儿之外，其主要的功能是对幼儿双手着地在普通地面上爬行起防护作用。在制作过程中，注意用彩色胶带粘贴切口处，以消除安全隐患。使玩教具具备防护功能的方法有很多，其中，做成防护性的爬行手套这一构思就非常简单，设计关键是考虑采用什么手段来达到防护效果。

### 2. 坦克和汽车

材料准备：各种大纸箱、大纸盒、图画纸、色纸、厚纸板、剪刀、颜料等。

制作要点：

（1）把一个较大的纸箱倒扣在地上当作汽车车身，箱子侧面用刀挖出一些透视孔，便于幼儿在里面爬行时辨别方向。

图 4–28　纸箱小汽车

（2）为了使纸箱更像汽车，可将另一个纸箱叠放在车身上面，并黏合在一起，形成车身与车头的样子（见图 4–28）。

（3）用彩纸剪出车窗、车门及车灯等形状，分别把它们贴在盒子上。

（4）用厚纸板剪、画成车轮，分别贴在“车身”两侧，汽车就做好了。

操作说明：幼儿趴在汽车车身里面，手脚并用向前爬行，可随意转变方向。

设计点评：利用大纸箱还能设计成其他爬行玩具，可以采用模拟坦克的设计思路。例如，将大纸箱拆开，去掉上下的箱页，仅留下纸箱筒状的中间部分。用宽胶带加固纸箱的接口处，尤其是在有钉子的地方要格外仔细，以消除安全隐患。幼儿可以钻在纸筒中，双手不断用力压住前面的纸板，双脚交替向前挪动，使纸箱像坦克履带一样向前滚动。出于耐用性的考虑，可以把纸箱筒剪开，再翻折成双层，然后用宽胶带固定。装饰工作可请幼儿参与，幼儿可用他们喜爱的颜色在纸箱表面涂色。

### 3. 快乐城堡

材料准备：大纸箱若干、颜料、美工刀、彩色卡纸、废报纸。

制作要点：

（1）检查纸箱接口处是否有钉子等安全隐患，如有，尽可能将钉子去除，改用宽胶带或乳胶粘贴固定。

（2）根据纸箱的大小高矮进行搭配放置，纸箱间的排列方式应多样化，有高有低，忽远忽近。若是纸箱之间有一定距离，还可用拆下的纸箱页面平铺在地上作为通道，使纸箱相互联结形成一座城堡。

（3）在纸箱上用美工刀挖出各种形状、大小、高低不同的孔（见图 4–29），供幼儿钻爬。

操作说明：幼儿在城堡中尽情游戏，从各种孔中钻出或在纸箱中爬行，练习钻爬等动作。

设计点评：还可在城堡的通道上设置障碍物来增加游戏的难度和趣味性，例如，用彩色卡纸剪贴草丛，或用废报纸搓成圆球状作为地雷区。

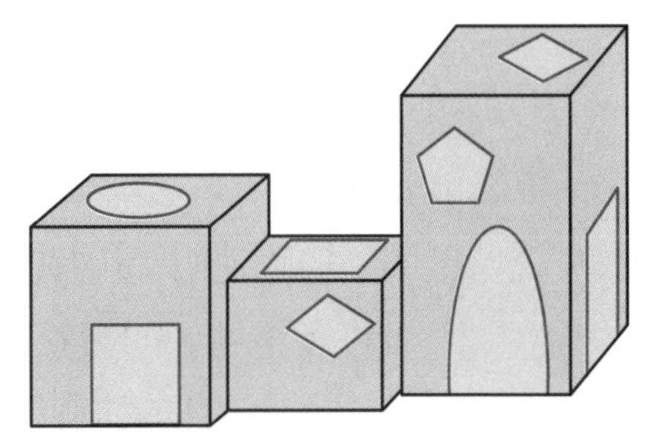

图 4-29　快乐城堡

**4. 大鞋**

材料准备：鞋盒、硬纸板、彩纸、胶带等。

制作要点：

（1）将鞋盒切割成大鞋样，左右对称，两块为一双，共四块。

（2）如图 4-30 所示，在其中两块上面切出小脚形。

（3）用硬纸板裁成 7 cm 宽的硬纸条两根，将硬纸条围合贴一圈，与上下两片大鞋样粘成盒子的形状。

（4）在鞋子上面做些装饰。

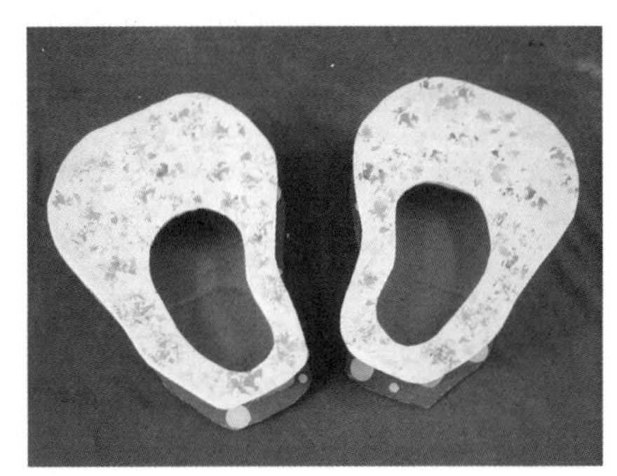

图 4-30　纸盒大鞋

操作说明：幼儿将大鞋套在脚上，前后行走。

设计点评：小脚穿大鞋的行走对提高身体的平衡能力很有帮助。设计时既要考虑大鞋的美观，也要考虑大鞋的耐用性。另外，从幼儿行走安全及适合不同幼儿发展需要等角度出发，可以考虑再增加一根鞋带。

**5. 踩高跷与梅花桩**

材料准备：奶粉罐、八宝粥罐、粗绳子或布条、包装纸、即时贴、宽胶带等。

制作要点：

（1）将奶粉罐用包装纸包裹，并用即时贴剪成各种图案贴在上面加以美化。

（2）在奶粉罐两侧打孔，在孔上套上两个塑料圈，以免铁皮口磨断绳子（见图 4-31）。

（3）将绳子或布条穿入孔内，在罐内打结固定，绳子长度控制在幼儿手垂下的高度，盖上盖子，即成为高跷

图 4-31　踩高跷

玩具。

（4）用宽胶带将3个奶粉罐或5个八宝粥罐捆在一起，即可成为一组梅花桩。

操作说明：玩踩高跷游戏时，幼儿脚踩在奶粉罐上，手提着绳子向前行进；而将多组做好的梅花桩一字排开或放成“S”形，幼儿可站在梅花桩上来回行走，训练身体的协调与平衡能力。

设计点评：这两件玩教具都是利用金属罐材料设计制作的，不同的是，前者需要手脚的协调动作，后者则着重在控制身体平衡上。设计时，还可考虑为不同能力的幼儿设计出不同难度层级的玩教具，以使每个幼儿都能通过活动得到发展。

## 五　发展精细动作的体育玩教具设计与制作

### 1. 钓鱼

材料准备：彩色卡纸、彩色笔、回形针、窗帘钩、磁性吸扣、筷子、风筝线、细绳子等。

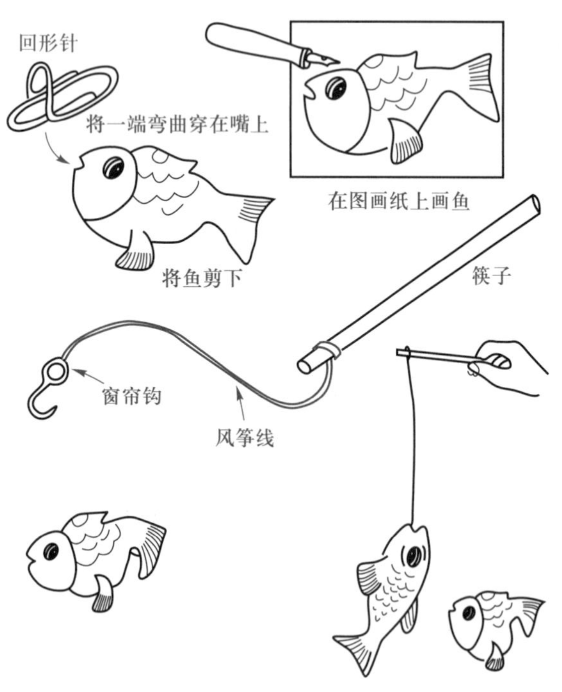


图4–32　制作示意图

制作要点：

（1）请幼儿用彩色卡纸剪贴或绘制出各种鱼形，剪下备用。

（2）如图4–32所示在鱼嘴巴处卡上回形针。

（3）取一根筷子或小木棍，在一端系上结实的线绳，在线绳的另一端系上一个窗帘钩。

操作说明：将鱼装在纸盒内，幼儿手持钓鱼竿，用钩子钩住鱼头上的回形针，将鱼钓起，锻炼幼儿的手眼协调性。

设计点评：钓鱼是幼儿非常喜欢的游戏。钓鱼竿选用钩子的大小和回形针竖起的大小，以及钓鱼线的长短等因素，将决定游戏的难度。此外，磁性相吸原理也可用于钓鱼玩具的设计。方法是将磁性吸扣的磁铁取下后在其上钻孔，穿入绳子后再将磁铁装上当作钓钩。钓鱼时，幼儿手持钓竿用磁铁吸住鱼头上的回形针即可将鱼钓起。这种设计在一定程度上降低了钓鱼游戏的难度（见图 4-33）。

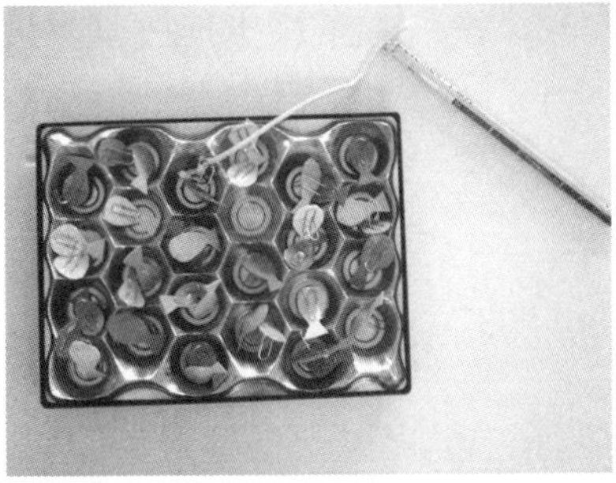

图 4-33　钓鱼玩具

### 2. 迷你高尔夫

材料准备：厚纸板、彩色卡纸、娃哈哈果奶瓶、小竹竿、乳胶、小球。

制作要点：

（1）取一只网球般大小的球，按照略大于球体的尺寸，在一块长条厚纸板的一端挖出一个圆孔，作为球道。选用绿色卡纸对纸板球道进行装饰。

（2）剪两条与球道同样长度的硬纸板条，贴在球道两侧形成围栏，再用一些彩色卡纸剪成花丛贴在围栏上加以装饰。

（3）取一只娃哈哈果奶瓶作为球杆头，在瓶子中间打一个圆孔，插入小竹竿，用乳胶固定，做成球杆。

操作说明：将小球放在纸板球道的一头，幼儿手持球杆，用果奶瓶敲击小球，使其向前滚动，进入纸板球道另一头的圆孔内即可得分。

设计点评：球道宽度和长度的设计，是控制这个游戏难度的关键所在。球道越长越宽，游戏难度就越大。此外，还可以在球道上设计出 2~3 个球洞，来增加游戏的趣味性。

### 3. 穿绳

材料准备：厚卡纸、颜料、彩色纸、长鞋带、绳子或丝带等。

制作要点：

（1）用厚卡纸剪出一定的形状或动物形象，在上面打孔。孔的大小和距离可以是均匀的，也可以是任意的。

（2）在厚卡纸上涂色或用彩色纸剪贴装饰。

操作说明：幼儿手持长鞋带或细绳，在纸板孔中随意或按一定的规律穿行（见图 4-34），使绳子

图 4-34　发展手指精细动作的穿绳游戏

在纸板上形成某种纹样。这类游戏能锻炼幼儿手指的灵活性和手眼协调的能力。

设计点评：在设计此类玩教具时，应在玩教具的教育功能方面有所拓展。如果设计仅仅考虑穿绳动作本身的意义，那么玩教具的主要功能，就只能停留在发展幼儿的精细动作上，穿绳动作将成为游戏的目标；如果进一步考虑到引导幼儿按一定的规律来穿绳，那么，幼儿的想象力、观察与思考能力、注意力、记忆力等方面将都能得到锻炼。这时，穿绳动作就成为游戏达到目标的一种手段了。可见，不同的设计理念会导致同一件玩教具的功能出现很大的差异。

#### 4. 小熊穿新衣

材料准备：卷筒纸芯、彩色绳子、彩色卡纸。

制作要点：

（1）用彩色卡纸剪贴出小熊头型，粘贴在卷筒纸芯的上端。

（2）在小熊脖子处打孔，穿入一根彩色绳子。在卷筒纸芯内的绳子顶端打一个稍大的结。如果没有彩色绳子，可将皱纹纸裁成条状搓成纸绳（见图 4-35）。

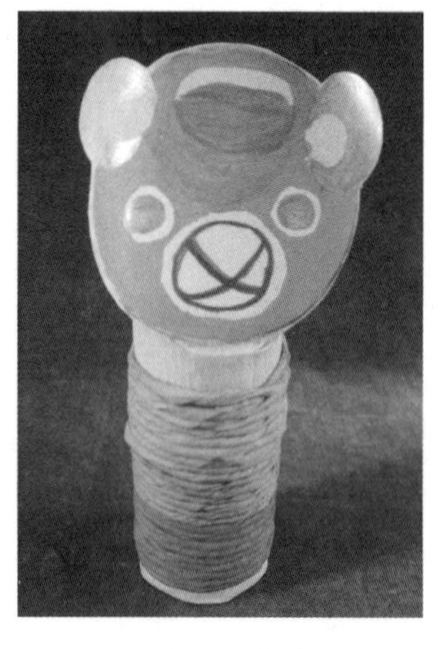

图 4-35　小熊穿新衣

操作说明：幼儿用一只脚固定纸芯，用另一只脚的脚趾夹住绳子缠绕在纸芯上，要求绳子一圈一圈均匀排列，像是给小熊穿上一件新衣服。这类赤足游戏能锻炼幼儿脚趾的灵活性，提高眼睛与脚趾协调配合的能力。

设计点评：这件玩教具设计的成功之处在于为发展幼儿脚的精细动作能力提供了可能。我们能得到的一个很好的启发，就是可以把其他作用于手的玩教具，引申到作用于脚上来。例如，前面用手穿绳的游戏就可以设计成用脚来穿绳，只需把难度调节到脚能适应的程度即可。

## 六　健康认知活动玩教具的设计与制作

幼儿园开展健康认知活动的目的，是帮助幼儿对人体生理结构及卫生安全知识有基本的了解。我们可以采用拼图、配对、下棋等游戏形式，结合相关知识来设计玩教具，使幼儿在游戏中了解与掌握一定的健康知识，并养成良好的生活和卫生习惯。

在相关玩教具的设计和使用上，要突出玩教具的直观性和教学形式的趣味性。在这一方面，我们也可以借鉴国外幼儿教育的一些先进经验（见图 4-36）。

图 4-36　国外幼儿园健康教育教具

### 1. 勤洗小手粘贴板

材料准备：各种洗手、吃饭、睡觉、如厕、画画、玩沙等幼儿生活照片，厚纸板、尼龙搭扣、乳胶。

制作要点：

（1）将各种照片过塑压膜，在背后粘上尼龙搭扣的一片。

（2）在厚纸板的左边粘贴排列吃饭、睡觉、画画、玩沙、如厕等照片，在右边留空部分粘贴上尼龙搭扣的另一片。

操作说明：幼儿按要求在相应图片后面粘贴上洗手的照片；在操作活动中养成饭前便后要洗手的好习惯。

设计点评：采用尼龙搭扣制作粘贴板的设计思路，很值得我们借鉴。与双面胶粘贴法和磁性吸扣粘贴法相比，这种制作方法方便，重复使用率高，而且能使幼儿对操作动作产生一定的兴趣，提高活动的趣味性。

### 2.“骨骨相连”拼图

材料准备：人体骨骼图片、卡纸、厚纸板、尼龙搭扣、乳胶。

制作要点：

（1）将人体骨骼图片复制到卡纸上，按形状裁剪后过塑压膜，在背后粘上尼龙搭扣的一片。

（2）在厚纸板上画上人体轮廓，在各骨骼部位粘上另一片尼龙搭扣。

操作说明：幼儿将各部位骨骼按正确位置摆放，在游戏中了解人体骨骼结构，认识自己的身体，学会自我保护。

设计点评：为幼儿设计玩教具，一定要从幼儿的认知水平出发，安排相应的难度层次。因此，在设计制作这件玩教具的时候，选用人体的骨骼图应是主要骨骼图，而且在做游戏时也不应要求幼儿说出骨骼的名称。脱离实际的设计，即使制作得再精良，对于幼儿教育来说也是空有其表、毫无意义的。

### 3. 安全标识拼图

材料准备：安全标识图片、厚卡纸、彩色笔、颜料、剪刀。

制作要点：

（1）将安全标识图片复制到厚卡纸上，可稍微放大。

（2）按照不同的标识颜色涂色。

（3）将标识进行不规则切割。

操作说明：根据不同的年龄和能力层次，将拼图按颜色、形状、类别等要求分组。要求幼儿在规定时间内拼出安全标识，并说出其作用。

设计点评：除了采用拼图游戏的构思进行设计之外，交通安全标识的认知活动还应穿插在平时与开汽车、小警察相关的游戏活动中，也可结合相关主题活动及墙面布置进行（见图4–37）。

图 4–37　安全标识墙上贴

### 4.“讲卫生小卫士”游戏棋

材料准备：厚卡纸、彩色笔、颜料、橡皮泥、剪刀、直尺、彩色卡纸。

制作要点：

① 在厚卡纸上用彩色笔勾画出游戏棋的基本轮廓，可以用“S 形”或“回字形”棋盘格式。在开始处画上或剪贴上绿色小旗，结束处画上或剪贴上一手举红色小旗的小朋友，红旗上写上“讲卫生小卫士”。

② 用直尺画出棋盘空格，间隔三五个空格写下“饭前洗手，请前进两格”“吃饭时不说话，请前进三格”“上完厕所不洗手，后退三格”“睡觉前不刷牙，后退五格”等游戏提示，在空格的空隙画上相应插图或剪贴洗手、刷牙等卫生习惯的图片。

③ 用厚卡纸以制作正方体的方法制作一正方体骰子。在六面分别写上 1~6

的数字或标上点子。也可以用橡皮泥捏成正方体骰子。

④ 用厚卡纸分别画出或剪贴出男女各三人共六位小朋友作为游戏棋的角色。要求做出立体形象，每个小朋友有正面和背面两个形象，用卡纸卷成纸卷，在纸卷前后分别粘贴上小朋友的正面和背面形象，可以使小朋友站立在棋盘上前进后退。

操作说明：游戏选手以掷骰子的大小决定行进的先后顺序，之后依次轮流掷骰子。按游戏方格前进，遇到有提示的方格，按提示前进或后退。最先到达终点的就是“讲卫生小卫士”。

设计点评：游戏棋形式可与多种知识教育及养成教育活动相结合。在游戏课程中，我们已就智力游戏棋的设计进行过专门的实践与训练。运用的关键就在于对教育教学知识点的把握，并据此找准游戏棋的设计点。

## 第三节　语言活动玩教具的设计与制作

语言是人们表达思想进行交际的工具。学前期是口头语言发展的最佳期。幼儿园的语言活动，一般以诗歌朗诵、儿童故事的讲述和表演为主要形式。在幼儿进行这些语言活动的时候，如果能提供一个与诗歌、故事情节相符的舞台场景，或与其角色相符的木偶、面具、头饰、桌面情景教具等，可以帮助幼儿更好地理解与掌握诗歌、故事的内容。进而可以引导幼儿开展故事创编活动，促进创造性语言的发展，提高语言表达能力。

**相关资料**

### 幼儿园语言教育的目标①

1. 乐意与人交谈，讲话礼貌；
2. 注意倾听对方讲话，能理解日常用语；
3. 能清楚地说出自己想说的事；
4. 喜欢听故事、看图书；
5. 能听懂和会说普通话。

① 引自教育部2001年颁布的《幼儿园教育指导纲要（试行）》。

## 一　木偶的设计与制作

木偶的设计与制作

木偶戏深受幼儿的喜爱，一个个生动有趣的人物形象常常令幼儿痴迷不已。舞台上演出的木偶主要有杖头木偶和提线木偶两种形式。

杖头木偶的特点是用一根木棒（杖头）接在木偶头部，在手的活动关节处装上操纵杆，操纵木棒和杆进行表演（见图 4-38）。提线木偶则是一种用线牵引木偶进行表演的形式，木偶全身都在舞台上，演员在上面操纵提线来表演各种动作（见图 4-39）。

图 4-38　杖头木偶

图 4-39　提线木偶

**相关资料**

**小木偶身后的故事**

木偶戏由木偶、操纵演员、配音演员和乐队四部分组成，多用戏曲曲调表演，有的用对话或歌舞表演。从前木偶造型比较机械，表演古装戏的木偶仅由三根棒构成，身躯干瘪，目瞪口呆，有膀无腿。后来经过木偶工艺技师的精心设计，使木偶的头、眼睛、嘴巴、手、足都能活动自如，唱白时随着曲调的旋律张嘴闭嘴，眼睛也随着表演的动作转动。从目光、动作可看出木偶是高兴还是忧愁，是愤怒还是憎恨。木偶的手，送物取件，击鼓弹琴，骑车划船，策马扬鞭，皆能动作敏捷，还能自己打火抽烟。人们称赞说：木头人，木头人，真正像个人！木偶戏，木偶戏，活像真人在演戏。

杖头木偶和提线木偶的操纵技术比较复杂，不太适宜幼儿使用。在幼儿园，幼儿主要使用的是布袋木偶，即把木偶套在手上，单手操纵木偶进行表演（见

图 4-40）。此外，还有一种把小木偶套在手指上进行表演的手指偶表演形式。

图 4-40　布袋木偶

玩具厂商生产的布袋木偶主要采用布绒面料设计，教师可以就地取材，利用各种边角布料、袜子、手套，以及纸盒、纸杯、纸碟、信封、乒乓球、蛋壳等材料，制作出各式各样的木偶来。

用一根线控制木偶的头，另一根线控制两只手的简单提线偶，也可以引入幼儿园。虽然提线偶的操作相对要复杂一些，但它形式新颖，幼儿平时接触比较少，因此比较容易吸引幼儿。

**1. 手套偶的制作**

（1）布袋兔

材料准备：白绒布、毛线手套、棉花、纽扣、针、线、剪刀。

制作要点：如图 4-41 所示。

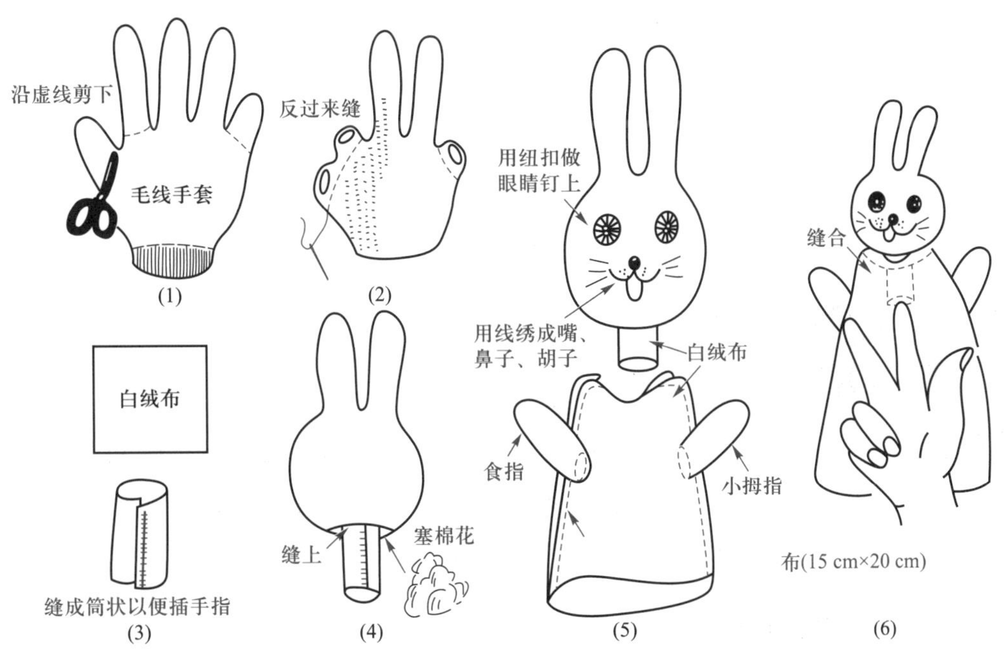

图 4-41　布袋兔制作示意图

（2）布袋熊

材料准备：布、毛线手套、白绒布、棉花、剪刀、针、线、纽扣。

制作要点：如图 4-42 所示。

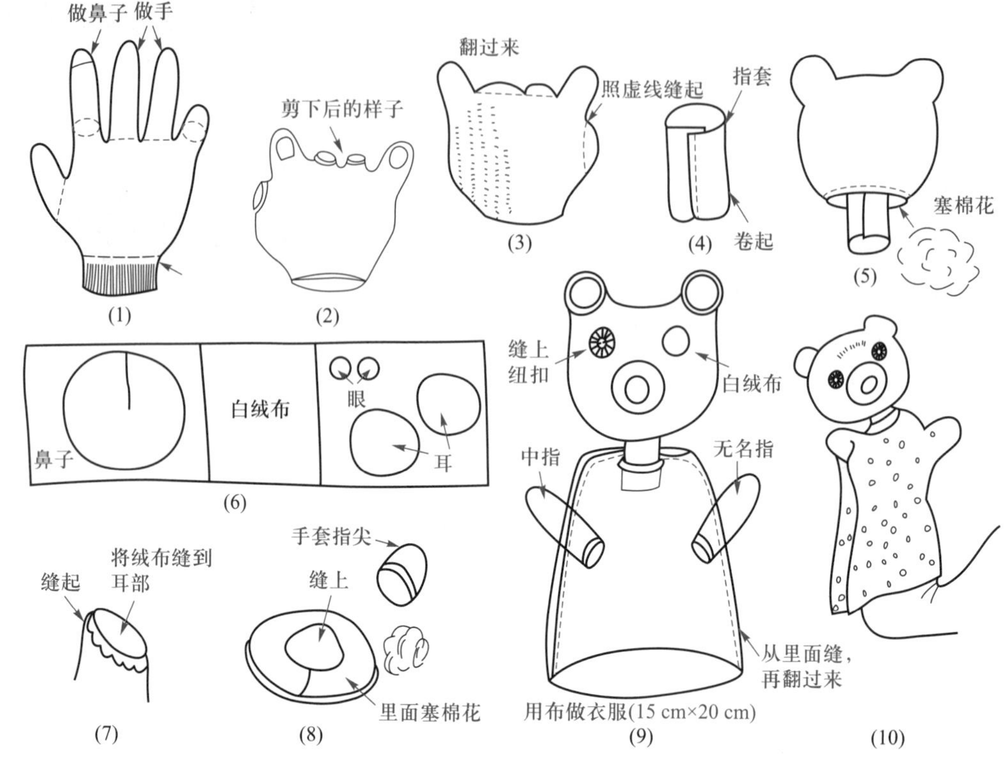


图 4-42　布袋熊制作示意图

布袋木偶的设计与制作

（3）手套小狗

材料准备：旧巴掌手套一只，毡布、剪刀、针、线、纽扣。

制作要点：

① 将两粒纽扣缝在一只巴掌手套上。

② 剪两块毡布作为耳朵，如图 4-43 所示缝在手套上。

③ 把大拇指作为小狗的下嘴唇，做上下张合的动作，使得这只小狗看上去像会叫会说话一样。

图 4-43　手套小狗

**2. 袜子偶的制作**

材料准备：袜子（有袜跟、长袜筒）、各色碎布、填充棉、旧丝袜、厚卡纸、纽扣、毛线、剪刀、针线。

制作要点：

① 根据形象需要确定袜头长度，将不需要的部分从反面缝住。

② 在卡纸上沿袜头到袜跟部画出图样剪下，在卡纸上下两面铺上薄薄一层填充棉，包上丝袜固定后塞进袜子的袜头和袜跟，上下折叠。

③ 再用一丝袜包上一团填充棉塞入袜头部分，作为袜子偶的头部。

制作范例——袜子偶

④ 用碎布、纽扣和毛线等装饰出袜子偶的眼睛、鼻子、耳朵、毛发等。在袜头和袜跟折叠处塞入粉色布并缝合作为袜子偶的嘴巴。

⑤ 在嘴巴对折处缝上舌头，嘴巴开合时舌头跟着抖动，使形象更生动。

操作说明：表演时拇指伸进袜跟，其余四指伸入袜头的填充棉和卡纸的空隙中，上下开合，袜子偶就能说话了。

**3. 纸盒偶的制作**

材料准备：各种纸盒、彩色卡纸、乳胶、剪刀、线和橡皮筋等。

制作要点：

方法一

① 将一个长方形纸盒从中间剪开（根据角色需要也可不等分），留一条边不剪，并沿这条边将纸盒对折。如果纸盒外表有印刷字或图案，还需用彩色卡纸将纸盒裱糊为单一色。

② 用彩色卡纸分别制作眼睛、鼻子、耳朵、牙齿、舌头等粘贴在盒子上做装饰（见图 4-44）。

图 4-44　大嘴巴牛牛

操作说明：操作时将拇指套在纸盒偶下半部分的纸盒内，其余四指套在上半部分的纸盒内，上下开合，使故事角色的嘴巴动起来，就可以开始表演了。

方法二

① 在方形纸盒前面画出嘴巴的位置，并用利刀把它的上、左、右三条边割开，再沿虚线向外折。

② 在“嘴巴”上钻孔，将一根橡皮筋穿过小孔，把它的一端固定在盒子内，另一端和细线连接在一起。

③ 在卡纸上画一个“嘴巴”，剪下贴在纸盒偶“嘴巴”的部位上，封住橡皮筋与细线的接头，使它更加牢固与美观。

纸盒偶的制作

④ 分别贴上其他附加物，画出或贴上“五官”（见图 4-45）。

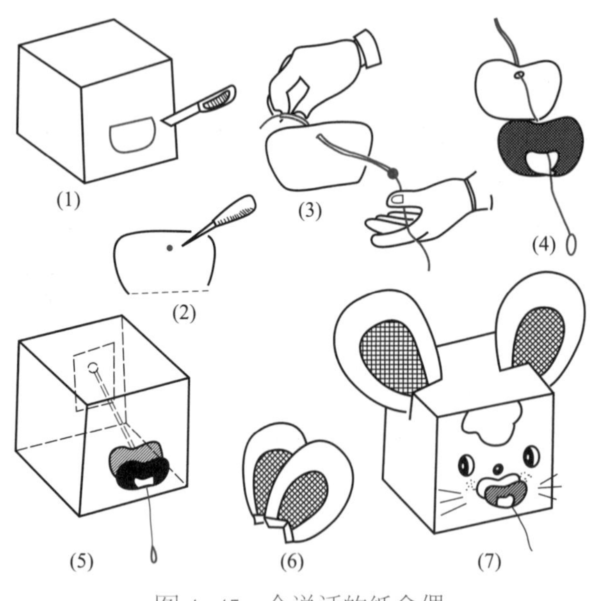

图 4-45　会说话的纸盒偶

⑤ 在盒子底部剪一个大小与幼儿手指相同的小孔，以便于操作。

操作说明：取一条大手帕作为纸盒偶的衣服，将食指顶在手帕的中间，再套入纸盒底部的小孔进行表演。另一只手拉动细线，纸盒偶的嘴就会一张一合不停地“说话”了。按上述方法，还可制作熊猫、小狗等其他动物或人物纸盒偶。

**4. 纸碟偶的制作**

材料准备：两只一次性纸碟、彩色卡纸、乳胶、剪刀。

制作要点：

① 将一只纸碟剪成两半，与另一只纸碟沿圆边黏合，待乳胶干后将未剪开的纸碟对半折叠。

② 将用彩色卡纸制作的眼睛、鼻子、耳朵、牙齿、舌头等粘贴在纸碟上进行装饰。

操作说明：操作时将拇指套在下面的纸碟孔内，其余四指套在上面的纸碟孔内，上下开合，使故事角色的嘴巴开始说话，表演就开始了。

图 4-46　纸芯偶

**5. 纸芯偶的制作**

材料准备：纸芯、色纸等。

制作要点：

① 在纸芯上画出动物脸谱的外形，并把多余的部分剪去。

② 画上眼睛、嘴巴，并粘贴一个立体的纸圈鼻子。

③ 添加装饰用的色纸及蝴蝶结等物（见图 4-46）。

**6. 纸杯偶的制作**

材料准备：纸杯、彩色卡纸、乳胶、

剪刀。

制作要点：

将纸杯顶部和两侧各挖出两个小孔，用彩色卡纸制作眼睛、鼻子、嘴巴等粘贴在纸杯上进行装饰。

操作说明：操作时将食指、中指插入纸杯顶部的小孔作为小动物的耳朵或角，拇指、小指插入两侧的小孔作为木偶的胳膊就可以开始表演了。

### 7. 纸袋偶的制作

材料：各种大小纸袋、色纸等。

制作要点：

方法一

① 选用小号纸袋，如图 4-47（1）所示把纸袋折好。

② 将拟制作的纸袋偶的“五官”、上肢等附加物，分别画在色纸上并剪下。

③ 把“五官”等附加物依次贴在纸袋上面，注意不管是人还是动物的嘴巴，都要位于纸袋底的边缘线上，以便操作时纸袋上下张合。

操作说明：将手套入纸袋中，弯曲手指，并上下开合，纸袋偶就会点头和开口“说话”了。

方法二

① 选用大号纸袋，把纸袋的两个角用手扭起来当猫耳或粘贴裁剪好的相应动物的耳朵［见图 4-47(2)］。

② 根据人脸定出眼睛的部位，剪空眼眶，以便露出眼睛。

③ 在纸袋上用手绘或剪贴的方法画出整个脸谱。

图 4-47　纸袋偶

操作说明：让幼儿将用大纸袋制作的纸袋偶套在自己头上表演，或玩捉迷藏、小小动物园等游戏。

### 8. 信封偶的制作

材料准备：信封、彩色卡纸、乳胶、彩色笔、剪刀。

图 4-48　信封偶

制作要点：

① 根据表演者手掌大小确定拇指和小指在信封两边的位置，在这两个位置分别剪出两个半圆小孔（见图 4-48）。

② 用彩色卡纸制作眼睛、鼻子、嘴巴等贴在信封上做出角色形象，或者用彩色笔画出角色形象。

③ 根据需要在信封上端剪出小孔伸出食指和中指，作为动物的耳朵或角。信封背后也可装饰，做成双面偶。

操作说明：表演时将整个手掌伸入信封，拇指和小指从两边的小孔伸出作为木偶的胳膊，就可以表演了。

**9. 指偶的制作**

材料准备：各色卡纸、碎布、剪刀、彩色笔、手套、针线、毛线、彩珠。

制作要点：

方法一

① 用各色卡纸、彩色笔画出或剪贴出故事形象，沿轮廓剪下。

② 将卡纸裁成条在手指上绕成圈或纸筒，确定大小后黏合，再将纸偶形象贴在纸圈接口处（见图 4-49）。

方法二

① 将碎布剪出两块比手指略粗一点的图形，在反面缝合。

② 翻到正面用彩珠、毛线在指套上装饰出形象的嘴巴、鼻子、毛发等。

③ 用布包裹填充棉，做出立体的布偶形象，直接缝制在指套上（见图 4-50）。

方法三

① 用各色卡纸、彩色笔画出或剪贴出故事形象。

② 在绘画或剪贴时留出耳朵或者胳膊或者腿的位置，在这样的部位用剪刀剪两个圆孔，表演者将食指和中指伸进这两个孔，就可以表现故事形象的耳朵或者胳膊或者腿。

图 4-49　纸制指偶

图 4-50　布制指偶

方法四

① 找一只旧手套，把手套上的 5 个指套剪下来（见图 4-51）。

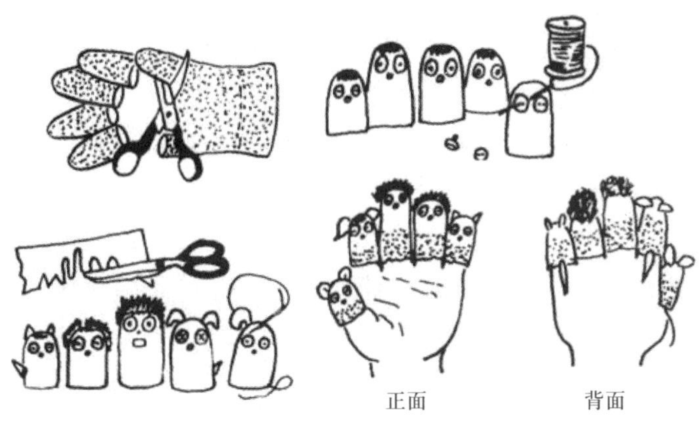


图 4-51　手套指偶

② 找几个合适的纽扣，将纽扣缝在指套上分别作为眼睛和鼻子。

③ 用碎布剪出耳朵、嘴和尾巴，用棉纱做成头发，然后把头发、耳朵、嘴和尾巴缝在指偶上。

操作说明：表演时将各种指偶套在手指上，屈伸指关节，指偶就可以表演了。

### 10. 掌偶的制作

材料准备：各色卡纸、剪刀、彩色笔、美工刀。

制作要点：

① 在各色卡纸上画出或剪贴出故事形象，沿轮廓剪下。

② 将卡纸裁成条在手掌上绕成圈，确定大小后黏合，再将故事形象贴在纸圈接口处。

操作说明：表演时将掌偶套在手掌上，大拇指在外，屈伸手掌，掌偶就可以表演了。

### 11. 乒乓（蛋壳）偶的制作

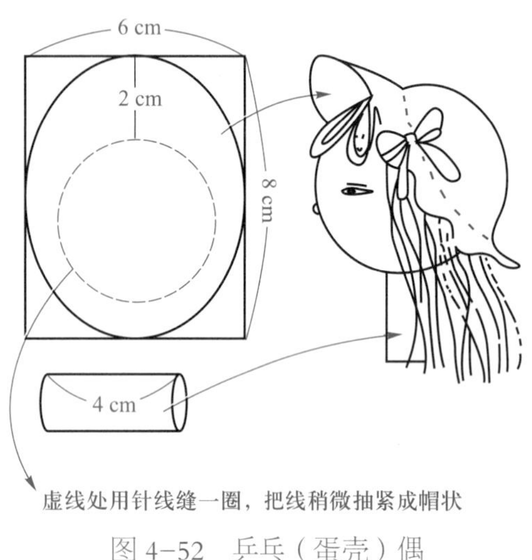


图 4-52　乒乓（蛋壳）偶

材料准备：乒乓球（蛋壳）、卡纸、毛线、碎布、尼龙花边。

制作要点：

① 在乒乓球（蛋壳）上挖一个孔，卷一个可伸进食指的纸卷，外面贴上一层布插入孔内，画上或贴上眼、嘴，用毛线做成头发贴上，把做好的帽子粘上（见图 4-52）。

② 用碎布做成衣服，然后和乒乓（蛋壳）偶的脖子缝合在一起。

操作说明：表演时将乒乓（蛋壳）偶的纸卷套在手指上，屈伸指关节，乒乓（蛋壳）偶就开始表演了。

### 12. 棒（杖）偶的制作

材料准备：彩色卡纸、彩色笔、剪刀、胶水、小木棒（筷子）或木勺。

制作要点：

① 在各色卡纸上画出或剪贴出故事形象（最好正反两面都有），沿轮廓剪下。也可以从杂志、宣传画报或包装纸上沿轮廓剪下所选形象。

② 在剪好的正反形象背后都抹上胶水，将小木棒或筷子、小木勺粘贴在中间。

操作说明：用手举着小木棒或筷子等左右、前后晃动棒（杖）偶，或旋转棒（杖）偶进行各种表演。

### 13. 提线纸偶

材料准备：厚纸板、彩色卡纸、彩色水笔、筷子、风筝线、回形针、针线、剪刀、乳胶。

制作要点：

① 将彩色卡纸贴在厚纸板上，画出或粘贴出纸偶形象，注意要将身体、胳膊和腿 3 个部分分开绘制，并沿轮廓将各部分剪下。

② 如图 4-53 所示，用回形针分别将身体与胳膊、腿组合起来，还可以用

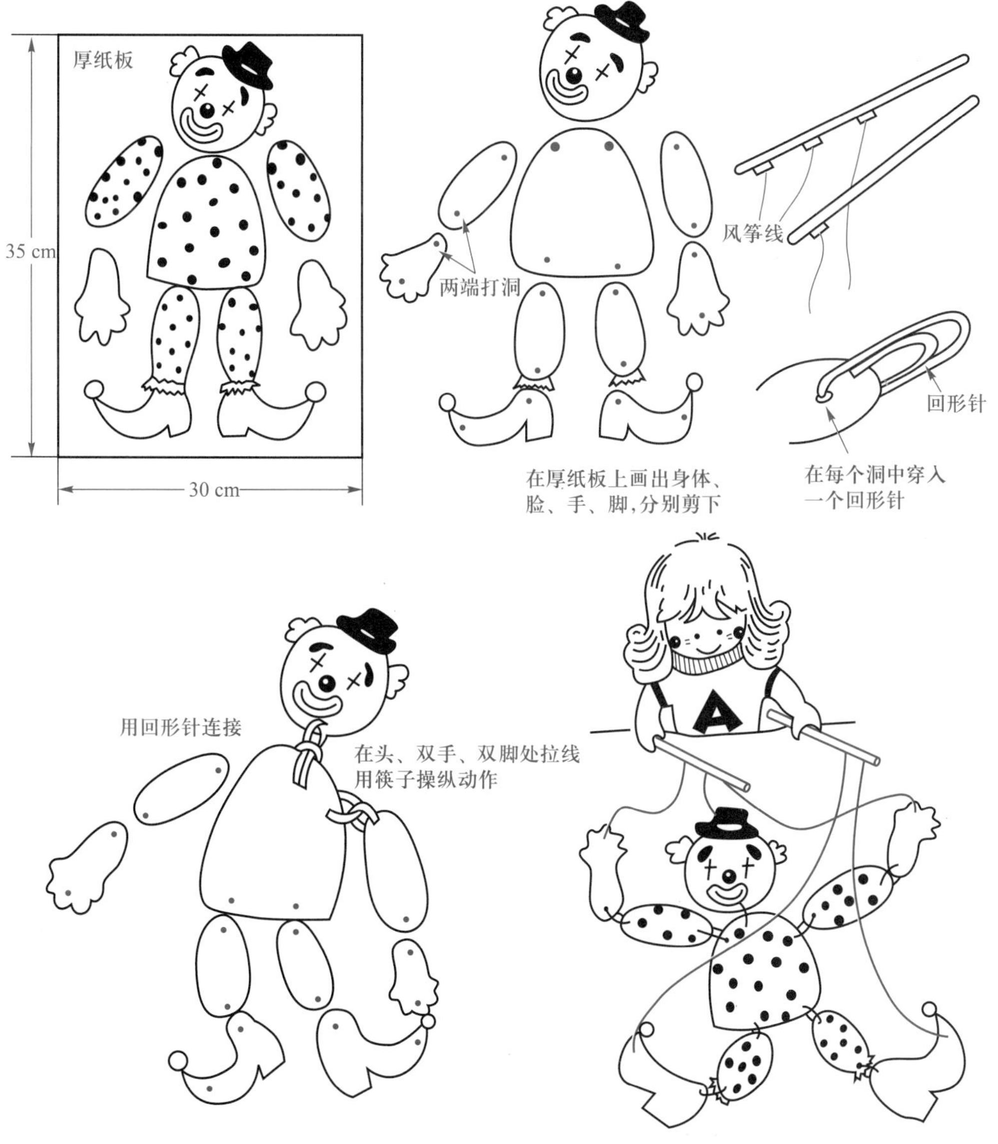


图 4-53　提线纸偶

针线加钉揿钮的办法，既不影响灵活性，又美观牢固。

③ 安装提线杆和提线。在两根筷子上确定 5 个安装点作为提线杆，中间重合部分与头部装订点以提线相连，左右胳膊和一根提线杆两端以提线相连，左右脚则以提线和另一根提线杆两端相连。

操作说明：操纵两根提线杆，纸偶的手、脚就会上下活动来进行各种表演了。

### 14. 儿童皮影

材料准备：硬纸片或透明胶片、粗线或大头针、筷子、剪刀。

制作要点：

① 根据剧本要求，用单线图案式绘出侧面、半侧面人物设计图，突出人物性格特征，形象夸张，风格统一。

② 根据人物设计图，制定出人物肢体分解制作方案（包括尺寸、选料、绘样、下料），设计好每个关节的连接部分，并标出它们的装订点。

③ 分部雕刻头、腿、躯干、臂、手、足等。花纹可根据服饰图案刻制。

④ 把分散的肢体用粗线或大头针在标出的关节装订点上穿透、订连，组成一个完整的人体（见图 4−54）。儿童皮影有黑白和彩色两种：黑白的影人可用硬纸片按照程序制成剪影式的影人；彩色影人要用透明胶片制作，用透明水彩着色，着色时注意每个细部的色彩应协调、鲜明、统一。

图 4−54　儿童皮影

⑤ 安装操纵杆和有特殊用途的牵线。凡有特殊动作的部分如眼动、嘴动等，都要事先设计和标好装线点。一般影人要装 3 根操纵杆：颈部 1 根，双手腕各装 1 根。如需走路，再装 2 根脚杆。这样，一个完整的影人就算制成了。

操作说明：一手握住装在影人颈部的手杆，提起影人的身体，紧贴在影窗上，必要时操纵影人腾、挪、旋转。另一手握住装在影人手腕或脚腕上的两根手杆或脚杆，操纵影人四肢的动作。但要注意，在表演时一定要把影人紧紧贴在影窗上，以免出现虚影和变形。一边操纵影人，一边配词拟声，演出就开始了。

将一块白纱布平绷在倒置的桌腿上即可做成演出的影窗。影窗上的光线是出影效果好坏的关键，若选用自然光，则要求阳光照射的角度要合适；若选用灯光，则可以反复调整灯的位置以获得最佳效果。

## 二　头饰、面具的设计与制作

头饰和面具也是幼儿扮演角色的重要道具。造型生动、色彩鲜艳的头饰不仅能有效地渲染活动气氛，激发幼儿模仿和表演的欲望，还有助于增强幼儿的角色感，帮助他们去塑造各种不同风格类型的人物形象。

传统的头饰一般为平面额顶头圈式头饰，制作简单，取材方便。另外，我们还可设计制作具有立体感或装饰性更强的头饰，如立体额顶头圈式头饰、屋顶形立体头饰、圆锥形立体头饰、圆台形立体头饰、船形帽式头饰、帽盔式头饰、帽子添加头饰、动物耳朵头饰。除头饰外，我们还可以设计其他有助于表现角色身份特征的道具，如面具。

### 1. 平面额顶头圈式头饰的制作

平面头饰制作范例

材料准备：彩色卡纸、彩色笔、水粉颜料、剪刀、乳胶、回形针、松紧带等。

制作要点：

① 用彩色卡纸剪贴或用彩色笔、水粉颜料绘制出头饰形象，如小熊、小猫等，形象大小约 15 cm × 15 cm。也可将画报、宣传页或包装纸上的头饰形象剪下，粘贴在厚卡纸上。

② 将彩色卡纸裁成 60 cm × 3 cm 的头箍纸带，可用彩色笔或颜料绘画装饰［见图 4-55（1）］。

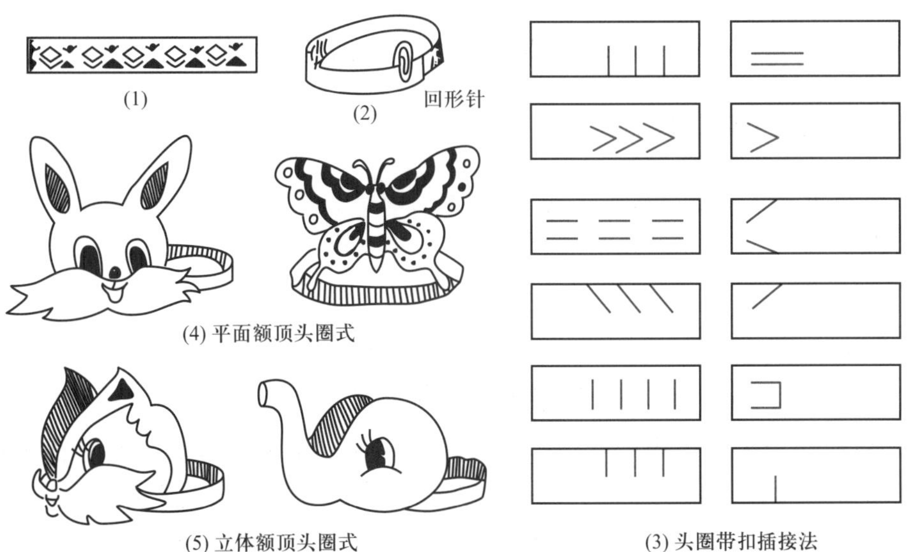


图 4-55　头圈式头饰的制作

③ 将头饰形象用乳胶粘贴在头箍纸带中间位置［见图 4-55（2）］。

④ 根据表演者实际头围确定头箍大小，用回形针别牢或在纸带上剪出切插口［见图 4-55（3）］，将头箍插好后戴在表演者头上［见图 4-55（4）］。

⑤ 头箍也可用松紧带代替。在角色形象两边各打一个孔，装上松紧带。

**2. 立体额顶头圈式头饰的制作**

立体头饰的设计与制作范例

材料准备：彩色卡纸、彩色笔、水粉颜料、剪刀、乳胶等。

制作要点：

① 在卡纸上画出头饰形象的对称图形，剪下并粘贴成立体造型。用彩色笔画出其面部细节，也可以用剪贴法进行装饰。

② 把立体头饰形象固定在头圈上［见图 4-55（5）］。

**3. 屋顶形立体头饰的制作**

材料准备：彩色卡纸、彩色笔、水粉颜料、剪刀、乳胶、松紧带等。

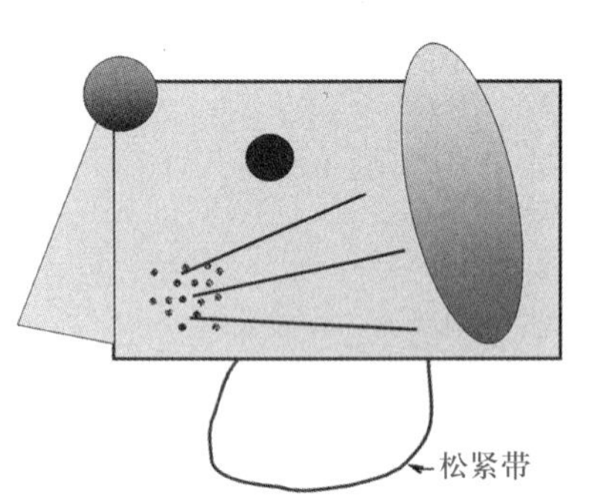


图 4-56　屋顶形立体头饰的制作

制作要点：

① 将长方形卡纸对折，剪出头饰形象。用彩色笔画出其鼻子、眼睛、嘴巴、胡须等面部细节，也可以用彩色卡纸剪贴，注意要两边对称。

② 用彩色卡纸（或者瓦楞纸、即时贴等）制作并粘贴头饰形象的耳朵等头部特征，可稍做夸张（见图 4-56）。

③ 在头饰形象下方的左右两侧打孔，装上松紧带。

**4. 圆锥形立体头饰制作**

材料准备：彩色卡纸、彩色笔、水粉颜料、剪刀、乳胶或双面胶、松紧带等。

制作要点：

① 将彩色卡纸裁剪成扇形，预留粘贴边条。

② 将扇形卷成圆锥形，用乳胶或双面胶粘贴。

③ 用彩色卡纸或彩色笔在圆锥上装饰美化出形象的特征，如小老鼠的眼睛、鼻子、耳朵、胡子，或者公鸡的鸡冠、眼睛、翅膀、尾巴等。

④ 在圆锥的圆筒口左右两侧打孔，装上松紧带（见图 4-57）。

### 5. 圆台形立体头饰的制作

材料准备：彩色卡纸、彩色笔、水粉颜料、剪刀、乳胶、松紧带、大号纸碗。

制作要点：

① 将彩色卡纸裁剪成扇形，做成如图 4-58 所示的圆台，或用方便面纸碗或大号一次性纸碗。

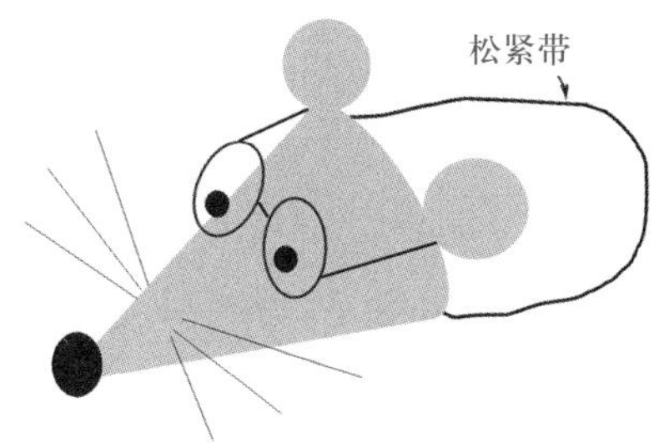

图 4-57　圆锥形立体头饰的制作

图 4-58　圆台型立体头饰的制作

② 根据头饰形象的特征，用彩色卡纸剪贴出眼睛、鼻子、嘴巴、耳朵等加以装饰。圆台可以横向或纵向放置。

③ 在圆台下沿左右两侧打孔装上松紧带。

### 6. 船形帽式头饰的制作

材料准备：彩色卡纸、彩色笔、水粉颜料、剪刀、乳胶、松紧带。

制作要点：

① 用彩色卡纸按图 4-59 所示裁剪出头形展开图。注意帽围要与表演者头围一致。

② 将展开图粘贴成船形帽。深色部分为粘贴边条。

③ 用彩色卡纸剪贴或彩色笔、颜料绘制出动物形象的嘴巴、鼻子等。

④ 在船形帽两侧打孔装上松紧带。

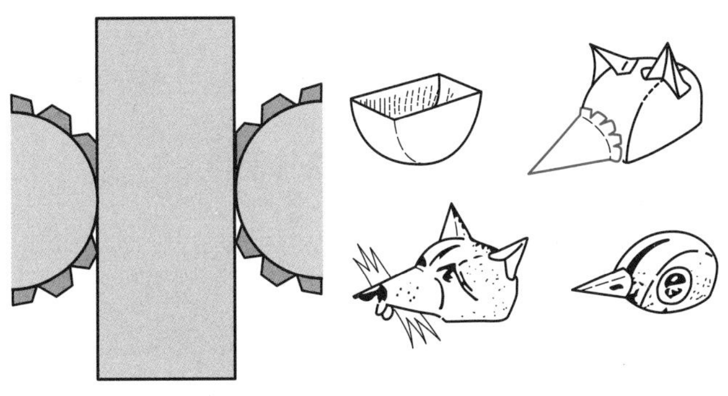
图 4-59　船形帽式头饰制作

### 7. 帽盔式头饰的制作

材料准备：气球、糨糊、废报纸、白宣纸、颜料、彩色卡纸、亮片、彩珠、松紧带。

制作要点：

① 取一些糨糊放入盆中加水搅匀成稀糨糊。将报纸、宣纸裁成条，浸泡在稀糨糊中。

② 把一气球吹成和幼儿头围差不多大，然后系紧。在气球上用彩色笔大致确定一下脸部的大小，画出帽盔的范围。

③ 将浸泡了糨糊的报纸条按顺序一条压一条地贴在气球上帽盔的范围里。边沿部分要加厚。待整体贴到有一定厚度后用宣纸再覆盖一层。

④ 将贴上报纸条的气球放在阴凉处阴干。等报纸阴干后放掉气球中的气，即可得到纸壳帽盔。

⑤ 用颜料在帽盔外层上色，用彩色卡纸、亮片、彩珠等加以装饰。

⑥ 在帽盔下方沿左右两边打孔，装上松紧带。

### 8. 帽子添加头饰的制作

材料准备：各色细绒布、填充棉、纽扣、针线、剪刀。

制作要点：

① 在细绒布上剪出耳朵、角等形状，反面缝合，翻回正面后填入填充棉或海绵，再缝合到帽子上。

② 用纽扣做眼睛，也可以用绒布剪贴。

③ 鼻子一般用包扣法，将绒布剪出一块圆形，包上填充棉，抽褶后缝合在帽子上。猪鼻子可以用瓶盖表现。

④ 还可用绒布剪成细长条，缝成尾巴，再缝在帽子后面，增添趣味。

### 9. 动物耳朵头饰制作

材料准备：各色细绒布、长毛绒布、头箍、针线、剪刀等。

制作要点：

① 根据动物耳朵的形状，将绒布剪成圆形、椭圆形、长圆形或扇形等。用细绒布表示内耳，长毛绒布表示外耳，各剪两片。注意裁剪时要预留出边缝的位置。

② 将一片细绒布和一片长毛绒布正面相对，从反面沿边缝合。留着耳朵的

底部不要缝合。缝合完毕翻回正面。

③ 用长毛绒布裁出两长条，长度大致与头箍长度相当。将做好的两只耳朵的底部夹在长毛绒布条中，从反面缝合夹住耳朵的底部。耳朵的位置要摆放恰当。如果制作的兔子耳朵较长，不能竖立起来，可以在耳朵中间夹上海绵或少许填充棉。

④ 用长毛绒布条包住头箍并加以缝合。注意要将多余的布卷边缝合。

操作说明：幼儿可以戴上做好的小动物耳朵模仿小动物。另外再用多余的长毛绒布做一条尾巴，缝在松紧带圈上，套在腰间，小动物的形象就更完整了。

### 10. 纸雕式人物面具制作

材料准备：白板纸、白宣纸、颜料、彩色卡纸、亮片、彩珠、松紧带等。

制作要点：

① 剪裁一块大于面部的长方形白板纸，大约和 16 开本的杂志一样大即可，用铅笔斜画两条对角线，取对角线长度的 1/4 剪两个斜开口。将斜开口两侧斜交叉在一起收缩约 30° 角粘接，粘好以后将尖角剪去，使纸的上半部成盆状。在纸的下边，竖向下分 4 个等分，两侧向上剪垂直线，中间剪成半圆，并在中间剪一个小开口。收缩小开口粘成下巴尖，再收拢两侧纸条粘成人的下巴形状［见图 4-60（1）］。

② 以戴面具人的面部五官位置为基准，挖出眼孔、嘴孔，鼻孔部分只开横竖线，将开缝两侧面左右翻折露出三角形鼻孔，并翻出粘接边，以便粘贴三角形鼻盖。两侧耳朵的做法是对折白板纸，一次剪成两个耳朵片，分别粘在脸两侧［见图 4-60（2）］。

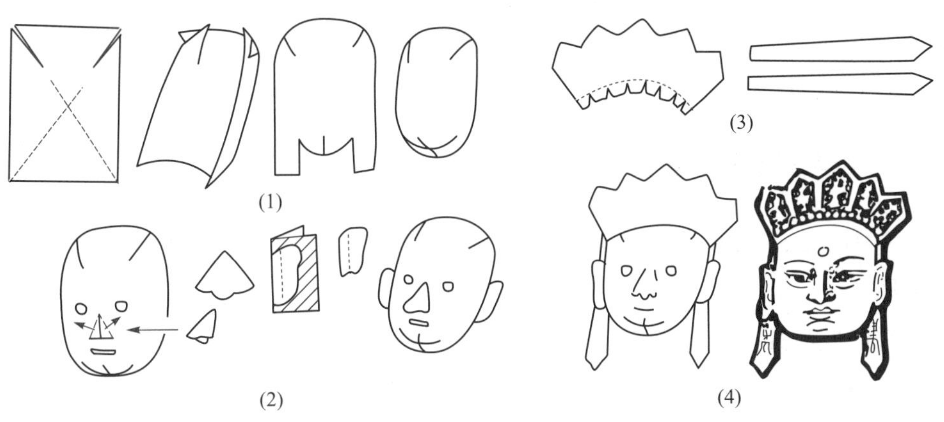


图 4-60　唐僧面具

③ 用彩色卡纸剪贴出帽子及眉毛等面部装饰［见图 4-60（3）（4）］。

④ 在面具左右两边打孔，装上松紧带。

**11. 纸雕式动物面具的制作**

材料准备：白板纸、颜料、彩色卡纸、亮片、彩珠、松紧带等。

制作要点：

① 制作小动物面具时，不必像人物面具那样制作出下巴来，只要上下一样剪 4 个开口，收缩成上下一样的纸盆，制作基本面形即可。

② 嘴巴、鼻子、耳朵要根据不同动物的脸形去制作（见图 4-61）。如果制作猫、熊猫或小兔子，就用小圆盖盖住鼻子部分；如果制作狗和狐狸的面具，则要根据它们的嘴形做成尖筒或圆筒形的突出嘴巴。小动物的耳朵有尖有圆，有长有短，做法也各有不同，但也有个共同点，那就是当制作耳朵立起的小动物时，要先把耳朵片对折在一个角度再粘贴，以防耳朵倒下来。制作耳朵下垂的小动物时，就要平粘耳朵片，让它柔软能摇动。

图 4-61　动物面具

③ 脸部的装饰美化可用彩色卡纸剪贴或用颜料彩绘的方法，可用夸张手法表现出动物的特征和表情。

④ 在面具左右两边打孔，装上松紧带。

纸浆式面具的制作

**12. 纸浆式面具的制作**

材料准备：气球、糨糊、废报纸、白宣纸、颜料、彩色卡纸、亮片、彩珠、松紧带。

纸浆式花瓶的制作

制作要点：

① 取一部分糨糊放入盆中加水搅匀成稀糨糊。将报纸、白宣纸裁成条，浸泡在稀糨糊中。

② 把一个气球吹成和幼儿头围差不多大，然后系紧。在气球上用彩色笔大致确定一下脸部的大小即面具的范围，并标出眼睛、鼻子、嘴巴的位置。

③ 将浸泡了糨糊的报纸条按顺序一条压一条贴在气球上脸的部位，空出眼睛、鼻子、嘴巴的位置（或者先全贴上，等干了再挖孔）。贴到一定厚度后用白宣纸再覆盖一层。

④ 将贴上报纸条的气球放在阴凉处阴干。待报纸干后将气球的气放掉，即可得到纸壳面具。

⑤ 用颜料将面具外层上色。然后用彩色卡纸、亮片、彩珠等进行装饰。

⑥ 在面具左右两边打孔，装上松紧带。

## 三　表演场景服装道具的设计与制作

### 1. 表演场景设计

语言活动的表演场景应力求简单，如在教室内用两把小椅子拉上幕布将观众与演员隔开，表演时拉开幕布，就能产生舞台的效果。木偶表演则需要使用幕布将操纵者遮住（见图 4-62）。

图 4-62　木偶表演场景

故事表演用的布景应造型夸张、色彩鲜明，可以结合美工活动，让幼儿一起来设计制作。例如，在故事《金色的小房子》的布景中，小房子可由幼儿用大型积木搭建，在积木上挂上或粘上金色的纸屋顶和门窗。大树和小草可以由幼儿绘画填色后粘贴在椅背上。一般木偶戏场景较小，幼儿平时的绘画、纸工和泥工作品都可用来布置场景。

### 2. 幕布的制作

材料准备：一块红平绒布（用其他布料亦可），绳子，针线。

制作要点：

① 将红平绒布裁出宽约 15 cm，长度为舞台长度 1.5 倍的长布条，在一边衍缝，然后抽褶成与舞台长度相当的长条。

② 将长条与原布缝合成一块带有木耳边装饰的幕布。

③ 将另一端折叠缝合后穿一根长绳或直接在两端缝上两根绳子用于拉幕，

系在椅子上固定。

### 3. 表演服装设计

树叶表演服的制作

幼儿诗歌或故事表演用的服装，可以象征性地表现角色所具有的显著特征。如维吾尔族人的坎肩、藏族人的彩条围裙；老虎、斑马等动物形象可侧重于它们皮毛的色彩花纹特征；飞行动物形象则可以表现它们的翅膀等特征。表演服装另外还可搭配头饰等道具，使所表现的角色形象更加生动、富有趣味，激发幼儿的模仿兴趣和表演欲望。

### 4. 藏族彩条围裙制作

材料准备：彩条布或彩色皱纹纸（以红色、蓝色为主）、衬布、针线、彩珠或亮片、胶水、卡纸。

制作要点：

① 用绗缝方法将彩色布条缝合，彩条可以宽度相同，也可以宽窄搭配，色彩可以按规律搭配，一组一组地衔接，也可以无序组合。

② 缝合完毕，在背后加一块衬布，上端缝合在腰带上，腰带上可以用彩色珠子或亮片装饰。

③ 皱纹纸彩条围裙的制作方法同上，将各彩条黏合，腰带最好用较结实的卡纸制作，再用各色皱纹纸揉成小纸团粘贴装饰。

### 5. 老虎服装制作

材料准备：大张橙色卡纸、褐色卡纸、宽松紧带、乳胶。

制作要点：

① 将橙色卡纸上下对折，裁剪出背心形状。

② 用褐色卡纸剪出不规则的波纹状纸条，在背心上左右对称地粘贴成老虎皮毛纹理。

③ 再用橙色卡纸裁剪出长圆形，做袖子和裤子。要注意处理好肘部和膝盖部位，以不影响幼儿弯曲做动作。也可以将用作袖子和裤子的卡纸裁剪成上下两部分形状，大小可根据幼儿手臂和腿的长度确定。再粘贴上褐色条纹，反面装上宽松紧带，套在手臂和腿部作老虎四肢的装饰。

④ 用橙色卡纸剪出老虎尾巴，装饰上褐色条纹后粘贴在背心后片下端的中心部位。

### 6. 蝴蝶服装制作

蝴蝶表演服的制作

材料准备：一张一次性桌布或大张拷贝纸或者蚊帐布，彩色闪光涤纶纸、白色或黑色即时贴纸、松紧带、针线、胶水。

制作要点：

① 将一次性桌布或拷贝纸或蚊帐布对折剪出左右对称的蝴蝶翅膀形状，再用各色闪光涤纶纸剪出圆形和水滴形纸片，粘贴装饰在蝴蝶翅膀上。

② 用同样材料对折剪出背心形状，将前片下端修剪成圆弧状，可以用白色或黑色的窄条即时贴纸相隔 10 cm 横向平行粘贴，装饰成蝴蝶腹部的纹样。

③ 将蝴蝶翅膀与背心组合粘贴，在翅膀外沿找出左右对称的两个点，分别钉上两个松紧带圆圈，套在幼儿的手指上。

### 7. 装饰帽制作

材料准备：各色绒布、填充棉、厚卡纸、彩色涤纶纸。

制作要点：

方法一（尖顶帽）

① 用厚卡纸剪出扇形，扇形圆弧和头围一致，注意要预留出粘贴边条。用乳胶粘贴为圆锥形。

② 用厚卡纸剪出一个空心圆。空心部分直径与圆锥底面直径相同。

③ 将圆锥与空心圆组合粘贴后装饰即可［见图 4-63（1）］。

方法二（绅士帽）

① 在厚卡纸上画一个圆形，为绅士帽顶的大小，在帽顶外再画一同心圆，

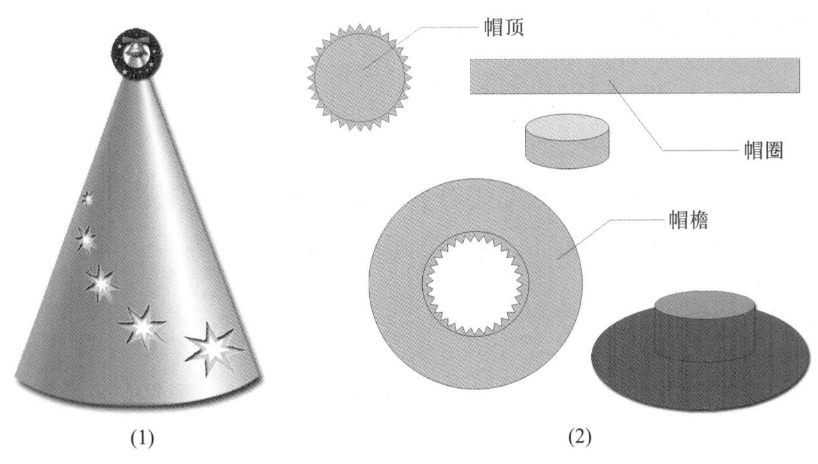


图 4-63　装饰帽制作示意图

并剪成牙口形。

② 按照头围的大小，把厚卡纸裁成长条后卷贴成柱体，作帽圈。

③ 在厚卡纸上画一个帽顶大小的圆形，外面再画一个大圆作帽檐。帽檐里面跟帽顶一样，也剪成牙口形。

④ 把帽顶、帽圈、帽檐三部分粘贴起来，即成为绅士帽［见图 4-63（2）］。

#### 8. 眼镜制作

材料准备：厚卡纸、铁丝（或铜丝）、彩珠、亮片等。

制作要点：

方法一

① 在厚卡纸上确定眼睛的位置。在此基础上画出眼镜框的形状，可以是宽大形的，也可以是细长形的，尽量夸张。

② 在画好的眼镜框的外围进行造型设计，可以绘制，也可以用彩色卡纸粘贴。形状越奇特，效果越好。也可以粘贴亮片、彩珠，或者挖出各种形状的小孔来装饰。

③ 沿造型边线将眼镜剪下，折叠眼镜架或者打孔装上松紧带。

方法二

① 用厚卡纸卷出所需眼镜框的大小，用胶水粘贴固定。

② 用两根铜丝或铁丝合股先拧成绞丝状，做成一条眼镜腿，接着绕过纸卷继续拧出鼻梁宽度后再绕着纸卷拧出另一条眼镜腿。

③ 调整眼镜框和眼镜腿形状。

④ 用彩珠、亮片等材料美化装饰。

#### 9. 各种发饰的制作

材料准备：毛线、棉花、纸卷、卡纸。

制作要点：

① 用黑色或其他颜色毛线编成辫子，戴在表演者头上装饰。

② 用卡纸做成半球形帽子，粘贴上毛线、棉花或纸卷。

#### 10. 胡须的制作

材料准备：碎布、长毛绒布、毛线、棉花、彩色纸、乳胶。

制作要点：

① 用布或卡纸剪出胡须状的底板。

② 用毛线、棉花或纸卷在底板上粘贴定型。

③ 在两边打孔，装上细绳子或松紧带，挂在耳朵上。

#### 11. 节日五彩头饰的制作

材料准备：彩色皱纹纸、细铁丝或铜丝、头箍、胶水。

制作要点：

① 将彩色皱纹纸对折剪成细长柳叶状。

② 将细铁丝弯成 U 形，将柳叶状皱纹纸分别贴在细铁丝两头。

③ 将贴上各种颜色皱纹纸的细铁丝拧在头箍上，组合成五彩头饰。

### 四 桌面情景教具的设计与制作

#### 1. 设计

桌面情景教具是根据诗歌、故事的情景设计制作的小型立体桌面教具。它能直观地再现诗歌、故事的场景，表现人物之间的关系。若再配以木偶进行角色表演，能使诗歌、故事更为生动，情节性更强，更容易被幼儿理解和掌握。

根据诗歌、故事情景的不同，可以制成单个情景教具或组合式情景教具。单个情景教具一般做成统一的背景，根据情节发展添加或撤换其中的角色和装饰物；组合式情景教具则可根据情节发展的需要做成多个不同背景，在色彩、装饰物上也有不同安排，还可以做成可添加或撤换的活动式布景。

桌面情景教具中的角色，可以是各种指偶、掌偶等小型木偶。这些小型木偶操作方便，能摆放在桌面情景教具中，帮助幼儿理解故事角色之间的关系、情节发展等，从而激发他们模仿和学习诗歌、故事的兴趣。

#### 2. 展开式桌面教具的制作

材料准备：厚纸板（或纸盒）、彩色卡纸、乳胶、剪刀。

制作要点：

① 将纸盒用剪刀或美工刀裁剪成所需要的背景轮廓（见图 4-64）。

② 用彩色卡纸在垂直背景上剪贴出树木、花草、云朵、小鸟、蝴蝶、太阳

桌面情景教具的制作

图 4-64　展开式桌面教具——小熊过桥

或月亮等装饰。

③ 在平面背景上剪贴或用颜料绘制出草地、河流、石头小路等地面效果。

④ 用各种材料做出小桥、房屋、篱笆、栅栏及故事角色等立体效果。故事角色可用小型木偶来表现。

### 3. 折叠式桌面教具的制作

材料准备：厚纸板（或纸盒）、花布、糨糊、软刷、彩色卡纸、乳胶、剪刀。

制作要点：

① 将糨糊加水搅成稀糨糊备用。

② 把厚纸板和卡纸裁成相同形状，卡纸边长比厚纸板小 4 cm。对折出折痕，折痕要清晰如一线，可用美工刀背在纸上重重地划出直线痕迹后对折。

③ 将稀糨糊用软刷均匀刷在厚纸板上，将花布裱在厚纸板表面，注意要将花布压平压紧，边裱糊边将气泡压出。将四角的多余花布对折后压平，裱在四角。

④ 待花布干后再将稀糨糊涂在厚纸板的另一面，将裁好的卡纸裱好。注意卡纸和厚纸板边缘留出均匀的 2 cm 边缝。在对折处上下 10 cm 处插入粘贴一条布带，用于牵制纸板呈 90° 角。

⑤ 待装裱干后用彩色卡纸在垂直的厚纸板上进行背景装饰，剪贴树木、花草、云朵、小鸟、蝴蝶等，可用颜料在背景卡纸上以水彩画技法绘制蓝色的天空。

⑥ 在平面背景上剪贴或用颜料绘制出草地、河流、石头小路等地面情景。

图 4-65　折叠式桌面教具——小熊过桥

⑦ 用彩色卡纸剪贴房子、动物、人物等故事形象。

⑧ 用白色卡纸裁剪出 2 cm 左右的纸带，折叠粘贴成长方形纸框，连接在房子、动物或人物等形象和背景上。根据形象需要确定长方形的长宽比例。

⑨ 将厚纸板折叠合上，可以将桌面教具平整收藏。使用时打开纸板，形象就随之竖立起来（见图 4-65）。或者也可用纸偶等作为活动的形象道具在背景上展开表演。

# 第四节　科学、社会、艺术活动玩教具的设计与制作

幼儿主要通过对物体的看、听、摸、闻、尝等操作活动来探索周围的世界，一个人在幼儿期形成的对周围世界的探索兴趣及解决问题的能力会使他终身受益。幼儿园的科学活动，旨在培养幼儿热爱大自然的情感，引导幼儿主动关心周围的环境及事物，激发其好奇心、认知兴趣和求知欲望；引导幼儿正确运用感官认识事物，培养其初步的认知能力、动手操作能力和解决问题的能力；引导幼儿主动获取对周围生活中有关自然和量、形、数、时、空的粗浅经验；引导幼儿初步学习运用科学的方法探索周围世界，为形成科学的思维方式奠定基础。

**相关资料**

**幼儿园科学教育的目标**[①]

1. 对周围的事物、现象感兴趣，有好奇心和求知欲；
2. 能运用各种感官，动手动脑，探究问题；
3. 能用适当的方式表达、交流探索的过程和结果；
4. 能从生活和游戏中感受事物的数量关系并体验到数学的重要和有趣；
5. 爱护动植物，关心周围环境，亲近大自然，珍惜自然资源，有初步的环保意识。

## 一　科学探索活动玩教具的设计与制作

科学探索活动玩教具主要引导和帮助幼儿对日常生活中的科学现象进行观察、探索和实验，使幼儿在简单的动手游戏中明白最基本的科学道理。

日常生活中的声、光、电、磁、力等现象和幼儿好奇的问题，都可以为我们设计制作玩教具提供线索和思路。例如，我们可以利用声音的直线传播性和共鸣等原理制作编钟、电话等玩教具；利用磁铁同性相斥、异性相吸的特性制作钓鱼、小猪吸吸碰等玩教具；利用光的折射、反射原理制作万花筒、潜望镜等；利用重力、浮力、张力等力学原理设计制作不倒翁、摇摆熊、沉浮鱼和快艇等玩教具。

① 引自教育部2001年颁布的《幼儿园教育指导纲要（试行）》。

### 1. 小电话

材料准备：一次性纸杯或冰激凌纸杯、玻璃纸、长细绳、皮筋等。

制作要点：

① 取两只纸杯，把底拿掉。

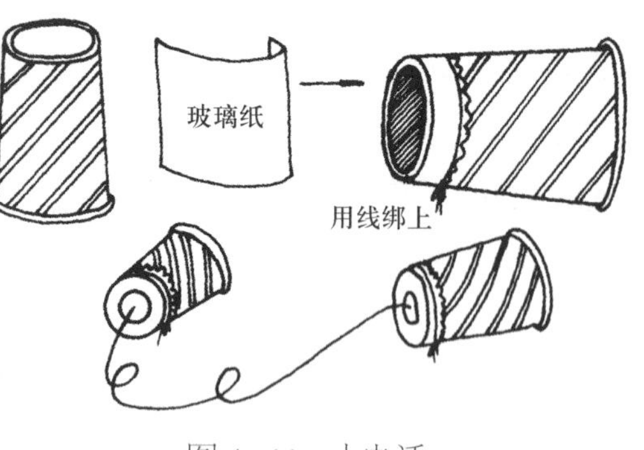

图 4-66　小电话

② 找几张玻璃纸，用两层玻璃纸蒙住纸杯底，用线或皮筋绑上。

③ 在玻璃纸中心穿线绳，在里面打上结，连接两只纸杯即成（见图 4-66）。

玩法和原理：两个幼儿分别站立在距离较远的两头，一个幼儿将杯口对准嘴巴说话，另一个幼儿将杯口放在耳朵上听声音。制作原理是绳子传播声音的效果比空气好。

### 2. 万花筒

材料准备：同等大小的长方形玻璃镜子三块，等边三角形毛玻璃片一片、透明玻璃片一大一小两片、彩色塑料碎片或彩色吸管、彩色卡纸、宽胶带、剪刀等。

制作要点：

万花筒的制作

① 将三块长方形玻璃镜子用宽胶带黏合起来，做成万花筒的三棱柱筒体。

② 等边三角形毛玻璃片边长与长方形玻璃镜子宽度相同，在它和一片略小的透明玻璃片中间夹入彩色塑料碎片或彩色吸管剪成的小圆环后，将其固定在筒体一端，将另一片透明玻璃片固定在筒体另一端。

③ 取深色卡纸剪出大小合适的三角形，并在三角形中间剪出一个小圆孔后，装饰在万花筒的透明玻璃片一端。

④ 用彩色卡纸装饰万花筒筒体，这样就制成了万花筒。

玩法与原理：幼儿对着光转动万花筒，可以看见万花筒内的彩色玻璃组合成各种美丽的图案。这是由于三面镜子形成的三棱柱会相互反射光线，所以彩色塑料碎片可以在玻璃壁上形成五彩缤纷的图案。

### 3. 潜望镜

材料准备：牙膏盒两个、长方形小镜子两块、乳胶。

制作要点：

① 取一个牙膏盒，从其两端各截取 6 cm，分别在开口处挖出 4 cm 长的口子，将小镜子倾斜 45° 角，粘贴固定在牙膏盒上（见图 4-67）。（小镜子截取长度最好根据牙膏盒两端底面的宽度和高度确定，小镜子宽度为牙膏盒宽度，长度可用勾股定理来测算。）

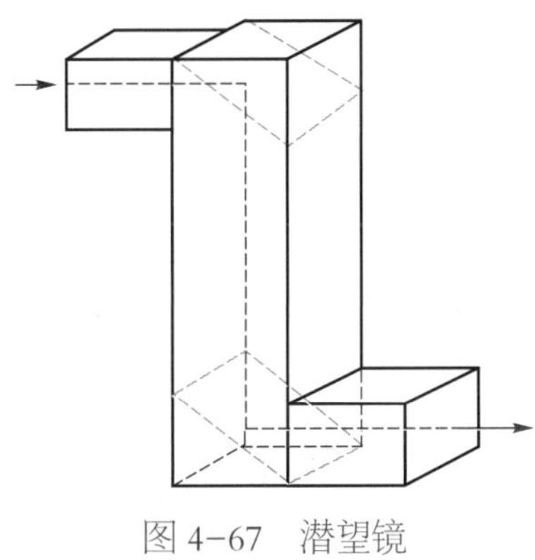

图 4-67　潜望镜

② 取另一个牙膏盒，在其两端各挖出与牙膏盒底面同大小的孔。

③ 将两个装有小镜子的盒子装配在长牙膏盒上，粘贴固定。

玩法与原理：幼儿站在教室内，眼睛对着潜望镜一头（潜望镜另一头冲着窗外），可以看见窗外的景色。这是利用了光的直线传播和反射原理，这样人们就可以看到比视线高或视线外的事物。

### 4. 战斗机

材料准备：平面镜、卡纸、飞机图案、刻刀、胶水。

制作要点：

① 在卡纸上根据飞机图案用刀挖空，做成两架飞机图形的轮廓。

② 将挖有飞机轮廓的卡纸分别贴在两块平面镜上，做成两架光飞机。

玩法和原理：幼儿拿着飞机对着阳光观察墙上的飞机光斑，移动及转动平面镜，便可“操纵”飞机飞翔，这是由于镜面反射的作用。在室内光飞机移动速度可达 10～50 m/s。可让两架或多架光飞机的影像互相追逐、攻击，以很快的速度进行空中激战。

### 5. 不倒翁

材料准备：乒乓球、鸡蛋壳、橡皮泥、蜡烛、细沙、彩色卡纸、毛线、皱纹纸、剪刀、彩色笔等。

制作要点：

方法一

① 把乒乓球用剪刀去掉一半，将橡皮泥捏成团填在半个乒乓球内抹平。

② 用彩色卡纸剪成一扇形，扇形的弧长稍大于乒乓球的圆周长，将扇形两边对接做成圆锥形帽子。

③ 将圆锥形帽子与乒乓球粘接起来，用彩色笔在乒乓球上画出头像，并在

圆锥形帽子上画上图案或花纹加以装饰。

方法二

① 取一个鸡蛋，用剪刀尖在鸡蛋小头上扎出一个小洞，把蛋清和蛋黄倒出来，用水清洗一下内壁后晾干。

② 将细沙从小洞灌进去，边灌边调整沙的量和位置。将蜡烛油从小洞中滴入鸡蛋壳，固定沙子的位置，直至鸡蛋壳前后左右自由摇摆而不倒。也可以用橡皮泥填充压实在蛋壳底部。

③ 用彩色卡纸制作不倒翁的帽子或头饰、服装，放在鸡蛋壳上调试，直至不影响鸡蛋壳的摇摆。

④ 用彩色笔在鸡蛋壳上画上形象表情，将帽子或头饰、服装等粘贴到鸡蛋壳上。

### 6. 沉浮鱼

材料准备：饮料瓶、即时贴、细沙。

制作要点：

① 取两个饮料瓶，其中一个装满细沙。

② 用即时贴剪贴，将两个饮料瓶装饰成鱼形。

操作说明：将两个鱼形饮料瓶放入水中，装满细沙的“鱼”沉入水中，而空的“鱼”则浮在水面，这证明了浮力原理。

### 7. 超级快艇

材料准备：火柴、蜡烛、宣传广告纸、圆珠笔芯或肥皂块、大盆、水。

制作要点：

方法一

① 在三根火柴的相同位置将火柴头向上弯折（见图 4–68）。

② 将三根火柴并排摆放后滴上蜡烛油，将其粘贴在一起。将火柴头弯折部分对齐，作为快艇尾部，用剪刀把另一头修剪成尖角，作为快艇的头部。

③ 将快艇放进装有水的大盆，点燃快艇尾部的火柴头，快艇就会“嗖”的一下快速向前行驶。

图 4–68　超级快艇

方法二

① 用宣传广告纸折一艘小船。

② 在快艇一头的底部涂上圆珠笔油或粘上一小块肥皂块。

③ 将快艇放进装有水的大盆，小船会快速向前行驶。

## 二　科学认知活动玩教具的设计与制作

科学认知活动玩教具用以帮助幼儿认识一些自然现象和生活常识，如四季的特点、下雨下雪，认识白天、黑夜、早晨、晚上等抽象时间概念，认识动植物，认识交通、通信工具，了解各种职业的特点，了解生活中日常用品的用途等。这些内容与幼儿的生活比较接近，幼儿有一定的生活体验，所以比较容易理解接受。我们可以设计一些与相关常识匹配或进行物品分类的玩教具，帮助幼儿巩固强化生活知识，增长生活经验。

### 1. 四季服装搭配

材料准备：四季图片、大纸箱、各种服装图片、铁丝或废电线。

制作要点：

① 将大纸箱平均分成四格，在格内分别贴上不同季节图片。将铁丝或废电线穿过纸箱，做成两道晾衣绳。

② 将各种服装图片过塑压膜，在左右肩膀部位打孔。

③ 将铁丝或废电线穿过肩膀部位的小孔，弯成衣架形状。

操作说明：幼儿根据四季情况将对应的衣服挂在相应的衣橱格子内，幼儿通过自己的亲身体会了解天气冷了要多穿衣服、热了要少穿衣服等人与自然的关系。

### 2. 小动物的美食

材料准备：小动物图片、彩色卡纸、皱纹纸、棉线、厚纸板，纸碟、小篮子、筷子。

制作要点：

① 将小鸡、小猫、小狗、小牛、小兔等动物图片粘贴在厚纸板上，在纸碟上划个切口，将小动物插在切口中。

② 制作小鸡的美食小虫，将白色或浅黄色皱纹纸卷成小卷后，用棉线一道一道缠绕，间隔一定距离。

③ 制作小兔的美食胡萝卜，可以将橘黄色卡纸剪成扇形后粘贴成圆锥形，

图 4-69　小动物的美食

再将绿色皱纹纸剪成叶子形状粘贴在圆锥形的开口内。

④ 制作小猫、小狗、小牛等的美食，可用相应颜色的卡纸剪出鱼、骨头、青草等的形状（见图 4-69）。

操作说明：将小动物的食物一起放在篮子内，请幼儿将小动物喜欢吃的食物分到他们的纸碟内。开始可以让幼儿用手分，若提高难度就请幼儿用筷子夹。

### 3. 动物医院

材料准备：动物图片、厚纸板、剪刀、夹子。

制作要点：

① 将动物形象沿轮廓剪下，粘贴在厚纸板上。

② 将动物形象的四肢或耳朵、鼻子等剪下，放在小框内。

操作说明：请幼儿当医生将动物缺的四肢或耳朵找出来装上。将动物的四肢、耳朵、鼻子等固定在夹子上，请幼儿将夹子夹在动物四肢或耳朵、鼻子的部位。

### 4. 水果蔬菜批发站

材料准备：纸盒、水果图片、蔬菜图片、彩色笔、卡纸。

制作要点：

① 去掉纸盒上面的三个翻盖，将一个翻盖竖直，剪出三角尖屋顶的形状。贴上剪成波浪形的褐色卡纸，作为屋顶的瓦片。将纸箱四周作为房屋的墙，用白色或其他颜色卡纸包裹粘贴，画上或剪贴门窗，还可剪贴一块广告牌，写上“水果蔬菜批发站”。

② 用卡纸剪贴出两辆厢式大卡车形状。分别在车门上写上“水果运输车”和“蔬菜运输车”，另外在车身上划出三四道切口。

③ 根据水果、蔬菜图片在卡纸上画出若干水果、蔬菜，沿轮廓剪下。

操作说明：将水果、蔬菜图片统一放在批发站内，幼儿取出水果或蔬菜图片，将它们分类插在“水果运输车”或“蔬菜运输车”的切口上。

## 三　计算活动玩教具的设计与制作

计算活动玩教具主要帮助幼儿掌握数量对应关系、认识各种图形的特征，能比较大小、长短、高矮等差别，能认识时间，能根据对图形、颜色等的观察发现其排列规律。在计算活动玩教具的设计中，我们要选用幼儿喜欢的图案或动物、人物形象，运用丰富多彩的颜色，充分调动幼儿的感官，激发他们的好奇心和求知欲，使他们愉快地进行对数、量、形、时、空等抽象概念的学习。

### 1. 数字列车

材料准备：易拉罐或饮料瓶、彩色卡纸、即时贴、瓶盖、铁丝、绳子。

制作要点：

① 取易拉罐或从饮料瓶底部截取 10 cm 左右，在其表面粘贴上各种颜色的即时贴。

② 用即时贴剪出 0~9 的 10 个数字，分别贴在横放的易拉罐或饮料瓶两侧。

③ 在每个横放的易拉罐或饮料瓶前后和底部左右两侧一前一后打孔，前后打孔用来连接各个“车厢”，左右两侧一前一后打孔用来安装“车轮”。

④ 将铁丝穿过易拉罐或饮料瓶底部左右两侧一前一后的孔，分别装上中间打孔的瓶盖作“车轮”。注意要将每节“车厢”的四个“车轮”调整在同一平面上。

⑤ 用绳子或铁丝穿过易拉罐或饮料瓶前后的小孔，将一节一节“车厢”连接起来，第一节“车头”用长绳作牵引绳（见图 4-70）。

图 4-70　数字列车

⑥ 在学习数量对应时可在“车厢”顶部添加与数字相对应的物体图片。如用彩色卡纸做成有对应数量苹果的苹果树。

⑦ 在学习图形时可将数字换成各种图形，如三角形、圆形、正方形等。

⑧ 制作前还可考虑在每个罐体上方挖出一个椭圆形孔，以便放置数量对应的卡片或各种图形卡。

### 2. 数字拼板

材料准备：彩色卡纸、彩色笔、剪刀。

制作要点：

方法一

① 在卡纸上用彩色笔写出 0~9 的 10 个数字，数字字体略粗一些。卡纸可以剪成各种图形。

图 4-71　数字拼板

② 用剪刀将写有数字的各张数字卡分割成若干块不规则的图形（见图 4-71）。

方法二

① 选取幼儿喜欢的图片或图案，可用彩色笔绘制在卡纸上，或者直接将画报或宣传页、包装纸上的图案剪下来粘贴在卡纸上。

② 将卡纸横向或纵向平均分成 10 份，轻轻标注分割线。

③ 在图片或图案的左右或前后空白部分写上 0~9 的 10 个数字和 0~9 的 10 个对应点数。

④ 按分割线将卡纸分成 10 条。

### 3. 数量插袋

材料准备：彩色卡纸、剪刀、小信封。

制作要点：

① 用彩色卡纸剪出各种图形，并剪出数字粘贴在图形上。

② 截取信封的后半段，将彩色卡纸剪成的图形粘贴在信封上。

③ 将彩色卡纸裁成长条，在一头粘贴上用彩色卡纸剪的一定数量的小图形或物品。

操作说明：幼儿根据信封上的数字，在长纸条中找出与数字相对应的小图形或物品。

### 4. 图形转筒

材料准备：薯片筒盖、彩色卡纸、铁丝、瓶盖。

制作要点：

① 将彩色卡纸裁成与薯片筒盖高度相同的纸条，在上面粘贴各种图形。

② 将贴有图形的卡纸条粘贴在薯片筒盖上。

③ 在各个薯片筒盖中间打孔，用铁丝将其串联起来。在其两头可各安装一

个瓶盖用以固定铁丝长短，将铁丝两头弯成圆圈状，以防铁丝尖头伤人。

④ 还可用这一方法做成计算转筒，将卡纸条上贴的图形换成数字、加减符号、等号等即可（见图 4-72）。

操作说明：幼儿转动筒身可认识各种图形，也可要求幼儿将各段筒上的相同图形排成一条。

图 4-72　计算转筒

### 5. 图形归位

材料准备：彩色卡纸、彩色笔、直尺。

制作要点：

① 根据图形和色彩的数量在卡纸上画出相应的方格。

② 在纵向的第一条方格内用彩色笔标上不同的颜色，在横向的第一条方格内画上各种图形。

③ 用彩色卡纸剪出各种大小不同、颜色不同的图形（见图 4-73）。

操作说明：幼儿可借助于这一玩教具认识图形，并结合图形颜色、大小两个维度的特点进行分类，将符合要求的图形放入相应的方格内。

### 6. 时间花钟

材料准备：彩色卡纸、厚纸板、回形针。

制作要点：

① 将厚纸板贴上彩色卡纸剪成圆形，将圆周平均分成 12 份，在各个点上贴上彩色圆点标注。圆形四周用彩色卡纸剪成花瓣装饰（见图 4-74）。

图 4-73　图形归位

图 4-74　时间花钟

② 用彩色卡纸剪出 1～12 的 12 个数字粘贴在彩色圆点旁。

③ 用彩色卡纸剪出时针、分针，用回形针固定在圆形原点上，并使指针能灵活转动。

操作说明：幼儿模拟时针、分针转动，边转边根据指针停留位置说出时间。

#### 7. 规律排序

材料准备：彩色卡纸、剪刀、胶水。

制作要点：

① 将彩色卡纸裁成长条。

② 剪出各种形状、各种颜色的图形。

③ 在长条卡纸上根据一定的规律粘贴 3～4 个图形。

操作说明：要求幼儿从颜色、图形等维度判断图形规律，并粘贴出下面应该摆放的图形。

#### 8. 数学城堡制作

材料准备：大纸箱、颜料、胶水、剪刀、美工刀。

制作要点：

① 将纸箱高低错落排列。

② 在其中一个纸箱上挖出各种图形孔，将挖下的图形涂色后用尼龙搭扣粘贴在纸箱的另一面，既可作为装饰，也可帮助幼儿练习根据形状将图形归位。

③ 用彩色卡纸剪出大小不同、颜色不同的数字和加减符号、等号等，用尼龙搭扣粘贴在纸箱上，幼儿既可以认识数字，也可以进行简单的加减运算。

④ 制作时间花钟挂在城堡上，既可帮助幼儿认识时间，又能起到装饰作用。

### 四　社会活动玩教具的设计与制作

幼儿的社会性发展水平对他们的一生都有影响。由于幼儿的家庭环境各有不同，因此，他们的社会性发展水平存在着较为明显的个体差异。幼儿园的社会活动旨在为幼儿创设一个促进其社会性发展的环境，引导幼儿主动关心、了解周围的社会生活，丰富社会生活经验，发展社会认知能力，培养他们关心他人、乐群合作、讲礼貌、守纪律、诚实、谦让、爱护环境等良好的社会行为，提高社会交往能力，培养幼儿自信、勇敢和活泼开朗的性格。

**相关资料**

**幼儿园社会教育的目标**[①]

1. 能主动地参与各项活动，有自信心；
2. 乐意与人交往，学习互助，合作和分享，有同情心；
3. 理解并遵守日常生活中基本的社会行为规则；
4. 能努力做好力所能及的事，不怕困难，有初步的责任感；
5. 爱父母长辈、老师和同伴，爱集体，爱家乡，爱祖国。

幼儿园社会活动主要以角色游戏为主，通过模仿生活中的各种生活情景，如家庭、商店、医院、邮局、银行、理发店等，幼儿在游戏中扮演各种社会角色，体验角色的职责，能有效地获得社会性发展。

为幼儿准备足够的游戏活动场地，创设适宜的游戏环境，提供丰富的游戏材料，是提高幼儿角色游戏水平，发展幼儿社会性的重要途径。教师应发挥自己的主观能动性，充分挖掘与利用身边一切可以利用的资源，努力做好角色游戏活动区域环境的设计与布置工作。在设计制作具体玩教具的时候，一方面要开动脑筋，积极寻找多种材料替代的可能性；另一方面还要细心观察，善于从他人的设计制作中吸取灵感，甚至从幼儿游戏中处置材料的随意举动中获得启发，通过不断地实践与改进，总结积累经验，全面提高自己设计制作玩教具的能力。

### 1. 娃娃家

材料准备：纸箱、纸盒、厚纸板、花布、填充棉、包装纸、皱纹纸、饮料瓶或卷纸芯、酸奶瓶、薯片筒、吸管、即时贴、彩色卡纸、尼龙搭扣、木板等。

环境布置：在教室一角用大型积木或纸箱隔出一个空间。在用积木或纸箱搭建时留出一个孔作窗户。将花布在一边衍缝后穿入绳子，钉在积木或纸箱上作窗帘。如果不能留窗户孔，可在墙上用彩色卡纸剪出一个窗户形状，用粉色皱纹纸打褶后作窗帘粘贴在窗户上。墙上还可挂上制作的空调、装饰画框等。摆放一张小圆桌，两三把椅子。圆桌上可铺上花布作桌布，椅子上也可铺上同

① 引自教育部2001年颁布的《幼儿园教育指导纲要（试行）》。

色布作椅套，增添生活情趣。桌上可摆放用饮料瓶和卷纸芯制作的花瓶或茶具。在这个空间的其他角落还可摆放制作的电视、冰箱、电脑等家用电器。娃娃床靠墙摆放，铺上小被子，放上小枕头。空间大的话还可设计、摆放梳妆台等家具。

空调制作：选用长方形纸箱，用单色包装纸包裹美化。在正面用即时贴剪出中文或拼音字母粘贴在中间，作为空调品牌标记，在左下角或右下角粘贴几个小圆点，作为空调的指示灯。再将一个小的长方形纸盒用包装纸美化后贴上一块白色正方形卡纸，作为遥控器显示屏，上面画上制冷的雪花或制热的太阳标记，写上温度 26 ℃、中速。剪几块小的椭圆形厚纸板粘贴在显示屏下方，作为开关、温度调节等的按键。

电视制作：选用正方形纸盒，用单色包装纸包裹美化。在正面剪贴一块略小于盒子横截面的白纸，请幼儿画上自己喜欢的图案，作为电视显示屏。在显示屏下方用即时贴剪贴字母和圆点标示电视品牌和指示灯。同样选用小的长方形纸盒作为遥控器，上面用厚纸板剪贴椭圆形按钮，如 0～9 的 10 个数字，前进、后退、音量大小、开关等。也可选用扁扁的长方形纸盒，做成 LED 电视挂在墙上。显示屏和遥控器的制作方法不变。

冰箱制作：将两个底面相同、长度不同的大小纸盒叠加在一起，小的作为冷冻柜，大的作为冷藏柜。将盒盖开口向外，剪去盒盖时在垂直的两边各留 3～5 cm，一边用来粘贴冰箱门，另一边用来粘贴尼龙搭扣。用厚纸板裁剪制作冰箱门后，一边和纸盒上留的边粘贴固定，另一边的内侧也粘贴尼龙搭扣，用以和纸盒边上的尼龙搭扣黏合，控制冰箱门的开关。冷藏区还可用厚纸板折成“Π”形隔出几层。里面可以摆放饮料罐等食品模型。冷冻区里可以摆放用泡沫造型涂色做成的鱼、肉或是冰激凌等。

娃娃床：用纸盒或木板组合成“H”形，横置部分比娃娃要略长一些。

被子和枕头：用花布裁成两个正方形，根据床的大小确定被子的尺寸。将反面衍缝后翻回正面，中间装入填充棉后包边缝合成被子。用花布剪出两个略小于床宽度的长方形，同样将反面衍缝后翻回正面，中间塞上填充棉后包边缝合成枕头。还可在缝制时添加木耳边。

娃娃奶瓶制作：在酸奶瓶上粘贴一圆形厚纸板，在圆形厚纸板中间打孔，插入一小段吸管。

花瓶制作：在饮料瓶上切除瓶盖部分后将切口修剪成花边状，插上花即可。或者选用绿色雪碧瓶，去除瓶盖部分后从切口垂直向下，将瓶体部分均匀剪成须状细条，瓶底向上留出 8~10 cm 高度。将须状细条间隔着一条向外一条向内弯折，然后将白色泡沫塑料不规则地卡在细条上，这样一个装饰性很强的花盆就完成了。

茶具制作：将小饮料瓶或卷纸芯从底部向上截取 8 cm 左右，将切口修剪成波浪形。从剪下的另一半瓶体上剪取 1.5 cm 宽的塑料条，弯成耳朵形状粘贴在杯子旁作杯把（见图 4-75）。另取中号饮料瓶或薯片筒从底部向上截取 10 cm 左右做成茶壶，再截取瓶口瓶颈部分，做成茶壶盖。在壶身中部打孔，剪一段大号吸管斜插后粘贴固定。在剩下的饮料瓶上剪取 1.5 cm 宽的塑料条，弯成耳朵形状粘贴在壶嘴相对的位置上。

图 4-75　茶杯

**2. 理发店**

材料准备：大纸盒、厚纸板、包装纸、即时贴、塑料软管、酸奶瓶、梳子、银色涤纶纸、蜡光纸、方块布、布丁盒或饮料瓶等。

环境布置：在教室或走廊选择相对独立的一角，从天花板上往下垂挂理发店店牌，如美美理发店等，在墙上固定理发店的标记和热水器等。在墙角摆放一张桌子，桌子上方粘贴用银色涤纶纸制作的镜子，桌子上放置自制的理发用具：厚纸板制作的剪刀、梳子，酸奶瓶制作的电吹风、卷发器；各种洗发护发液可使用相应的空瓶子；方块布作为客人剪发用的围护。墙上粘贴一些发型图片，也可由幼儿自己绘制各种发型。

店牌制作：长方形厚纸板用包装纸包裹美化，用即时贴剪好店名粘贴在上面，在店牌上方打孔，穿入绳子，从天花板上往下垂挂。店牌也可做成不规则的形状，在一侧剪出一个发型或梳子、剪刀形状，显得更加活泼一些。

理发店标记制作：用白色厚纸板卷成圆筒，将蓝色、红色蜡光纸裁成条，交替间隔着螺旋式粘贴在圆筒上。

热水器制作：用包装纸将长方形纸盒包裹装饰。在正面用即时贴剪出商标等装饰物，贴上瓶盖，作为调节温度的旋钮。旋钮也可做成活动的，在瓶盖中间打孔，用铁丝穿过，两头弯成圈状。在纸盒一侧打圆孔，将塑料软管插入后粘贴固定。塑料软管另一头粘贴布丁盒或饮料瓶的瓶口瓶颈部分，作为花洒。

在布丁盒或饮料瓶的瓶口瓶颈部分开口处可以粘贴圆形卡纸片，上面用针扎上小孔。

镜子：将银色涤纶纸剪成长方形或椭圆形，四周用瓦楞纸或厚纸板做成外框，粘贴在墙上。

剪刀：将厚纸板剪成两个半把剪刀形状，左右交叉，两颗纽扣作螺丝分别放在剪刀交叉位置，用针线穿过螺丝将两个剪刀零件组合在一起。

梳子：将厚纸板剪成梳子形状，并剪出梳齿，可粗可细。也可使用一次性梳子。

电吹风：在酸奶瓶底部 1/3 处打孔，将另一只酸奶瓶的瓶口塞进孔内，粘贴固定。

卷发器：将筷子截成长 8 cm 左右，一头绑上橡皮筋。

烫发器：用包装纸包裹半圆形塑料篓，用彩色涤纶纸纸条螺旋式缠绕一根粗竹竿，一头和塑料篓连接固定，另一头捆绑在椅背上或插在花盆内。

### 3. 餐厅

材料准备：纸盒、彩色皱纹纸、泡绵纸、花布、酸奶瓶、饮料瓶、木板条、鞋盒、海绵、棉花、泡沫塑料块等。

环境布置：在教室用积木或纸盒隔出餐厅，用塑料布或彩色皱纹纸等装饰墙面。摆上小圆桌或小方桌，铺上花布，小椅子也可用积木代替。桌上摆放餐具。在墙角摆放食品架，架上用鞋盒盖当餐盘摆放各种食品。准备厨师的一次性帽子和白围裙及服务员的白围裙。

餐具制作：取酸奶瓶、饮料瓶，截取瓶的上部当小碗、酒杯，下部当杯子。

不织布包子的制作

食品架制作：木板条两条竖向、其余横向，根据需要可多做几层，钉成食品架。将鞋盒打开，盒盖摆放几层，盒子摆放几层。

食物制作：取薄海绵或白棉布、白毛巾剪成小圆块，里面包裹棉花，缝制成包子和饺子（见图 4–76）。将泡沫塑料块切成方块作糕。取橙色泡绵纸剪成螃蟹、虾，取灰色泡绵纸剪成鱼。将黄色泡绵纸剪成圆形，白色泡绵纸折剪成不规则形状后粘贴在一起，圆形放在中间，做成荷包蛋。将海绵剪成方形，涂上颜色当猪肉、牛肉。将泡沫塑料块切割成蹄子状，涂上颜色当猪蹄。将海绵或泡沫塑料块做成鸡腿形状，插入半根筷子。蔬菜可以用泡绵纸剪贴制作。将海绵做成圆形面包，切割成上下两片，中间夹上染成红色的牛肉块和绿色皱纹纸剪成细条做的生菜，做成汉堡包。汉堡包的上面可用黑笔点上黑点装饰成芝麻。可以用泡沫颗粒制作米饭，装在快餐盒或小碗内，还可以用彩色皱纹纸剪成面条（见图 4-77）。

不织布馄饨的制作

图 4-76　用毛巾缝制的包子

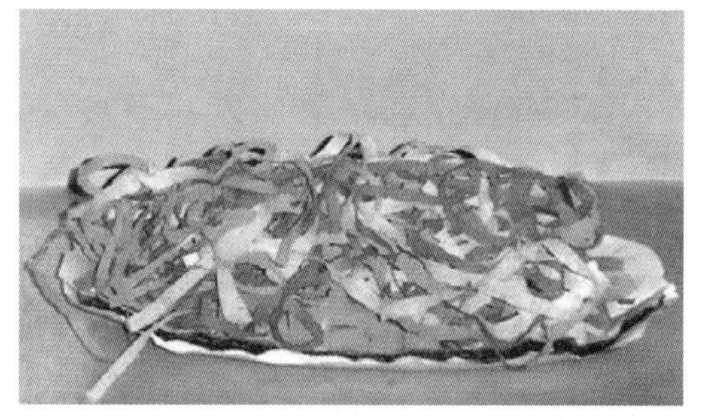
图 4-77　用彩色皱纹纸剪成的炒面

菜谱：将厚卡纸折叠，可将边缘修剪成波浪形或锯齿形，中间贴上写有菜名的纸。

**4. 水果店**

材料准备：木板、鞋盒、泡沫塑料、皱纹纸、蜡光纸、即时贴、彩色笔等。

环境布置：在教室一角放置食品架。摆放方形塑料篓子或鞋盒盛放各种水果。

水果制作：苹果、梨子、橘子、桃子、杧果、柠檬、杏、李子等可以用泡沫塑料造型后涂色。制作西瓜，可用报纸揉成圆球状，然后用绿色塑料袋包裹扎紧，用细线紧紧缠绕收口部分的塑料袋，作为西瓜的瓜蒂。瓜纹，可用彩笔绘制或用即时贴剪成波浪形粘贴。有的水果也可用吃完的水果形果冻壳，在内壁涂色后替代。制作葡萄，可用皱纹纸搓成小圆球后，粘贴成葡萄串形状，再用绿色蜡光纸剪出叶子形状，用绿色皱纹纸搓成纸藤缠绕在笔杆上弯曲造型后和叶子一起粘贴在葡萄串上方。或者可用泡沫塑料造型成大小不等的小圆球，打磨光滑后上色。在细铁丝一头扎上泡沫葡萄颗粒，另一头捆扎造型，并在上方贴上叶子和藤蔓。还可以直接用图片代替。

电子秤制作：在长方形月饼盒长边一侧粘贴用厚纸板折成的直角三棱柱，用单色包装纸装裱美化。在直角三棱柱的斜面上贴上一灰色长条卡纸，左侧用其他颜色卡纸贴上三条，分别标注质量、单价、总计，右侧用厚纸板剪成小正方形粘贴成数字键盘，上面用彩色笔或用即时贴标注数字。

### 5. 邮局

材料准备：纸盒、颜料、即时贴、泡沫塑料、彩色卡纸、纽扣、瓶盖、绳子等。

环境布置：在教室或走廊用积木或纸板隔出一个空间，门口放置一个绿色邮筒，邮局内放置电话、邮包、邮件、印章、信封、邮票、糨糊、纸笔、投递包、邮递员帽子等“邮局游戏”用具。

邮箱制作：用一圆桶当信箱底座（也可没有底座），用一个长方形纸盒当信箱，分别涂上深绿色，在纸盒前面开一个长条形缝作投信口，用即时贴剪贴“邮政”字样粘贴在投信口下方。在纸盒后面开一个小门供取信件用。

电话制作：用包装纸包裹装饰长方形纸盒，将彩色卡纸剪成长方形做成号码显示屏，粘贴在纸盒右上方，将纽扣、瓶盖或剪成圆形、方形的厚纸板，粘贴在右下方当数字键。将泡沫塑料做成电话架和话筒造型，涂上颜色，将电话架粘贴在纸盒正面左侧。一根绳子一头粘贴在话筒上，另一头粘贴在长方形纸盒左侧。若是卡式电话，则在纸盒上挖出一长条孔，插入磁卡即可；若是可视电话，则只需用一个扁扁的长方形纸盒贴上图案或幼儿自画像，用纸筒连接在电话机上。

### 6. 照相馆

材料准备：纸、笔、化妆品盒、幼儿服装、积木、竹竿、木条、八宝粥罐、薯片筒、细绳、海绵、彩色卡纸、纽扣、瓶盖等。

环境布置：在教室或走廊选取光线较好的一角，从天花板上悬吊照相馆店牌。幼儿画出各种背景，相机可做成老式相机或数码相机，提供照相时可用的服装、化妆品盒及画照片的纸、笔等。

背景制作：取厚纸板糊上白纸，请幼儿画上各种图作为照相时的背景，或者用同样方法画出人物或动物形象，沿轮廓剪下，背后用木条支撑，将脸部挖空，这样可以露出被照幼儿的脸。

相机制作：取酒的纸质包装盒，用深色包装纸包裹美化。在纸盒上掏出上小下大两个圆孔，分别插入八宝粥罐和薯片筒作相机镜头。八宝粥罐盖和薯片筒盖作镜头盖，用细绳将它们和罐筒相连。在薯片筒底挖出一小孔，作取景窗。将一块黑布粘贴在纸盒盖的中部，往后盖住相机后部。用海绵做成橡皮球状作照相机快门的造型，用细皮管（或塑料管）连接在相机纸盒上。取三根竹竿用纸条螺旋式缠绕美化后交叉捆绑做成相机的支撑架，将纸盒做的相机固定在支撑架上，或者用较薄的长方形纸盒做成小型数码相机。前面粘贴大小不同的瓶盖作镜头，后面挖出一个取景窗，再贴上一块灰色厚纸片作液晶显示屏，还可粘贴一些纽扣作快门和各种按钮等。

照片制作：在白色卡纸上粘贴幼儿的头像或从生活照上剪下的人像，也可由幼儿自己绘制。用白纸粘贴放照片的纸袋。

### 7. 蛋糕店

材料准备：泡沫塑料、颜料、美工刀、砂纸、纸盒、绳子或旧插头、小竹竿、厚纸板、透明塑料片、卡纸、正方体棋子等。

环境布置：在教室一角摆放一个食品架，将鞋盒盖一层一层摆放在食品架上。面包、蛋糕用泡沫塑料造型。将电烤箱放在墙角，收银机摆放在蛋糕店门口桌上，同时放置几个空鞋盒盖和蛋糕夹，供客人自选蛋糕。

面包制作：将泡沫塑料切成圆形、方形、三角形、梯形，将棱角用砂纸打磨成圆角，涂上黄褐色，做成面包。

蛋糕制作：将泡沫塑料切成圆形、方形、三角形、梯形，涂上各种颜色，做成蛋糕。将泡沫塑料切成两个大小不同的圆形，将边角用美工刀修成波浪形，用砂纸打磨后上下叠放粘贴，最后涂色，做成生日蛋糕。此外还可以用橡皮泥制作（见图 4-78），橡皮泥的色泽鲜艳、可塑性强，但缺点是作品难以保存，须用保鲜膜包裹在纸盘里。

图 4-78　橡皮泥的杰作

电烤箱制作：在去除纸盒一面的盒盖时，在该面盒盖上下两边各留 5 cm，在上面一条边上粘贴尼龙搭扣。另取一块和纸盒该面盒盖大小相同的厚纸板，中间挖去一个长方形或椭圆形，贴上透明塑料片，一边粘贴在纸盒留的下面一边上，另一边粘贴尼龙搭扣与纸盒上面的搭扣相对应。在纸盒外面糊上浅色纸并装饰。用绳子作电线，将泡沫塑料切割成插头（也可用废插头）。从厚纸板上剪下一条，弯成圆弧状，两头粘贴在烤箱盖上方作拉手。

收银机制作：取一个长方体纸盒（月饼盒），去掉盒盖一边，外表用单色包装纸包裹一层。内盒露出的一边也用包装纸粘贴装饰，中间间隔 8 cm 打两个孔，穿入绳子作拉手。在盒盖上方打孔，插入一根用纸带装饰过的小竹竿。右侧用废弃的正方体棋子或将厚纸板剪成小正方形，粘贴成数字键盘，上面用彩色笔或用即时贴标注数字。左侧挖出一条细长形的孔，穿入卷状纸条作对账单。另取一个长条体纸盒用同色包装纸包裹，从下方打孔，套在竹竿上。在垂直的正面贴上略小于这一面的灰色卡纸，上面可写货号、价格等。用厚纸板折出一个小正方体和卷出一个纸卷，在小正方体中间打孔，将纸卷垂直插入孔内粘贴固定。将绳子一头固定在长方体纸盒右侧，另一头固定在纸卷上，作条形码扫描器。

### 8. 银行

材料准备：纸盒、厚纸板、泡沫板、吹塑纸等。

环境布置：取泡沫板在活动室一角建成银行的营业柜台和门。用吹塑纸和单色纸装饰，柜台上的栅栏用白纸卷好后插入泡沫板内再用胶带固定。取包装盒（或积木）外面用吹塑纸装饰成保险柜。用纸盒制作电脑。

保险柜制作：基本可以参考冰箱制作方法，在门上用大小不同的瓶盖制作保险柜密码旋钮或粘贴小方块做成数字键密码按钮。

电脑制作：笔记本电脑可用月饼盒将盒盖和底盒垂直放置，底面相对。在盒盖上粘贴彩色卡纸或图案作显示屏，在盒底粘贴厚纸板剪成的正方形作键盘、按钮、开关等。台式电脑选用长方体纸盒作机箱，正方体纸盒作显示器，或者也可用扁扁的正方体纸盒作液晶显示器。键盘选用长方体扁盒，鼠标可用泡沫塑料造型。制作方法和笔记本电脑基本相同。

货币制作：纸币可用银行练功券或由幼儿自己绘制。硬币用厚纸板粘贴银色或金色涤纶纸后剪成若干大小不同的圆形的方法制作而成。可以圆形大小区分面值，也可将即时贴剪成数字粘贴在圆形上。

### 9. 医院或诊所

材料准备：卡纸、彩色笔、纸盒、厚纸板、橡胶管、吸管、雪糕棍、碎布、棉签、棉球、药瓶、注射器、白布、衣叉或竹竿。

环境布置：用积木搭建成医院外墙，糊上白纸。上面粘贴医院红十字标志。外墙内侧摆放一张小桌子，桌上摆放自制的病历，从天花板悬吊挂号牌即为挂号处。诊室内摆放一张小桌子、两把小椅子。小桌子上摆放听诊器、医药箱，还有几个小盒子，里面放温度计、压舌板、棉签、棉球等。药箱内放置注射器、纱布、胶布、各种药瓶。准备白大褂、医生帽、护士帽。用大型积木靠墙摆成长条，铺上小被子和白布床单作病床。用一把小椅子作床头柜，并在椅背上捆绑一根衣叉或竹竿作输液架。

红十字标志制作：将卡纸剪成正方形，在对角线位置用红笔画上十字形。

医药箱制作：将纸盒竖着放置，去掉盒盖的上下两边，保留盒盖的左右两边。在纸盒表面糊上白纸，将盒盖的左右两边对接后画上红十字，可装上尼龙搭扣。在盒子内部将厚纸板折成“Π”状粘贴，将纸盒分成几层。放入注射器、纱布、胶布、各种药瓶等。

温度计、压舌板制作：可用吸管作温度计，用雪糕棍作压舌板。

听诊器制作：先截取一段中号橡胶管，两头用药棉包裹成圆头，用细线系紧。再截取一段橡胶管，一头粘贴在用药棉包裹的中号橡胶管中间，另一头粘贴在一个瓶盖上。

血压计制作：选用长条形纸盒，在盒盖内粘贴塑料管，并在左右标记刻度。剪取一长条布，反面对折衍缝，在翻回正面卷边缝合时缝入两根橡胶管。一根橡胶管的一头粘贴在一块造型成橡皮球的海绵上，另一根与盒盖上的塑料管相连。

额镜制作：将银色涤纶纸粘贴在卡纸上，剪出圆形，在中心挖去一个小圆点后剪开这个空心圆，在剪开处稍稍剪去一条后粘贴成圆锥形。用卡纸制作一个头圈，将圆锥形和头圈连接成眼科医生用的额镜。

注射器，可用医用的一次性注射器，去除针头。纱布、胶布、棉球、棉签、各种药瓶，都可用实际生活中的用品。

**10. 书报亭**

材料准备：大纸盒、即时贴、旧书、旧报纸等。

环境布置：将大纸盒展开，放在小桌子前面。在纸盒下部左右各打一孔，用绳子将其与桌腿固定。将展开的纸盒上面修剪成三角形屋顶。用即时贴或旧报纸剪出书报亭名称粘贴在三角形屋顶中间。在屋顶以下小桌子高度以上的地方挖出一个长方形的孔作售报窗。可用旧报纸粘贴在纸盒表面作装饰。将旧书、旧杂志、旧报纸放在小桌子上。准备一部电话机，作为公用电话。报纸也可由幼儿自己绘制。

## 五　艺术活动玩教具的设计与制作

幼儿园的艺术活动主要有音乐、美术、文学等形式。幼儿园艺术活动，主要培养幼儿对音乐美术等艺术活动的兴趣，使幼儿在艺术活动中产生积极、愉快的情绪体验。教师要引导幼儿感受并欣赏艺术作品及周围环境中的美，鼓励幼儿大胆表现自己对周围生活的感受和体验，培养幼儿艺术表现和艺术创作的初步能力和参与艺术活动的良好习惯。

**相关资料**

**幼儿园艺术教育的目标**[①]

1. 能初步感受并喜爱环境、生活和艺术中的美；
2. 喜欢参加艺术活动，并能大胆地表现自己的情感和体验；
3. 能用自己喜欢的方式进行艺术表现活动。

在设计制作音乐活动玩教具的时候，一定要注重科学性。因为每一种乐器都有自己独特的发声特点和制作工艺，所以我们自制的音乐活动玩教具只是简单的外形模仿，并且以打击乐器这类较为简易的玩教具为主。美术活动玩教具主要是为幼儿提供一些绘画、手工制作的工具，激发他们的创作欲望，使幼儿在美术活动中产生积极、愉快的情绪体验，初步培养幼儿美术表现和美术创作的能力。

### 1. 指挥棒

材料准备：筷子、即时贴、彩色涤纶纸。

制作要点：

① 将即时贴和彩色涤纶纸裁成条。

② 先将即时贴螺旋式粘贴在筷子上，再将彩色涤纶纸间隔一定距离螺旋式缠绕在筷子上。首、尾部分用胶水固定。

### 2. 响板

材料准备：金属瓶盖、绳子。

---

① 引自教育部 2001 年颁布的《幼儿园教育指导纲要（试行）》。

制作要点：

① 在金属瓶盖上打孔。

② 用绳子将两个瓶盖穿起来，瓶盖相对，绳子空出一个手指的距离。

### 3. 响铃

材料准备：汽水瓶盖 6~8 个，铁丝、小竹管等。

制作要点：

① 将汽水瓶盖洗净后，用锥子在盖子中心钻一个小孔。

② 用铁丝把它们串在一起，并把铁丝的两端拧在一起。

③ 将铁丝插入小竹管里，尽量插深、插牢（见图 4-79）。

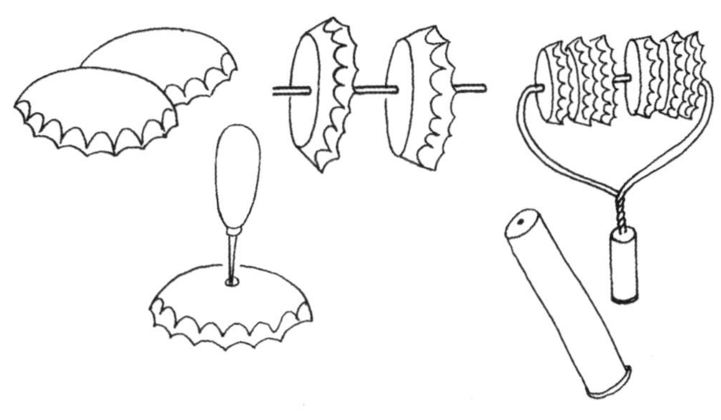

图 4-79　响铃

### 4. 沙锤

材料准备：小石子、可乐罐、即时贴、彩色涤纶纸、厚纸板。

制作要点：

① 将小石子装进可乐罐，大概装到可乐罐的 1/3 高度。

② 用厚纸板剪出可乐罐罐底大小的圆形，粘贴在可乐罐开口处，用胶固定。

③ 将即时贴粘贴在可乐罐外，并用彩色涤纶纸剪出图案粘贴装饰。

### 5. 话筒

材料准备：卷纸芯、红绸布、乒乓球、即时贴、红丝带。

制作要点：

① 将乒乓球粘贴在卷纸芯一头。没有乒乓球也可用报纸搓成纸球替代。

② 用即时贴装饰美化卷纸芯。

③ 用红绸布将乒乓球或报纸球包住，用红丝带捆紧。

**6. 印章**

材料准备：胡萝卜、刻刀。

制作要点：

① 将胡萝卜切成段。

② 选择较为简单的图形，复制在胡萝卜横切面上。

③ 用刻刀沿图形轮廓将多余的部分去除。

**7. 添画底板**

材料准备：铜丝、强力胶、有机玻璃板、砂纸、糨糊、各种果壳、纸屑、颜料。

制作要点：

① 用砂纸将有机玻璃板四周打磨光滑。

② 选择富有童趣的图案，衬在玻璃板下面，将铜丝用强力胶根据图案轮廓粘贴到玻璃板上，晾干。可制作多块这样不同图案的底板。

③ 可用糨糊将各种果壳、纸屑粘贴在底板上，或者用颜料在底板上涂色，也可用多种表现形式来添画。用完以后放在水中冲洗即可。能反复使用。

**8. 编织绳架**

材料准备：小竹竿或木棍、绳子。

制作要点：

① 在竹竿或木棍两头打孔，取一根绳子分别穿过两个小孔后打结。

② 将绳子分成若干段，对折系在竹竿或木棍上。

③ 将编织绳架挂起，幼儿可以练习各种打结或编绳的方法。

**9. 个性画框**

材料准备：厚纸板、瓦楞纸、各种纽扣、各种铅笔头、各种豆子、果壳、旧报纸、杂志。

制作要点：

① 在厚纸板中间挖出幼儿作品大小的孔。

② 用各色瓦楞纸粘贴装饰，或者用各种纽扣或铅笔头、豆子、果壳等不规则地排列粘贴，也可用旧报纸、杂志卷成纸卷或撕成图案粘贴。

③ 粘贴幼儿作品后展出，体现不同的个性效果。

## 问题与思考

1. 幼儿园的玩具、教具、学具有什么区别和联系？
2. 玩具的种类有哪些？其分类依据是什么？
3. 自制玩教具应遵循哪些原则？
4. 自制玩教具有哪些设计构思方法？
5. 跳跃类体育玩教具主要有几种构思设计方法？
6. 用大纸箱作为主要材料，能设计制作出什么样的玩教具？
7. 在设计制作认知活动玩教具的时候应注意什么？
8. 幼儿园常用的木偶形式有哪些？主要用什么材料制成？
9. 除常见的平面头饰外，还有哪些种类的头饰？立体头饰有哪些？
10. 什么是桌面情景教具？有哪些主要的制作方法？

# 第五节　幼儿园玩教具设计制作技能实训

## 项目一　自制玩教具的再设计

在健康活动玩教具的设计与制作一节里，通过实例评析的方法，重点对玩教具设计的理念、构思及制作方法进行了介绍。本节将从体育玩教具入手，进一步走近玩教具设计实践。

### 【范例一】

#### 拖拉车玩教具的再设计

拖拉车玩教具的基本制作方法前面已有介绍，并且对创意性地使用其他材料的设计实例也进行了展示与点评。这里我们将进一步对这类玩教具进行再设计。再设计就是根据原有的设计，运用添加、减少、合并、分解、组合、重复等手段加以变化，设计出新的创意玩教具。

添加法，就是在原设计的基础上添加一些新的设计元素。这些设计元素可以是某些声音、某种颜色，也可以是某种形状。例如，针对图 4-80 的设计，同样使用饮料瓶，我们可以添加一些附件使之成为一架拖拉小飞机（见图 4-81）；其他方法如减少、合并、分解等同理可推。

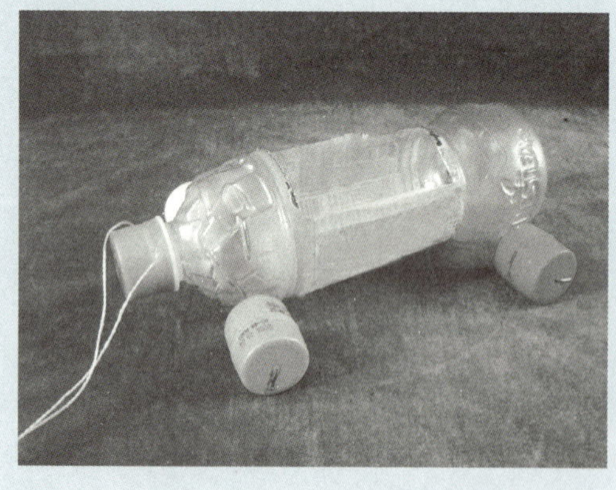

图 4-80　拖拉车玩教具的原设计

图 4-81　运用添加法的再设计

重复法，是将原设计中的某些设计元素解析出来，经过一定的变化，然后加以反复和强化的手法。例如，原设计是一辆独体车，运用重复法设计原理就是把它设计成由多节车体组成的车型。与多节车形象相近的事物有火车、拖船还有毛毛虫，于是，选用毛毛虫作为设计题材，仍然用饮料瓶为主要材料，制作出如图 4–82 所示的毛毛虫拖拉车。

图 4–82 运用重复法的再设计

【范例二】

### 抛接玩教具的再设计

材料准备：大号饮料瓶、即时贴、彩色纸、剪刀、报纸、彩色塑料袋。

制作要点：

① 截取饮料瓶瓶口向下 10 cm 左右，在切口处贴上一圈即时贴，既具装饰性，又可防止割伤。

② 用彩色纸剪成花瓣形或其他图案贴在切口至瓶口的瓶身上进行装饰美化（见图 4–83）。

③ 将报纸搓成乒乓球大小的纸团，用彩色塑料袋包成小球，也可以用其他代替。

图 4–83 抛接玩教具的原设计

操作说明：幼儿一手拿抛接器，另一手向上投掷彩色小球，待小球降落时，用抛接器接住小球。

针对这件玩教具的原设计，我们可以采用合并法，即将原设计中的一些元素解析出来，进行合并，成为新的设计。例如，原设计花瓣形的装饰物是后贴上去的，运用合并的原理，可以将花瓣与瓶子合并为一体，成为如图 4–84 所示的设计。当然，再设计的时候并不是只用一种手法，有时可综合运用多种方法，如图 4–84 的再设计还增加了新的设计元素，不仅在装饰手法上精巧细致，而且还使用小铃引入了声音元素。不仅可以用它去接抛起的球，还能够直接向上抛接或相互抛接，不仅增加了玩教具的观赏性，还拓展了玩教具的功能。

图 4–84 抛接玩教具的再设计

## 【实践与训练】

### 自制玩教具的再设计

【实训目标】

1. 培养学生的创意构思和再设计能力。

2. 培养学生的动脑和动手能力。

3. 培养学生的研讨能力，增强团队意识，提高合作能力。

【内容与要求】

1. 以饮料瓶为主要材料，进行创意构思，对图 4-80 的拖拉车玩教具或图 4-83 的抛接玩教具进行再设计。

2. 捕捉创意火花，写出自己的设计思路，进行小组汇报交流。

3. 5~7 人为一组，分组进行交流和讨论，各组写出关于本组同学设计思想的综述。

4. 各组选出 3 件最佳设计作品，连同综述一起作为小组作业提交给教师。

【实训考核】

1. 根据设计综述完成的质量为各组同学的设计思想综述评分。

2. 根据设计创意与制作水平为各组同学选出的代表作品评分。

3. 以两项成绩的综合得分作为小组成员的共同得分。

## 项目二　布袋木偶的设计与制作技能

布袋木偶是幼儿园使用最多的木偶种类。它体积小，操作简便，可表现各种动作，能更换服装，牢固耐用。布袋木偶的结构较简单，一般由头部、布袋和木偶服装三个部分组成。木偶头部可采用缝布式、纸浆式、小球式、蔬菜水果式和泡沫塑料式等方式制作，还可用毛巾叠成小动物或用手套做成动物木偶等。

### 1. 头部制作

材料准备：方形泡沫塑料、针织布或袜筒、各色毛线、白乳胶、卡纸、锯条、大号美工刀、木锉、砂纸、纽扣、针线、填充棉、海绵等。

制作要点：

① 选用一块立方体泡沫塑料做头部，用锯条或大号美工刀将泡沫塑料削成圆球形，根据形象需要也可以削成椭圆形等，还可以削出眼窝、颧骨等面部细节，用木锉和砂纸将头部表面打磨光滑（见图 4-85）。一些动物头型还可先做成几个部分再用白乳胶黏合成

一体（见图 4-86）。

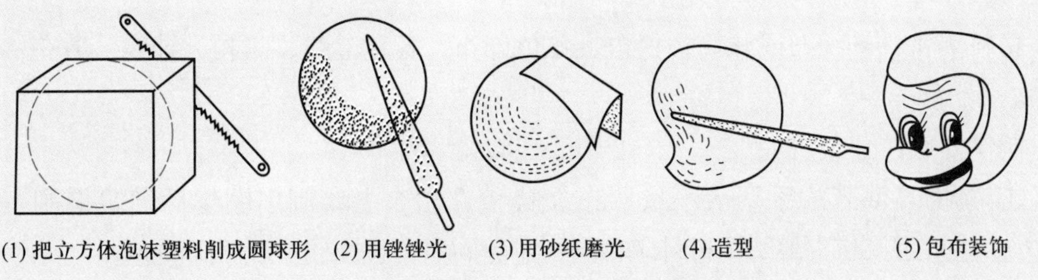


图 4-85　泡沫塑料头部直接成形法

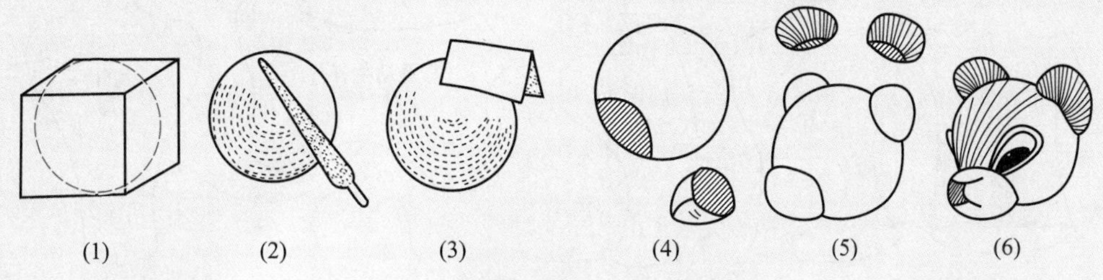


图 4-86　泡沫塑料头部黏合成形法

② 在泡沫塑料头部表面薄薄地均匀地涂抹一层白乳胶，用针织布或袜筒从前往后将泡沫塑料头部包裹，整理好接缝处的褶皱，尽量将褶皱部分放在脑后或头顶这些能用头发或耳朵遮挡住的部位。人物头部的接缝一般放在脑后，动物头部接缝尽量收紧放在头顶中间部分。等乳胶干后，修除多余的布或袜筒。用 8 cm × 20 cm 的卡纸涂上乳胶后绕着食指卷成一纸筒，在纸筒表面再包上一层与包裹头部相同的针织布或袜筒，待纸筒干透后，在头部下方挖出一个比纸筒略大的圆孔，表面针织布的切口处理成“×”形，将纸筒上端涂少量乳胶后旋转插入固定，成为布袋木偶的颈管。

③ 对面部的装饰根据形象而定。眼睛可以用纽扣或布剪成眼睛形状缝制或粘贴（如果在眼睛上添加白色光斑，眼睛将更加富有神采）。鼻子可用圆布包上填充棉抽褶成圆球状后缝制或粘贴上，嘴巴可用红布粘贴，人物耳朵可以参考鼻子做法，动物耳朵要用与头部相同的面料（内耳可以用粉色布料表现）裁剪缝制出形状后，中间铺上海绵或塞上填充棉，必要时还可夹上厚纸片让耳朵竖起来，然后在头上部用美工刀切出插槽，抹上少许乳胶后将耳朵嵌进去固定住。头发和眉毛可用毛线在手指上绕成圈后缝在脑后。表现女孩还可以用毛线编成辫子缝上。如果接缝很难隐藏，可以给形象添加一些装饰物，比如，帽子、头巾等。

④ 木偶的头部除了可以用泡沫塑料制作外，也可以用针织布包填充棉或海绵块制作。

### 2. 布袋服装制作

材料准备：针织布或袜筒、白布、各色碎布、各色毛线、纽扣、针线、填充棉、海绵等。

制作要点：

① 根据表演者的手型大小按照布袋样稿在白布上绘制出图样后剪裁缝制（见图 4-87）。注意手部与头部所用布料应相同，避免同一布袋木偶出现不同肤色。

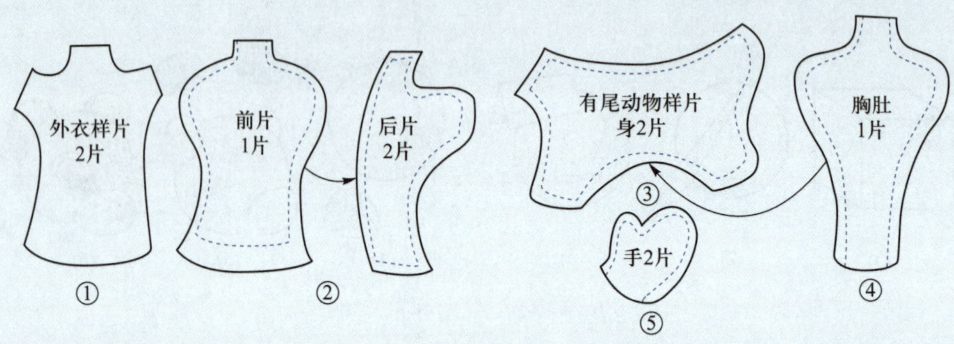


图 4-87　布袋制作

② 根据布袋大小设计缝制木偶服装。可以制作裙子、背心、背带装等，服装要设计制作成系扣、系带或拉链的形式，以便表演时迅速更换服装。

## 【实践与训练】

### 布袋木偶的设计与制作

【实训目标】

1. 培养学生利用废旧材料制作布袋木偶的能力。
2. 培养学生的动脑和动手能力。

【内容与要求】

1. 自选动物造型，用泡沫块为头部材料，设计制作一个布袋木偶。
2. 为小木偶设计制作 1~2 件可穿脱替换的服装。

【实训考核】

根据木偶造型的整体艺术效果为同学制作的布袋木偶评分。

## 项目三　纸偶的设计与制作技能

前面我们已对用边角料、袜子、手套，以及纸盒、纸杯、纸碟、纸卷芯、信封、乒乓球、蛋壳等材料制成的各式木偶做了详细介绍，现在可以自己动手就地取材，综合学过的再设计原理，设计制作出各式各样的木偶来。

### 【实践与训练】

**纸偶的设计与制作**

【实训目标】

1. 培养学生再设计及利用废旧材料制作纸偶的能力。
2. 培养学生的动脑和动手能力。

【内容与要求】

1. 自选材料，自定造型，设计制作一个纸偶。
2. 为《三只小猪》的故事设计制作一套纸偶。

【实训考核】

根据纸偶造型的整体效果和材料运用的合理性为同学制作的纸偶评分。

## 项目四　头饰的设计与制作技能

前面我们已经对各种平面与立体头饰的设计与制作做了详细介绍，现在可以自己动手，根据塑造角色的需要设计制作出各式各样的头饰来。

### 【实践与训练】

**头饰的设计与制作**

【实训目标】

1. 培养学生根据塑造角色的需要设计制作头饰的能力。
2. 培养学生的动脑和动手能力。

【内容与要求】

1. 为表演游戏《拔萝卜》的全部人物角色设计头饰造型。
2. 写出各角色的头饰设计制作方案，画出全部头饰造型小样。

3. 制作出其中的一个立体头饰。

【实训考核】

1. 根据头饰造型设计图的质量和效果为同学的头饰设计评分。

2. 根据方案的合理性及制作样品的质量为同学的方案设计与头饰制作评分。

## 项目五　计算活动玩教具的设计与制作技能

前面我们已经对各种计算活动玩教具的设计与制作做了详细介绍，现在可以自己动手，自定主题，设计制作出满足计算活动需要的玩教具来。

### 【实践与训练】

#### 计算活动玩教具的设计与制作

【实训目标】

1. 培养学生根据计算活动的需要设计制作玩教具的能力。

2. 培养学生的动脑和动手能力。

【内容与要求】

1. 自定主题，自选材料，设计制作一件计算活动玩教具。

2. 写出使用范围和操作说明。

【实训考核】

根据玩教具的功能和整体效果为同学的玩教具设计制作评分。

## 项目六　布绒玩具的简单设计与制作技能

布绒玩具是幼儿园常见的玩具。它们有的造型活泼可爱，有的浑厚敦实，有的小巧玲珑，深受幼儿的喜爱。很多主题游戏中的形象玩具材料，例如，前面列举过的包子、水果、蔬菜等，都是用布绒制作的。在设计、制作布绒玩具时，应根据它大胆夸张、高度概括的特点，在造型设计、选材制作与装饰等方面力求细致得体，匀称完整，如此方能独具一格。

布绒玩具的设计与制作

布绒玩具的制作步骤和方法如下。

造型设计：制作布绒玩具前要绘制平面图。绘制时要抓住人物及动作的主要特征，大胆夸张概括，舍去外表次要的特征，不宜过于写实。设计时还要注意实物重心，使布绒玩具能站立而不倒。

材料选择：应根据设计需要选择合适质地和颜色的材料。应尽量因陋就简，多用一些服装的边角料。

剪裁：合理地剪裁所选布料。要使布料的颜色、质地、纹理、图案能尽量体现设计的意图。可以按设计尺寸画图剪裁（如水果、蔬菜和小型玩具），也可以按比例先放大画出纸样再进行剪裁。

缝制：缝制时需按图画线，并留出缝头，针脚要紧密、均匀，以免填充时走样。绒布需用双线缝制，留口处用暗线缝紧。耳朵和尾巴可夹在头或身体两片之间适当的位置一起缝牢。

填充：从留口处填入棉花等物。操作时，一面用小圆棒均匀捣紧，一面用掌心紧紧抵住，这样，方能填充得紧密，玩偶站立得也稳。另外，填充的程度也要符合造型特点。如娃娃的手部应填得扁些，而头部，上下肢、颈部则应圆浑而饱满。

装饰：布绒玩具的外形做好以后，可用缝合或粘贴的方法对其五官、花纹和头发、帽子等进行加工装饰。

## 【范例】

### 辣椒的设计与制作

材料：红色、绿色布若干、绿线。

制作要点：如图 4-88 所示在绿色布上画出分片轮廓线，剪下布片。将青椒 4 片联缝、留口、填充。用绿线将接缝处勒紧，形成凹形。最后钉柄。成品效果如图 4-89 所示。

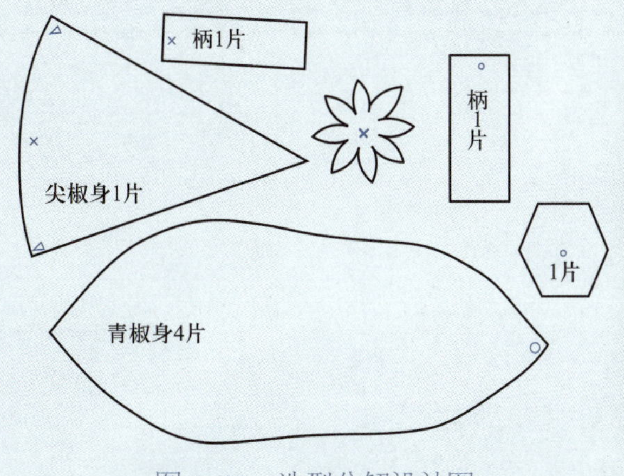


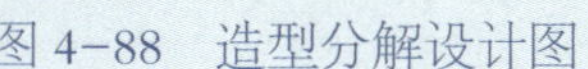
图 4-88　造型分解设计图

图 4-89　成品效果

布艺辣椒的制作

## 【实践与训练】

### 布绒玩具的设计与制作

【实训目标】

1. 培养学生的动脑和动手能力。
2. 培养学生根据造型需要设计制作简单布绒玩具的能力。

【内容与要求】

1. 根据幼儿角色游戏水果店材料投放的需要，选择 4 种水果。
2. 设计图纸，并用布制作出水果成品。

【实训考核】

根据玩具造型的效果和工艺质量为同学的玩具设计制作评分。

## 国考模拟

**一、单项选择题（共 10 小题，每小题 3 分。每小题列出的四个备选项中，只有一个是符合题目要求的，错选、多选或未选均无分）**

1. 在幼儿园的玩具制作中，如用厚纸裁成纸条，穿插制成纸枪，用碎木块制成拼板，运用了玩具设计的（　　）构思方法。

A. 变形法　　B. 原形法　　C. 拼合法　　D. 分解法

2. 19 世纪（　　）教育家福禄贝尔就曾亲自为幼儿设计制作了几十种名为“恩物”的玩教具。

A. 德国　　B. 法国　　C. 意大利　　D. 奥地利

3. 20 世纪意大利教育家（　　）曾为儿童设计了专门的教具，如嵌插圆柱、各种木板和立方体、各种几何图形嵌板等。

A. 罗恩菲德　　B. 卢梭　　C. 蒙台梭利　　D. 福禄贝尔

4. 下列选项中，属于抛掷类体育玩教具的是（　　）。

A. 踩石头　　B. 摘星星　　C. 跳花丛　　D. 喂小熊

5. 玩教具外观造型固然重要，而玩教具的（　　）却更为重要。

A. 色彩鲜艳　　B. 使用功能　　C. 价格便宜　　D. 材料安全

6. 在（　　）阶段，幼儿的活动能力较差，我们要制作一些色彩鲜艳、造型有趣的玩教具，吸引幼儿的注意，激发他们参加体育活动的兴趣。

A. 托班　　B. 小班　　C. 中班　　D. 大班

7. 用一根木棒接在木偶头部，在手的活动关节处装上操纵杆，操纵木棒和杆进行表演的木偶是（　　）。

A. 布袋木偶　　B. 提线木偶　　C. 手指偶　　D. 杖头木偶

8. 幼儿园传统的头饰一般为（　　），制作简单、取材方便。

A. 平面额顶头圈式　　B. 帽子添加头饰　　C. 帽盔式头饰　　D. 动物耳朵头饰

9. 能直观地再现诗歌、故事的场景，表现人物之间关系的教具是（　　）。

A. 头饰教具　　B. 桌面情景教具　　C. 面具教具　　D. 手偶教具

10. 幼儿园的（　　）一般以诗歌朗诵、儿童故事的讲述和表演为主要形式。

A. 健康活动　　B. 科教活动　　C. 语言活动　　D. 计算活动

**二、简答题（共 4 题，国考此类题目每题 15 分）**

1. 简述幼儿园自制玩教具的意义。

2. 简述自制玩教具的设计构思方法。

3. 如何为《拔萝卜》故事表演设计头饰?

4. 简述怎样为幼儿提供表演场景和服装道具。

**三、论述题（共 4 题，国考此类题目每题 20 分）**

1. 请结合实例，分析自制玩教具如何做到生动有趣、简单实用。

2. 为什么幼儿园自制玩教具要让幼儿参与？如何参与?

3. 请用饮料瓶为中班幼儿设计 3 个玩教具，写出设计制作思路及相关游戏玩法。

4. 请列举 5 种不同材料，阐述幼儿园简易木偶的设计与制作。

**四、材料分析题（20 分）**

阅读下面材料，回答问题。

为了提高幼儿户外体育活动成效，幼儿园大班开展了自制体育玩具的活动。张老师在周五的时候就告知家长下周一要进行自制玩具活动，要求家长为幼儿准备废旧材料。周一那天，除了乐乐之外，其他小朋友都带来了各式各样的废旧材料。张老师不让乐乐参加活动，乐乐就站在一边，看着同伴活动，情绪低落，一天都很少说话。回家后，乐乐冲着爸爸妈妈大发脾气，说再也不上幼儿园了。

国考模拟参考答案

问题:（1）你认为张老师的做法对吗？为什么?

（2）你觉得张老师应该怎样做?

# 附录一

## “幼儿园教育环境创设与玩教具制作”课程参考标准

### 一　课程的性质与特点

“幼儿园教育环境创设与玩教具制作”课程是学前教育专业一门重要的专业课。它全面、系统、科学地阐述了幼儿园教育环境创设的基本理论、幼儿园各种教育环境及玩教具设计的主要内容、基本方法和基本技能，包括幼儿园室内外空间环境及区域环境的创设、幼儿园各类墙饰和玩教具的设计与制作等内容。

### 二　课程对象

本课程主要为学前教育专业的学生开设，也可作为小学教育、特殊教育等其他专业学生的选修课程。

### 三　课程教学目标

本课程的教学目标和要求如下。

1. 了解幼儿园教育环境创设工作的主要内容，充分认识幼儿园教育环境创设的意义，理解环境创设与幼儿园课程的关系，深刻认识环境对幼儿发展的重要意义，树立正确的学前教育观念。

2. 掌握幼儿园各类教育环境创设的要点，能根据各年龄段幼儿的特点创设适宜的教育环境，并能合理利用各种材料设计制作玩教具。

3. 通过实践训练，掌握空间环境创设的基本技能，掌握设计与制作幼儿园墙饰、玩教具的基本方法，初步具备独立创设幼儿园教育环境的能力。

4. 通过学习，进一步加深对学前教育的认识，培养与提高从事学前教育工作的素质和能力。

## 四 教学起点

本课程学习的基础是“学前教育学”“儿童发展心理学”“学前儿童游戏”“儿童美术”“手工”等先修课程。

## 五 教学内容及标准

**第一单元 幼儿园空间环境的创设** **6学时**

第一节 幼儿园空间环境概述
一 教育环境
二 幼儿园教育环境
三 幼儿园教育环境创设的原则
四 幼儿园空间环境的基本构成
第二节 幼儿园空间环境创设的原则和基本要求
一 幼儿园空间环境创设的原则
二 幼儿园空间环境创设的基本要求
第三节 幼儿园室内外空间环境的创设
一 户外空间环境的创设
二 室内空间环境的创设
第四节 幼儿园空间环境创设技能实训
项目一 幼儿园空间环境创设实例的比较与评析
项目二 家园联系专栏的设计技能

**第二单元 幼儿园墙饰的设计与制作** **10学时**

第一节 幼儿园墙饰的分类与设计要点
一 幼儿园墙饰的分类
二 幼儿园墙饰的设计要点
三 互动墙饰的设计要点
第二节 幼儿园墙饰设计的基本要素
一 造型设计的基本法则
二 色彩设计的基本法则

第三节 幼儿园墙饰的制作技法

一 装饰壁画手绘技法

二 平面剪贴装饰画技法

三 玻璃粘贴装饰画技法

四 半立体纸雕装饰画技法

五 综合材料装饰画技法

第四节 幼儿园墙饰设计与制作技能实训

项目一 平面剪贴墙饰的设计与制作技能

项目二 玻璃粘贴装饰画的设计与制作技能

项目三 半立体纸雕墙饰的设计与制作技能

项目四 综合材料墙饰的设计与制作技能

项目五 互动墙饰的设计与教学技能

**第三单元 幼儿园区域环境的创设 6学时**

第一节 幼儿园活动区创设的意义与原则

一 幼儿园活动区创设的意义

二 幼儿园活动区创设的原则

第二节 班级活动区的设计与材料投放

一 班级活动区的设计

二 活动区材料选择与投放要点

三 活动区玩具材料的管理

第三节 常规活动区环境的创设

一 角色游戏区环境设计

二 建构区环境设计

三 美工区环境设计

四 自然角区域环境设计

第四节 区域环境设计技能实训

项目一 班级活动室区域环境规划与设计

项目二 活动区进区卡设计

项目三 角色游戏主题环境设计

项目四 表演游戏区环境设计

**第四单元 幼儿园玩教具的设计与制作** **10 学时**

第一节 幼儿园玩教具设计概述

一 玩具、教具与学具

二 玩具的种类

三 自制玩教具的设计原则

四 自制玩教具的设计构思方法

第二节 健康活动玩教具的设计与制作

一 走跑类体育玩教具的设计与制作

二 跳跃类体育玩教具的设计与制作

三 抛掷类体育玩教具的设计与制作

四 钻爬与平衡类体育玩教具的设计与制作

五 发展精细动作的体育玩教具设计与制作

六 健康认知活动玩教具的设计与制作

第三节 语言活动玩教具的设计与制作

一 木偶的设计与制作

二 头饰、面具的设计与制作

三 表演场景服装道具的设计与制作

四 桌面情景教具的设计与制作

第四节 科学、社会、艺术活动玩教具的设计与制作

一 科学探索活动玩教具的设计与制作

二 科学认知活动玩教具的设计与制作

三 计算活动玩教具的设计与制作

四 社会活动玩教具的设计与制作

五 艺术活动玩教具的设计与制作

第五节 幼儿园玩教具设计制作技能实训

项目一 自制玩教具的再设计

项目二 布袋木偶的设计与制作技能

项目三 纸偶的设计与制作技能

项目四 头饰的设计与制作技能

项目五 计算活动玩教具的设计与制作技能

项目六 布绒玩具的简单设计与制作技能

## 六 课时分配表

| 教学内容 | 理论课时 | 实训课时 | 考核项目 |
|---|---|---|---|
| 第一单元 幼儿园空间环境的创设 | 4 | 2 | 2 |
| 第二单元 幼儿园墙饰的设计与制作 | 2 | 8 | 3 |
| 第三单元 幼儿园区域环境的创设 | 2 | 4 | 2 |
| 第四单元 幼儿园玩教具的设计与制作 | 2 | 8 | 5 |
| 总计 | 10 | 22 | 12 |

## 七 教学模式及教学方法

本课程的教学应以培养高素质技能型幼儿教师为目标。教师在教学中应着重体现课程内容的实际应用，阐明课程在知识体系中的重要地位，激发学生的求知欲，调动学生的主观能动性。教学强调对学生基本技能及知识运用能力的培养，以幼儿园教育环境创设为重点，尽量结合本地幼儿园实际多介绍一些环境创设实例。充分运用各种媒体拓展学生对幼儿园教育环境创设的认知水平，重视实践环节，突出能力训练。

在教学模式上应突出学生的主体性，在教学活动中加强互动，加强学生之间的有效交往，同时注意教学目标中知识、技能、态度的三位一体。在教学方法上应根据教学目标灵活应用讲授法、观摩法、练习法、操作法、总结归纳法等。

## 八 考核评价

本课程共有 12 个考核项目，由教师从各单元实训项目中择取。主要考核评价学生对幼儿园教育环境创设理论及基本概念的理解，对创设幼儿园教育环境的原则要求、操作方法、基本技能的掌握，以及运用所学的基本知识分析问题、解决问题的能力。

考核评价包括环境评析简报、制作技能展示、方案设计、作业、提问和态度等方面，全部采用平时考核的形式，以 12 个考核项目的平均得分作为最后成绩。

## 九 教学参考书

各类幼儿园教育环境创设作品图集、儿童美术图案等参考资料。

# 附录二

# 《幼儿园教育环境创设与玩教具制作》配套资源使用说明与内容导航

## 一　配套资源使用说明

本书配套建设有“幼儿园实用图库”程序资源，如有需要，可联系编辑人员获取，联系方式：（010）58556361。您可以双击 kindergarten2012.exe 打开本程序。

在主目录界面，按照类别分为“户外环境”“室内环境”“区域环境”“墙饰设计”和“自制玩具”五个图片库，可以根据需要点选按钮进入相应部分。

如附图 1 所示，在图片浏览页面上有两个互动功能区。右上角是同级跳转菜单区，可

附图 1　页面各互动功能区按钮使用示意图

实现同类图片的任意跳转。图片显示区下方的黑色显示框内显示当前图片类别、内容，以及图片页数情况，显示框下面设有一排导航与音乐控制按钮，有“返回”“首页”“上页”“下页”“尾页”“静音”和“退出”七个按钮。点击“返回”按钮可返回主目录，点击“退出”按钮退出本程序。“首页”和“尾页”分别指向本图库的第一张和最后一张。

## 二　各栏目内容及图片数量

本程序五个图片库共有 30 个子图库（见下表），图片数量达 3 467 张。

| 一级栏目 | 二级栏目 | 图片数量 / 张 | |
|---|---|---|---|
| 户外环境 | 园舍建筑 | 219 | 755 |
| | 游乐设施 | 147 | |
| | 外墙装饰 | 77 | |
| | 国外建筑 | 212 | |
| | 国外设施 | 100 | |
| 室内环境 | 门厅门窗 | 62 | 693 |
| | 楼梯走廊 | 103 | |
| | 空间挂饰 | 151 | |
| | 活动设施 | 56 | |
| | 室内空间 | 82 | |
| | 生活设施 | 64 | |
| | 国外资料 | 175 | |
| 区域环境 | 区域陈设 | 248 | 668 |
| | 活动材料 | 121 | |
| | 作品展示 | 33 | |
| | 成品玩具 | 157 | |
| | 国外资料 | 109 | |
| 墙饰设计 | 技法范例 | 148 | 835 |
| | 常规墙饰 | 108 | |
| | 主题墙饰 | 300 | |

续表

<table>
<tr><th>一级栏目</th><th>二级栏目</th><th colspan="2">图片数量 / 张</th></tr>
<tr><td rowspan="3">墙饰设计</td><td>互动墙饰</td><td>52</td><td rowspan="3"></td></tr>
<tr><td>国外墙饰</td><td>83</td></tr>
<tr><td>设计资料</td><td>144</td></tr>
<tr><td rowspan="7">自制玩具</td><td>情景类</td><td>38</td><td rowspan="7">516</td></tr>
<tr><td>头饰类</td><td>48</td></tr>
<tr><td>玩偶类</td><td>75</td></tr>
<tr><td>形象类</td><td>122</td></tr>
<tr><td>认知类</td><td>73</td></tr>
<tr><td>活动类</td><td>79</td></tr>
<tr><td>制作类</td><td>81</td></tr>
<tr><td colspan="2">合计</td><td colspan="2">3 467</td></tr>
</table>

# 参考文献


[1] 王海英，等．儿童视野的幼儿园环境创设［M］．北京：人民教育出版社，2019.

[2] 王时原．童眼看设计：幼儿园建筑［M］．李硕，等，译．大连：大连理工大学出版社，2011.

[3] 黎志涛．幼儿园建筑设计［M］．2 版．北京：中国建筑工业出版社，2018.

[4] 袁爱玲，廖莉．幼儿园环境创设理论与实操［M］．上海：华东师范大学出版社，2017.

[5] 秦旭芳，张罗斌．幼儿园环境创设：为幼儿营造会说话的环境［M］．北京：科学出版社，2017.

[6] 袁爱玲．幼儿园教育环境创设［M］．北京：高等教育出版社，2010.

[7] 林琛琛．幼儿园玩教具设计与制作［M］．北京：科学出版社，2018.

[8] 汪荃．幼儿园活动区玩具配备［M］．北京：农村读物出版社，2006.

[9] 王秋英，等．幼儿园自制体育玩具 118［M］．上海：华东师范大学出版社，2004.

[10] 叶萍恺．幼儿园教育环境创设学与教［M］．杭州：浙江大学出版社，2017.

[11] 徐凌志．现代布绒玩具设计［M］．南京：南京出版社，2003.

[12] 幼儿园活动区丛书编写组．角色活动区的设计与应用［M］．南京：南京师范大学出版社，2003.

[13] 幼儿园活动区丛书编写组．建构活动区的设计与应用［M］．南京：南京师范大学出版社，2003.

[14] 幼儿园活动区丛书编写组．智力活动区的设计与应用［M］．南京：南京师范大学出版社，2003.

[15] 幼儿园活动区丛书编写组．美工活动区的设计与应用［M］．南京：南京师范大学出版社，2003.

[16] 汝茵佳，蒋放．幼儿园墙饰设计与制作［M］．南京：南京师范大学出版社，2003.

[17] 韩智，张敏．图说：幼儿园环境规划与创设［M］．北京：北京师范大学出版社，2019.

[18] 沈建洲．幼儿园教育环境创设［M］．上海：复旦大学出版社，2017.

[19] 桑德拉·邓肯，乔迪·马丁，萨莉·豪伊．儿童视角的幼儿园班级环境创设［M］．马

燕，马希武，译．北京：中国轻工业出版社，2020.
[20] 熊焰．立体纸雕模型 [M]. 深圳：海天出版社，2005.
[21] 熊焰．幼儿园壁面装饰艺术 [M]. 深圳：海天出版社，2001.
[22] 朱莉·布拉德．0-8岁儿童学习环境创设 [M]. 3版．陈妃燕，苏丹，译．南京：南京师范大学出版社，2020.
[23] 罗伯特·斯莱文．教育心理学 [M]. 姚梅林，译．北京：人民邮电出版社，2004.
[24] 赫伯·里德．通过艺术的教育 [M]. 吕廷和，译．长沙：湖南美术出版社，2002.
[25] 王连海．中国民间玩具简史 [M]. 北京：北京工艺美术出版社，1991.
[26] 王连海．中国民间玩具简史 [M]. 北京：北京工艺美术出版社，1991.
[27] 赵国志，赵璐．色彩构成与绘画·设计艺术 [M]. 沈阳：辽宁美术出版社，1999.
[28] 康琳．幼儿园环境创设与利用 C [M]. 武汉：华中科技大学出版社，2017.
[29] 孙如华，余晓妹．幼儿园环境布置 [M]. 北京：教育科学出版社，1999.
[30] 袁调芬．创设幼儿园特色环境 [M]. 杭州：浙江科学技术出版社，2012.
[31] 陈济芸．玩具与教育 [M]. 北京：海豚出版社，2012.
[32] 安·巴伯．幼儿园创造性游戏：环境创设与活动指导 [M]. 王连江，译．北京：中国轻工业出版社，2017.
[33] 郑天竺，陈桂萍．幼儿园环境创设实训手册 [M]. 上海：华东师范大学出版社，2017.
[34] 日本株式会社新建筑社．幼儿园设计 [M]. 大连：大连理工大学出版社，2011.

**读者意见反馈**

为收集对教材的意见建议，进一步完善教材编写并做好服务工作，读者可将对本教材的意见建议通过如下渠道反馈至我社。

**咨询电话**　400-810-0598

**反馈邮箱**　gjdzfwb@pub.hep.cn

**通信地址**　北京市朝阳区惠新东街 4 号富盛大厦 1 座
高等教育出版社总编辑办公室

**邮政编码**　100029